四川大学一流学科建设专项经费资助

天下译丛

［加］宋怡明 著　王果 译

实践中的宗族

PRACTICING KINSHIP

Lineage and Descent in Late Imperial China

Michael Szonyi

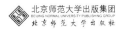

北京师范大学出版集团
BEIJING NORMAL UNIVERSITY PUBLISHING GROUP
北京师范大学出版社

序

　　大约二十年前，宋怡明翻译了我的博士论文《明清福建家族组织与社会变迁》(*Family Lineage Organization and Social Change in Ming and Qing Fujian*)，于 2001 年在夏威夷大学出版社出版。时过不久，他研究福州宗族的博士论文在斯坦福大学出版社出版，书名为 *Practicing Kinship：Lineage and Descent in Late Imperial China*(《实践中的宗族》，下称宋著)。最近，四川大学王果教授翻译了宋著，邀我作序推介，盛情难却，义不容辞。借此机会，我再次重读宋著，仍然深受启发。在此试择要介绍宋著的主要观点，并对其学术意义略做评述，就正于作者、译者与读者。

　　在西方学术界，早期研究中国宗族的大多是人类学家。他们把宗族视为父系继嗣群体，主要关注宗族成员之间的谱系关系、继嗣原则与祖先崇拜。然而，中国的宗族不是一成不变的，也未必都是亲属组织。在历史学者看来，宗族的发展与理学的传播密切相关，往往是士绅阶层控制地方社会的工具。因此，宗族研究被引入历史学的视野，逐渐成为中国帝制晚期历史研究中的显学。在此基础上，宋怡明结合历史学、人类学的研究方法，从"实践"

的观点考察宗族的建构过程，探讨宋以后地方社会的历史变迁。

宋怡明的宗族史研究，首先聚焦于族谱的编纂过程。他发现，福州的早期族谱一般只记载本地的祖先，后来逐渐追溯更早的祖先，尽可能与北方移民族群相联结。而且，在福州族谱的世系源流与族源传说中，有不少异姓收养和招赘婚姻的故事，这也为改姓和联宗提供了合理的解释。他认为，福州地区原来是疍民和畲族的聚居地，后来不断有北方汉族移民迁入此地，他们的社会地位是不平等的。因此，当地居民为了提升社会地位，通过编造祖先谱系和族源传说，改变了自己的"族群标签"。

其次，宋怡明对福州祠堂的修建过程做了深入的考察。他发现，明中叶以前的祠堂通常是"官式祠堂"或"士绅祠堂"，其意义在于突显士绅阶层的身份与地位；明中叶以后的祠堂大多是"民间祠堂"，其意义在于加强父系亲属群体之间的联系。福州祠堂从官式、士绅到民间的发展模式，表明宗族组织的社会基础不断扩大，日益成为地方社会应对历史变迁的有效工具。他认为，明中叶以后商品经济的快速发展，导致商人、地主、高利贷者等富裕人士成为主导宗族事务的精英阶层；明后期的海盗与明清之际的战乱，强化了地方社会的凝聚力，宗族的发展成为社会各阶层的理性选择。

最后，宋怡明对福州祠堂的祭祀仪式做了细致的分析。他发现，福州的祠堂虽然都是仿效朱子《家礼》建立的，但在祠堂中举行的仪式却往往是"非正统性社会实践"。以福州地区流行至今的"陪盲"（伴夜）仪式为例，虽然其核心是在祠堂团拜祭祖，但同时也吸收了当地原有的上元祈福与生殖崇拜仪式传统。而且，祠堂仪式的参与者与主祭权，也不是依据儒家的宗法伦理，而是取决于族人的身份、地位及投资份额。这说明，福州的祠堂礼仪不同于理学正统，"只有通过与民间实践相互妥协的方式，正统才能稳定地扎根地方社会"。

宋著的研究成果表明,福州的宗族并非纯粹的亲属组织,也不完全是理学教化的历史产物。因此,我们必须在具体的历史情境中,从地方社会的实践过程,理解和解释宗族的发展及其时代特征。就福州地区而言,早期的宗族或许是少数理学家和高官显宦标榜身份的文化象征,而到了明中叶以后,宗族日益成为普通民众应对贫富分化和地方动乱的社会整合工具。在此过程中,宗族的发展逐渐背离了理学家的礼仪规范,超越了父系继嗣群体的谱系结构。尽管这种"实践的亲属"并不符合当代学者或理学家的常识,但却是福州历史上宗族的常态,或者说是福州地方社会中的"正统"。

宋著的另一学术视角,就是把宗族研究置于明清时代的政治体制之中,试图以此说明中国帝制晚期的历史特征。他认为,明清时期宗族组织的普遍发展,与明代的户籍和赋役制度密切相关。由于明初把民众编入各种不同的户籍,每一编户必须承担相应的赋税和劳役,因此,继承同一户籍的民众形成了各种不同名目的赋役共同体,其基本形式是以户籍为中心的家族组织。明初建立的里甲组织和里社制度,同样为家族的发展提供了有利条件。由于里甲与里社都是以户籍为基础的,实际上也就成为超家族的社会组织形式。在地方社会中,里甲与里社是国家权力的象征,每一家族都必须通过里甲与里社,才有可能进入国家权力体系。福州的世家大族无不注重里甲户籍,热衷于举办里社祭祀活动,其目的就在于维护世代相承的政治权利。

对中国学者来说,宋著引用的资料可能较为单薄,提供的例证也不够全面。不过,就全书的观察角度与论证逻辑而言,无疑是富有说服力的。我以为,宋著的主要特色是以小见大,从具体案例探讨具有普遍性的历史现象。本书论及的户籍与赋役制度、里甲与里社制度，乃至理学文化的传播、商品经济的发展、地方社会的动乱，都是明清时代具有普遍性的历史现象。至于这些普遍性因素如何作用于地方社会，如何导致社会生活方式的转变，则端视当地民众的应对策略。宋著反复强调，地方社会面对各种不同的议题，都要经历长期的竞争、协商与合作的过程，其实就是为了说明地方社会应对历史变迁的机制与策略。

在传世文献之外，宋著引用了大量非文献资料，包括口述史料、现存文物资料、仪式现场记录等。为了收集这些资料，宋怡明在福州地区长期从事田野调查，走遍了南台岛的每一村落，考察了每一家族的祠堂、庙宇及相关仪式活动。这些来自田野调查的非文献资料，揭示了许多被遮蔽的历史事实，如当地原有族群的历史、不同姓氏之间的械斗、女性生殖崇拜的仪式，等等。文献与田野、过去与现在的反复对话，提升了作者的文献解读能力。他认为，传世文献带有古代知识精英的明显偏好，"如果没有其他材料的辅助，实际上几乎无法将它们还原到原本脉络中去理解"。这就是说，他试图利用非文献资料，尽可能重建历史现场，在当地的历史脉络中解读传世文献。

我很欣赏宋著的论述风格，期待中译本可以成为畅销书。通读全书，几乎每一章都有引人入胜的故事，而且通常是以田野调查资料作为楔子，引出即将讨论的话题。作者刻意营造的现场感，不断引导我们深入其境，亲身体验和感受当地人的历史实践。因此，本书既有学术性，也有可读性，理应得到广大读者的欢迎。

是为序。

郑振满

2019 年 6 月 30 日

致　谢

　　我非常高兴地感谢这些人，尽管这感谢有些迟来。他们帮助我理解地方材料的丰富性，以及运用这些材料书写历史的挑战性。卜正民（Tim Brook）是我中国史的入门导师。程美宝、丁荷生（Ken Dean）、科大卫（David Faure）和康豹（Paul Katz）分别阅读了本书部分或全部的书稿，我很感谢他们给予的评论。王大为（David Ownby）是模范同事，值得一提的是他反复阅读不同版本的书稿，并且提出细致、敏锐的意见。我也感激许多中国学者的帮助。我在访问厦门大学期间，得到了杨国桢和陈支平的亲切招待。福建省图书馆的李斑慷慨地允许我阅读馆藏，还提供其他的协助；福州社会科学院的叶翔和福州方志办公室的林伟功，多年来在各方面协助我，他们的地方知识和热情，一再被证明是宝贵的。我特别要感谢郑振满，他多次陪我在历史文献中漫谈和在福州乡村中漫步，并且协助我形成本书的诸多想法。

　　旧金山的陈立鸥（Leo Chen）教授最早向我介绍福州。陈益知、陈祝希、陈天佩欢迎我来到福州，到他们家中做客，并且给予我不断的鼓励和帮助。郑秀林与他的家人不仅给予我实际的帮助，更重要的，还有与他们的友谊，我对此深表感谢。我还要感谢福州的村民，他们允许我访问、参与仪式，并且搜集族谱与其他史料。另外还有太多人的名字无法在此提及，但如果没有他们的帮助，就不可能有此书。我也要感谢研究助理董博协助翻译，还有司徒鼎（Tim Sedo）协助校对。巴尚德（Richard Bachand）则帮我查找、绘制地图。此外，我还要感谢斯坦福大学出版社的贝尔（Muriel Bell）和斯蒂文斯（Matt Stevens），以及 TechBooks 的朗茨（Stephanie Lentz）。这一研究计划始于我的学生时代，当时得到了罗德奖学金、社会科学和人文研究委员会、加拿大—中国学者交换计划的支持，后来更得到了魁北克研究者培养与研究资助基金会（Fonds pour la Formation de Chercheurs et l'Aide à la Recherche of Québec）的资助。

简短的致谢实在难以传达我的感激，更不足以报答他们给予我的启发。这适用于以上提到的所有朋友与同事，特别是我的家人。我要感谢我的父母，是他们最先带我前往中国，还有弗朗辛（Francine McKenzie），她对我工作上的无限付出，让我无以言表。

目　录

第一章　福州的宗族观念与制度

　　1874 年，郭柏苍（1815—1890），一位著名的学者和诗人，在东南沿海的福建省首府福州庆祝《福州郭氏支谱》编撰完成。他和与其同样有名的兄长郭柏荫一起，兴建了一座壮观的宗祠，修缮了祖坟，并定期到宗祠举行庄重的祭祖典礼。对他们而言，此刻想必是一生中参与宗族活动的巅峰时刻。兄弟俩的这些行为和他们记下的当时的思考，透露出世系与宗族在中国帝制晚期福州社会中的意义。明清时期，宗族的观念以及相关的各类制度和实践，都与它们身处的更大的社会语境相关。它们并非一成不变，而是灵活的、多样的，在协商中不断调适。

　　郭柏苍编纂的族谱，将其世系追溯到一千多年前著名的汾阳王郭子仪（697—781）①。据此族谱，郭氏后人在五代时期（907—960）从河南迁居入闽。元朝时，其后人郭耀定居福清。16 世纪，为了躲避海盗侵扰，郭子仪和郭耀的后人、郭柏苍的祖先举家搬进更安全的福州城内，并定居下来。1842 年，也就是郭柏苍编修

———————————

　　①　郭子仪因平安禄山之乱而封王。

族谱的三十年前，柏苍、柏荫两兄弟恢复了与福清郭氏宗祠的联系，几个世纪前，他们的家族就是从那里分出来的。类似于近来关于海外华人返乡的描述，在一篇可能感动现代读者的叙述中，郭柏荫也记述了他艰辛的返乡历程，诸如受到热情接待、与理论上的远亲团聚的喜悦等，尽管他们之间的亲缘谱系还不甚清楚。郭氏兄弟忽略他们与村民族谱上的些许差异，捐资为其重修祖墓、献上祭祀。他们也考察了村中社坛的历史。回福州后，他们还参加了近代世系祖先的年度祭礼。年祭仪式在山腰祖坛附近的祭棚里举行，这个小棚子后于 1850 年重新得到修缮。六年后，13 位郭氏族人共同出资，在福州城内黄金地段购置地产，建造了一座气势恢宏的宗祠，用以祭祀郭氏宗族远近所有先人。1868 年，郭柏荫买下一座盐仓，捐给宗祠，用以维持必要开销。郭柏苍在族谱中强调，祠堂中进行的仪式均严格遵循古代祭祖的重要经典，即伟大理学家朱熹(1130—1200)撰写的《家礼》。①

族谱中的多篇序言，均称颂家族对经典仪式、经典价值的尊崇，以及家族世系的可靠。然而，编撰者对于最根本的祖先世系并未达成共识。郭柏苍不得不承认，对于先祖是否为汾阳王，他并无确凿证据。在 16 世纪郭氏家族第一次编撰族谱时，编者就曾哀恸他们的家谱早在一个世纪前已毁于战火。结果，"元始之开基未得其颠末，支派之源流莫辨其统宗"②。柏苍最终决定，回溯家

---

① 参见《福州郭氏支谱》，卷 6，各处。(本书脚注中所引文献，皆依照英文原书，只列出作者、书名或文章名、页码，其余的出版或发表信息可在参考文献中查阅，以下不再一一注明。——编辑注)

② 《郭大韶序》(1572)，见《福州郭氏支谱》，卷 1，12b 页。本书所引用的中文文献，我尽可能地注出详细出处。这些信息，或对读者了解文本有所助益，包括每一文本具体收录在什么著作之中等细节。由于族谱经常不完整或破损，而且并未标注页码或过于凌乱，因此有些出处不完整。至于珍稀善本，则标注图书管理员或档案管理员标示的页码。

族近源到元代定居福清为止。但即便如此，他也未能找到可靠的证据，将他们兄弟俩与当下的村民联系起来。① 族谱中对如何践行宗祠里的祭祖礼仪也没有一致意见。族谱中收录的各种规约和文书表明，宗族内部就如何适当地操作仪式有过相当的争论。这些争论最终并非通过《家礼》的原则得以化解，而是都经过了在家族传统和经典原则之间的一番妥协。其中一个重要的争论是关于在新建宗祠中设立祖先牌位的权利。根据《家礼》，排位的序列应由代际和年龄决定。但对于郭氏族人而言，这个权利已经商品化了，任何人只要支付了一定费用，便能取得在郭氏祠堂设置祖先牌位的权利，且只有付费者才能拥有牌位。

郭氏兄弟是 19 世纪福州社会的领袖人物，下面各章还将证明，他们的族谱也符合晚清福州地区的典型族谱样式。② 这些文献清晰揭示了当时以男性为中心的家族样态和经典所规定的系列原则，包括：子承父姓；以男方为主的婚姻；追溯五代时期从河南迁到福建来的远祖；收纳宗族，族人需兴建官方样式的宗祠，根据《家礼》的规定在祠内举行仪式；敬拜他们祖先所属里甲社坛演变而成的地方村庙。不过，许多族谱中也保留了与这些男性中心婚姻制度相抵牾的微妙证据，诸如变更姓氏、祖先世系变动不定、宗祠仪式五花八门，等等。并且，口头流传的和现流行的仪式，又各不相同。福州地区村落中的长者，还能道出不少男人改过姓，

① 参见《郭柏苍序》(1874)，见《福州郭氏支谱》，卷 1，21a 页。
② 此两兄弟在很多方面也是地方知识精英的代表。郭柏荫，1832 年进士，具显宦背景，曾官拜湖广总督。不在外地为官时，他们在本地书院教书，组织领导乡兵团练，开展水患赈济，维护灌溉工程，编撰地方志，以及主持各种慈善事务。他们的传记，参见《闽侯县志》，卷 69，24a～25b 页，卷 72，15b～16a 页；高熔：《郭柏苍》，见中共福州市委宣传部、福州市社会科学所主编：《福州历史人物》第 4 辑，52～56 页。

哪些人又是倒插门居住在女方家中，等等。在口头传统中，世系往往不是溯及中世纪从河南迁来的贵族，而是某位乱民、海盗或地方土匪。今天村民们所重建的仪式，他们自信和 20 世纪初一脉相承，但却与《家礼》或过去王朝的官方规定大不相同。这些再发明仪式中的若干内容，很可能会让朱熹勃然大怒。

　　福州村民并不觉得应对他们社会中各式各样的宗族和不同说法的宗族历史有多困难，但对外来观察者而言，它们确实有些难以理解。本书试图更好地理解这些现象。这是一本关于中国帝制晚期，即明初到 20 世纪初，福州地区父系宗族组织历史的研究。①本书在研究、比较、探寻不同版本宗族关系的基础上，给出整合的叙事，从实践的角度来反思明清时期的福州宗族。明清时期福州的亲属关系，便是在实践中反映出来的。在生活中，人们善用宗族的概念、社会关系与制度。有人要求他的家族有某种行为，或者通过撰写文献来推动某种行为，而其他人则对之做出回应。这些回应，反过来又影响文本和行为的意义，以及这些概念和社会关系是如何为人们所理解的。我使用的"宗族实践"这一概念，主要就是指各色人等如何运用不同的方式，应对、协商和创造有关宗族的意义世界，以及这些意义如何运用在社会关系和社会机

---

　　① 我遵循惯例采用"帝制晚期"（late imperial）这一说法，尽管它有些含糊，但其好处恰也在于含糊。自魏斐德（Frederic Wakeman）采用这一概念涵盖从晚明到 20 世纪 30 年代的中国以来，这一概念已为众多学者所采用，虽然他们各自使用这一概念时所涵盖的年代不尽相同。参见 Frederic Wakeman and Carolyn Grant eds., *Conflict and Control in Late Imperial China*, p. 2；William Rowe, "Approaches to Modern Chinese Social History," pp. 241-242；Evelyn Rawski, "Economic and Social Foundations of Late Imperial Culture," pp. 3-11.

制上，限制了个人实践的可选范围。① 通过对"实践"的强调，本书致力于探讨宗族作为一种概念体系、一种制度结构和一种社会互动之间的复杂关系。可以说，宗族涵盖着一个场域，在其中关于宗族的实然和应然、宗族的实为和应为等不同概念，充满着持续的竞争和协商。

　　本书研究的焦点是以父系继嗣为基础的宗族，也就是男方的家族源流。当然，这并非亲属组织的唯一基础，但就中国历史，特别是对于本书研究的群体而言，这是最重要的。同科大卫一样，我将人类学关于"宗族"定义的争论放在一边，以当事人自称的男性世系概念为准。② 此法不同于莫里斯·弗里德曼（Maurice Freedman）在其影响广泛的中国宗族范式（paradigm）研究中所采用的概念。通过把研究的注意力从统摄宗族的原则、宗族的分类体系转移到对资源的控制之上，他在 20 世纪 50、60 年代关于中国宗族的研究，开启了一个中国宗族人类学研究的新阶段。③ 华琛（James Watson）总结了中国宗族的核心标准："法人团体（corporate group），拥有共同礼仪（ritual unity），以及共同祖先的明确世系

――――――――――

　　① 我对"实践"一词的使用，很大程度上受到皮埃尔·布尔迪厄（Pierre Bourdieu）《实践感》一书以及谢里·奥特纳（Sherry Ortner）相关讨论的影响。参见 Pierre Bourdieu, *The Logic of Practice*；Sherry Ortner, "Theory in Anthropology since the Sixties," pp. 144-157。

　　② 参见 David Faure, "The Lineage as a Cultural Invention: The Case of the Pearl River Delta," pp. 5-8。武雅士（Arthur Wolf）给出了另一个同样具有包容性的宗族定义，即一个合作团体。所谓团体，也就是像一个团体一样行动，并被其他人视为一个团体，其成员以继嗣的方式加入。参见 Arthur Wolf, "The Origins and Explanations of Variation in the Chinese Kinship System," p. 243。亦参见陈其南：《房与传统中国家族制度》，131～136 页。

　　③ 参见 Maurice Freedman, *Lineage Organization in Southeastern China*；*Chinese Lineage and Society: Fukien and Kwangtung*。

(demonstrated descent)。"①这第一条标准可谓天经地义，只有拥有共有产业的合作团体才能成为一个宗族。而族产不同的所有权结构也是理解宗族内部复杂性的重要视角。因此，从这个角度看，物质财产，特别是土地，是中国宗族组织的基础。另一些人类学家，如孔迈隆（Myron L. Cohen）和武雅士质疑了华琛将宗族形成孤立看待的三条标准，批评这些标准将其他的团体打入另册，而其中不乏自称为宗族的团体。② 本书后面也会证明，即使缺乏共同的仪式和族产，作为父系宗族一员的宣示也是具有重要的社会意义的。而且，正如科大卫所指出的，在当事人的意识中，族产所有权并不是有关"族"或"宗族"观念的一个核心标准。十分清楚的是，不管这些群体成员之间还存在其他什么关系，"宗族"和"族"这些词的核心在于与父系共同世系有关的群体观念，以及这观念本身被认为是重要的纽带这一点。③ 对历史学家而言，最重要的问

---

① James Watson，"Chinese Kinship Reconsidered：Anthropological Perspectives on Historical Research，" p. 594.

② 参见 Arthur Wolf，"The Origins and Explanations of Variation in the Chinese Kinship System，" p. 243；Myron Cohen，"Lineage Organization in North China，" p. 532；Timothy Brook，"Must Lineages Own Land?" pp. 78-79。

③ 参见 David Faure，"The Lineage as a Cultural Invention：The Case of the Pearl River Delta"。在中英文的有关定义中，人类学家缺乏意义合适的对应，这一点清楚地体现在伊佩霞（Patricia Buckle Ebrey）和华琛主编的有关中国帝制晚期宗族组织一书的序言中。他们给出了两组定义，中文的和英文的，二者之间的关系并没有说清楚。因此，英文的宗族定义，主要采用华琛更早的说法，而中文"族"对应另一个单独的概念，很多时候与华琛关于宗族的定义相符，但也不全是如此。"其核心含义是说一群人具有父系宗亲关系……在有些时候，他们可能是关系很近的亲戚，但其一般用法已经超越了宗族关系的范围。"（Patricia Ebrey and James Watson eds.，*Kinship Organization in Late Imperial China*，1000-1940，p. 8.）缺乏合适的对应词语本身就会产生新的问题。这些是因为这两套定义尝试界定不同事物而造成了困难，还是因为中文的表述往往笼统，而英文追求精确？又或者是由学者们试图将本身含义变动不居、充满竞争的概念固定化所造成的？

题也许是：中国帝制晚期的这些团体究竟是何种组织？它们是如何兴起的？其成员如何表明他们具有宗族联系？联于宗族以后，对他们有何意义，为何他们团结得如此紧密？

　　然而，无论宗族被怎么定义，没有人会质疑建立在共同世系上的群体在中国帝制晚期社会中扮演的重要角色。① 一些文化史家开始关注这种父系亲属取向的起源，或者家族主义的意识形态，不过大多数的历史研究更关心家族制度化的课题。杜希德（Denis Twitchett）较早为此做出贡献，他认为宗族组织的方式，在很大程度上受到理学派士人的影响，他们为社会秩序应该如何运行设定了一个特殊的图景，借此将家族主义的意识形态与文化大一统、道德提升等更宏大的目标联系起来。伊佩霞将此研究取径充分发挥，她的宗族研究既关注经典文本，也关注地方人物如何将这些经典文本付诸实践。② 周启荣的研究认为，宗族组织首先是一种管教机制，借着这一机制，理学派文化精英得以获得社会中的道德领导权，并赋予社会一种强烈的保守主义色彩。还有些史家看重经济因素，而不是意识形态在宗族形成中的作用，但他们同样倾向于讨论精英的角色。例如，周锡瑞（Joseph W. Esherick）和冉枚铄（Mary Backus Rankin）就将精英收宗纳族的举措，视为避免族产分散的手段。白蒂（Hilary J. Beattie）关于安徽桐城的研究认为，宗

① 武雅士在他对"中国宗族制度不变的面相"的讨论中，指出"住在邻近的父系亲属经常组成一个世系团体"——或者用我的话来说就是一个"宗族"。参见 Arthur Wolf, "The Origins and Explanations of Variation in the Chinese Kinship System," pp. 242-243。

② 参见 Patricia Ebrey, *Confucianism and Family Rituals in Imperial China*, *A Social History of Writing about Rites*; trans., *Chu Hsi's Family Rituals*（《朱子家礼》）; "Education Through Ritual: Efforts to Formulate Family Ritual during the Sung Dynasty"。另参见 William Rowe, "Ancestral Rites and Political Authority in Late Imperial China"，以及徐扬杰在中文研究中的类似观点。

族组织是某些家族长程战略的一部分，通过联合地投资族田和族学，这些家族试图长期保有精英地位。[1]

华琛关于中国宗族的影响深远的定义，旨在将形形色色的宗族制度有序化，并指出 20 世纪中国华南宗族最重要的特征，但对这些特征形成的历史过程则很少着墨。除非审慎使用，这个定义同样带有目的论的危险，用一个理想型的概念抹杀各地各异的宗族形式。既有研究已经证明，中国各地的宗族制度和观念大相径庭，且宗族实践的制度也会因时空而不同。近来的研究特别关注宗族如何进入地方社会，以及如何在地方精英中构建宗族之上更大的图景。例如，科大卫对新界的研究，就强调官方的宗族模式渗透到当地社会的重要性，指出这一过程与利益裁处相涉甚多，后者在地方社会中十分普遍。郑振满也注意到，在福建各地的宗族史中，最为关键的是宗法伦理的庶民化、基层社会的自治化及财产关系的共有化。陈其南和庄英章则研究了宗族在台湾发展的情况，特别是从一个移民地区到一个定居社会的缓慢转型，形塑了当地的宗族组织。孔迈隆的研究指出，华北虽然没有华琛笔下那种华南的宗族模式，但是家族意识形态仍然存在于村庄社会结

---

[1] 参见 Denis Twitchett，"The Fan Clan's Charitable Estate，1050-1760，" pp. 130-133；Kai-Wing Chow，*The Rise of Confucian Ritualism in Late Imperial China：Ethics，Classics，and Lineage Discourse*，pp. 223-228；Joseph Esherick and Mary Backus Rankin，"Introduction，" p. 11；Hilary Beattie，*Land and Lineage in China：A Study of T'ung-ch'eng County，Anhwel，in the Ming and Ch'ing Dynasties*，pp. 127-132。其他重要的例子，参见 Patricia Ebrey and James Watson，*Kinship Organization in Late Imperial China，1000-1940*。中文学界像西方同行一样，目前对思想文化策略的关注，也体现了此前对经济的兴趣，代表性研究参见左云鹏：《祠堂族长族权的形成及其作用试说》。日本学者在整合这些研究路数上处于领先地位，比较早期的研究，可参见牧野巽的《近世中国宗族研究》。

构、象征主义和仪式安排之中。① 这类研究的目的是在特定语境中理解宗族的意义，随着时空的变迁探索宗族制度的改变，而其改变体现着带有普遍性的原理在地方语境中的权变。受其启发，本书无意讨论宗族概念的是非得失，而欲在福州，更确切地说是在闽江边上的南台岛这一具体语境中，深入探索父系宗族的丰富维度。

我不用深描的手法详细追述一个村落或某个家族的历史，不

---

① 除了建立在人类学家对台湾和香港新界研究基础上的华南宗族组织模式，历史学家还提出了与之迥异的徽州宗族模式和华北模式。关于华南宗族的著作主要有：艾米丽·埃亨（Emily M. Ahern）的《中国乡村祭祀中的逝者崇拜》（*The Cult of the Dead in a Chinese Village*）与《中国宗族的裂变：一项基于宗谱的研究》（"Segmentation in Chinese Lineages: A View Through Written Genealogies"），裴达礼（Hugh D. R. Baker）的《中国的宗族村落：上水》（*A Chinese Lineage Village: Sheung Shui*）和《中国的家庭和宗族》（*Chinese Family and Kinship*），孔迈隆的《华南父系宗族》（"Agnatic Kinship in South China"），巴博德（Burton Pasternak）的《中国宗族发展中边疆的作用》（"The Role of the Frontier in Chinese Lineage Development"）和《两个中国村庄中的宗族与社区》（*Kinship and Community in Two Chinese Villages*），波特（Jack Potter）的《传统中国的土地和宗族》（"Land and Lineage in Traditional China"），华琛的《父系宗亲和外来人：一个中国宗族的收养》（"Agnates and Outsiders: Adoption in a Chinese Lineage"），华如璧（Rubie Watson）的《一个中国宗族的构建：1669—1751 年的厦村邓氏》（"The Creation of a Chinese Lineage: The Teng of Ha Tsuen, 1669-1751"）和《弟兄间的不平等：华南地区的阶级和亲族关系》（*Inequality Among Brothers: Class and Kinship in South China*）。关于徽州的主要著作包括：贺杰（Keith Duane Hazelton）的《父系与地方宗族的发展：1528 年徽州休宁吴氏》（"Patrilines and the Development of Localized Lineages: The Wu of Hsiuning City, Hui-chou, to 1528"），以及宋汉理（Harriet Zurndorfer）的《中国方志的变化与持续：徽州 800—1800 年的发展》（*Change and Continuity in Chinese Local History: The Development of Hui-Chou Prefecture, 800 to 1800*）。关于华北的著作，参见韩书瑞（Susan Naquin）的《中国北方两个家族：永平府王氏（1500—1800 年）》（"Two Descent Groups in North China: The Wangs of Yung-p'ing Prefecture, 1500-1800"），孔迈隆的《华北的宗族组织》（"Lineage Organization in North China"）。最近中国宗族研究的回顾评论，参见陈奕麟的论文 "The Lineage-Village Complex in Southeastern China: A Long Footnote in the Anthropology of Kinship," pp. 429-450；与络德睦（Teemu Ruskola）的论文 "Conceptualizing Corporations and Kinship: Comparative Law and Development Theory in a Chinese Perspective," p. 1616 n. 45, p. 1622 n. 68。

是因为个人人类学训练的短板，也不是因为没有得到官方在乡间暂住的批准，事实上在研究期间，我在其中一个村子中非正式地居住了好几个月。① 本书研究路径是由材料决定的。在此研究的早期，我注意到这个地区宗族实践的某些方面是普遍存在的，甚至可以说是相同的，但却没有一个村庄的材料可以反映出所有这些不同面相。在研究中，我的确也碰到了一些问题，它们或在文献材料或在口头材料中，都有蛛丝马迹可寻，但在南台的材料中却毫无踪迹。所以我不得不从福州市或其周边地区寻找证据。不过，我认为本书所呈现的宗族的不同面相都是此地区普遍的亲属实践的一部分，这不仅是因为明清时期大多数的福州人，大概与其周遭邻里都以相似的方式实践亲属关系，同时也因为不同村庄的亲属实践，都是对相似的社会、族群和思想等宏观背景所做出的策略性回应。换句话说，本书言及的各种宗族实践形式，都有可能在此地的任何社会群体中发现，也被许多群体践行，但在族谱和其他文献中正式记录的，或在口头和仪式实践中非正式展现的，不过是其一鳞半爪。因此，想要得其全相的史家，就需要拓宽考察的范围。

换个角度来看，即使这更广的考察范围，也会令一些史家不甚满意，觉得还是太过局限。也许有人会质疑地方史对理解中国

---

① 我的研究取径当然也受到历史学和人类学交叉学科方法，以及其他华南研究者的影响。例如，在科大卫和萧凤霞主编的论文集中，就广泛地运用历史文献与民族志调查、口述历史、仪式进行文献等多种材料相互参证的研究方法。书中各篇论文取径相似，多篇都与中国学者相互合作。在福建，厦门大学傅衣凌教授的研究团队也有类似的研究取向。傅教授的"乡族"概念对这些研究做出了筚路蓝缕的贡献。运用这一概念对福建历史的探研，请参见傅衣凌和杨国桢共同主编的论文集《明清福建社会与乡村经济》。关于"乡族"及其与日本学者提出的影响颇大的"村社共同体"概念的关系的讨论，参见森正夫：《围绕"乡族"问题——在厦门大学共同研究会上的讨论报告》，1～8页。

宗族有何重要性或有何作用。我的答案有二。首先，中国明清时期多元宗族实践的复杂变化，无法仅靠方志、族谱、文集、仪式实践、口述史等某一文类的研究阐明，而是需要综观各种文类及其展现的不同宗族实践面相。其次，只有在其语境中，才能揭示历史材料的丰富内涵，这就要求对材料所产自的地方史做深入研究。我认为地方史是一条最好的进路，可以综合考察各种文类，仔细描绘地方经济和社会图景，细致探求地方政治，换言之，是把历史材料讲出故事的好方法。只有在多元的地方语境中对比、研究宗族如何产生壮大的基础上，我们才有希望完全理解整个中国的宗族意涵和实践。

聚焦于一个不对应任何行政区划的小地方，也有纯粹现实可操作的考虑。按照不同的"村落"定义，南台乡间有一到两百个村。在 1991 年到 1997 年，我步行或骑自行车到过几乎每一个村庄。虽然每次到访时间都有限，我也收集或摘抄了 50 多部族谱，观察了各种仪式，或正式或非正式地访问了当地村民。那些大村庄，还可以一再重访或久住。

通过对宗族几个面相的讨论，我认为福州地区人们组织的父系宗族组织，应该被视为在受到各种因素交错影响的环境中，个人或群体策略选择及应用的结果。这些因素包括普遍的父系社会观念、宗族组织的精英模式及一系列其他变量因素，诸如族群差异、经济商业化、地方精英结构转型，以及特别是对明以降国家关于土地和人口登记制度的回应。当然，这还没有将影响宗族的因素囊括殆尽，不过它们对福州地区而言尤其重要，并且尚未得到史家足够的重视。通过对几个世纪的讨论，我想为中国宗族研究引入更强的历史维度。宗族制度和观念的改变，与其所在的物质、文化世界有关，亦与政治社会结构和经济力量的改变有关。

通过在地方史中自下而上地讨论这些过程，本书对宗族的解释是，既不认为它是对家族主义意识形态的机械式的贯彻，也不认为它是国家或社会精英正统观念的灌输，而是针对复杂多元的社会现实推出的一套统摄人心的正统观念。① 福州组织化的父系宗族，既不是僵化的，也不是铁板一块，而是在变化流动的意义之网中构成的。

地理背景

由于本书认为，宗族实践是历史建构的，并受到地方史的方方面面左右，我们必须一开始对地理背景有个简略的交代。② 在中国东南多山的福建省，福州位于四个主要的滨海平原之一。当地的历史可谓一部开荒史。一眼望去，福州盆地方圆 400 平方千米，由闽江冲积而成。一万年前，此地由布满藤萝的泥沼间的岩石荒岛所组成。③ 盆地的形成一开始是个自然过程，随着越来越多冲积物在闽江南岸沉淀溢出，逐渐形成、拓宽了南台和琅岐岛，留下了一条稳定、深水的北河道。自此以后，土地开发逐渐成为人为力量介入的结果。蓄水、分水的水利工程被用于垦殖，闽江上游的森林开发和植被的退化让洪涝灾害成为常年隐患。④ 19 世纪中

---

① 在对中国民族主义的研究中，杜赞奇(Prasenjit Duara)强调必须认识到"关于民族观念有矛盾的、模糊的、甚至时而反对、时而赞成、时而协商的多重声音"。自古以来，家族就通过一套家国同构理论与国家发生联系，因此，中国宗族的观念和制度带有"多重奏"的特征，也就不足为奇了。参见 Prasenjit Duara, *Rescuing History from the Nation: Questioning Narratives of Modern China*, p. 10。

② 熟悉福州史的读者，可以从第 18 页关于南台岛的地方开始读。

③ 考古材料也证实一万年前闽江口位于现在的福州城上游的甘蔗镇一带。参见郑力鹏：《福州城市发展史研究》，3 页及以后。

④ 参见王振忠：《近 600 年来自然灾害与福州社会》，3～13、38～41 页。

图 1.1　"闽地风景，福州南郊西部。"
19 世纪传教士所绘福州乡村(图片来源：Doolittle，1865)

期在福州居住多年的一位美国传教士卢公明(Justus Doolittle)从山巅记录下当时的景象：

> 在夏季爽朗的天气，站在福州城边的山顶鸟瞰这片闽江河谷，真是美不胜收。溪流、水渠纵横，良田、村落点缀乡间。①

明清时期的福州经济史，和华南其他地方一样，受到商业活动显著增多的深刻影响。现在多数历史学家认为，始于明中叶的这次商业发展，是农业生产增加、盈余提高到贸易成长之间复杂

---

① Justus Doolittle，*Social Life of the Chinese：With Some Account of Their Religious，Governmental，Educational and Business Customs and Opinions，with Special but Not Exclusive Reference to Fuhchau*，vol. 1，p. 24.

连锁反应的一部分。① 其中，福州有两大地方特色值得一提。第
一，明代商业发展的坚实基础早在宋代就已奠定。自宋代开始，
国内外贸易就一直是福州地方经济的重要部分。当时福州出口钉
子、茶、丝和陶瓷给韩国、日本、琉球，甚至东南亚诸国，出口
贸易十分兴盛。② 也是早在宋代，就有人批评为种植甘蔗、水果等
商业作物，侵夺了粮地，加剧了当地的食物短缺。③

因此，在明代早期，福州地区就已高度商业化。商业作物的
生产和手工业产品的流通，将此地与更广阔的国内外贸易市场相

---

① 得益于明初政府对交通基础设施的改善，以及从日本和南美的白银流入，贸易
得到了发展。出口市场的扩大进一步鼓励农业和其他商品生产的商业化。市镇的数量和
规模都在扩大。国家税收日益货币化，实物税和劳役日趋用银两支付，在 16 世纪晚期，
一条鞭法改革达到顶峰。参见 Denis Twitchett and Frederick W. Mote eds., *Cambridge
History of China*，vol. 8；Timothy Brook，*The Confusions of Pleasure*（《纵乐的困
惑》），pp. 65-79，191-218。这种研究范式源于日本学者如西嶋定生的明代经济研究，
以及中国学者的"资本主义萌芽"讨论。傅衣凌有很多关于福建社会经济史的研究，是这
种研究路数之翘楚。罗友枝（Evelyn Rawski）的《中国南方之农业变迁与农民经济》（*Ag-
ricultural Change and the Peasant Economy of South China*）是西方学术界中采用这一方
法的早期著作。参见 Evelyn Rawski，*Agricultural Change and the Peasant Economy of
South China*。

② 对此区域海外贸易的研究相对较少，也许因为它被更为重要的闽南——先是宋
代的泉州，之后是明代的月港，继而是晚清的厦门——所遮蔽了。参见唐文基主编：
《福建古代经济史》，389～391 页。

③ 宋代学者提到，过去福州并无腹地。"耘锄所至，甫迩城邑。穷林巨涧，茂木
深翳，小离人迹，皆虎豹猿狖之墟。"（《三山志》，卷 33，1b 页。）不过从唐代开始，情况
发生了显著变化，到宋代，大量材料说明，相对于可耕土地的规模巨大的人口越来越成
为学者关注的焦点。参见王象之：《舆地纪胜》，卷 130，11a～11b 页；方勺：《泊宅
编》，卷 3，15 页；刘克庄：《后村大全集》，卷 93，80a 页。更完整的参考资料，参见
Hugh Clark，*Community，Trade，and Networks：Southern Fujian from the Third to
the Thirteenth Century*，pp. 145-148，p. 231，n. 86。另请参阅梁庚尧的有关研究。关于
商业作物，参见方大琮：《铁庵集》，卷 21，4b 页。当地最有名的作物是荔枝，其作为
一种商业作物，在当地已有相当长的栽培历史。蔡襄 1059 年曾撰文谈及这种水果，描
述了大片商业果园，大面积种植，以及向国内外市场贩运的情况。参见蔡襄：《荔枝
谱》，见《蔡襄集》，卷 35，646～647 页。

联结。16 世纪日益繁荣的海上贸易对福州的长期影响，还包括不断增加的农业分工、商业化、跨地区贸易，以及赋税和徭役的归并，即有名的一条鞭法。① 海外新作物的引进和技术进步促进了农业专业化，使得主要的商业化水果，如荔枝、龙眼、橙子的产量提高。17 世纪初，此地的商业水果生产已十分普遍。手工业方面，亦有不俗表现。16 世纪初，织布技术的进步使福州纺织品进一步多元化。福建虽不产丝，但却能漂染、纺织从内陆购入的原丝。到16 世纪末，福州经济持续卷入多元复杂的国内外贸易网络之中。②

　　第二个地区特色是明朝发展起来的当地经济长期受到一系列事件的侵扰。首先是 16 世纪的海盗和土匪，紧接着是明清鼎革，最后是清初迁界和海禁政策，即便是最基本的商业活动都难以进行。据学者朱维幹对倭患材料的整理和统计，除地处内陆的闽清县以外，福州府的每个县份在 1555—1561 年都曾被倭寇围攻。福州城甚至经历过四拨不同的倭寇的攻击。1557、1558、1559 一连

---

　　① 参见唐文基主编：《福建古代经济史》，第四编；朱维幹：《福建史稿》，第17 章。

　　② 烟草成为闽南的一种重要经济作物；在福州地区，甘薯的引进带来了重要且复杂的影响。它为经济作物的种植者提供安全保障，如果作物种植失败，或者价格下跌，农民仍可以指望着在边角土地种植的甘薯过活。关于甘薯，参见陈世元：《金薯传习录》，卷 1，2a 页；《黄李合谱》，30 页；《闽书》，卷 150，34a 页。关于技术发展，参见朱维幹：《福建史稿》，26～28 页。这种作物生意的基本情况数世纪以来似乎并没有多大改变。根据 11 世纪蔡襄的记载，外地商人提前对荔枝竞价时，会预先寻求当地专家的意见。这与 19 世纪的描述相当相似。参见蔡襄：《荔枝谱》，见《蔡襄集》，卷 35，646～647 页；周亮工：《闽小纪》，卷 1，16～17 页。16 世纪的《闽部疏》记载："此山行数十里，荔枝、龙眼夹道交荫，丹榴、绿蕉蓍斐间之。"书中还有大规模种植其他商业作物的记载，如橄榄"土人虽担城市货之，颇不登羞"。还有甘蔗，由本地生产、加工然后转运。此外还有蓝淀，整个福州府皆产之，"闽、侯官、长乐尤多"，"……福州而南，蓝甲天下"。参见《闽部疏》，3a，4b，22a～22b 页；《八闽通志》，卷 25，512～513 页；《福州府志》（1613），卷 8，7b～8a 页。

三年，倭寇还攻击了福州郊区，毁坏了两个主要的商业郊区——南台与洪塘。[1] 虽然声势浩大的倭寇最终受到镇压，但福州沿海村落从未真正脱离危险。[2] 史料中以"倭寇"来指明朝的海盗，即"日本人"，其字面意思为"矮小"的盗寇。但苏君炜和林仁川也指出，固然有部分日本人参与了海盗袭击，不过大多数的所谓"倭寇"可能还是沿海而居的中国人，他们在官方禁止贸易的政策下，被迫转为海盗。[3]

　　一个世纪后，明清鼎革之乱成为继倭寇之后的大患。1645 年，当清军控制了华北大部分区域时，一位明朝藩王宣布登基，并定都福州。为供养朝廷，他对当地课以重税。次年，新帝出逃，清军兵不血刃进城，没收所剩财物。城郊倒是遇上零星残余抵抗，许多饥民不顾禁令出逃。1647 年，福州在因瘟疫而人口锐减之后

---

　　① 参见朱维幹：《福建史稿》下，207～210 页；《闽县乡土志》，70a～70b 页；《黄李合谱》，27a～27b 页。17 世纪初，长乐县的谢肇淛（1567—1624）回顾嘉靖朝，将之视为整个广东、福建沿海的屠戮时代。他列出数个遭到洗劫的州县，包括新化（兴化）、福清、宁德。参见谢肇淛：《五杂俎》，卷 4，34b～35a 页。关于地方政府借由乡约、保甲系统来处理暴力与动乱的地方因素的努力，参见三木聪：《明清福建農村社会の研究》，67～100 页。

　　② 在 17 世纪初，董应举写到当前的海盗威胁已经没有 50 年前严重，但海盗捐却仍然是国家常规税收的一部分。参见董应举：《福海事》，见《崇相集》，39 页。即便在 17 世纪中期，绑架仍然是一个人们持续关注的问题。参见《螺江陈氏家谱》，卷 3，6b 页。

　　③ 16 世纪，贸易的兴起和海盗问题的发轫这两个明显矛盾现象的并存，可能与中国贸易政策的改变相关。当葡萄牙商人 1521 年被逐出广东以后，他们开始在浙江、福建沿海进行走私贸易。到 16 世纪中期，这种贸易也被禁止，商人发现他们的生计被切断，就转向了暴力劫掠海边的村落，于是海盗暴力加剧了。莆田的朱纨（1486—1552）解释道，福建的经济情况与海盗活动的涨落密切相关，海盗之所以能得手，很大程度上取决于他们与地方内应之间的密切联络，内应提供绑架并换取赎金的可能目标。参见林仁川：《明末清初私人海上贸易》，40～84 页；林仁川：《福建对外贸易与海关史》，104 页及以后；朱纨：《天马山房遗稿》，卷 4，20a～20b 页。

不久，一帮效忠明朝的部队又蹂躏了此地，饥荒随之而至，直至清廷赈济到来。此后，清军驻扎在福州城内外，防止郑成功势力的反扑，同时希望切断郑氏的补给。[①] 但福州人民也因此饱受驻军的压榨。

施坚雅(G. William Skinner)曾指出，直到19世纪开埠，福建沿海的经济一直没有从倭寇和政治动乱的交织倾轧中走出来。[②] 但从福州作为行政、手工业中心以及转口贸易港的地位来看，施坚雅可能高估了经济的低谷。秩序平复后，光迁入的官员和八旗士兵，有人估计就超过一万四千人，此外还有随行的家人和仆人。[③] 一份20世纪早期的材料显示，"八闽物产以茶、木、纸为大宗，皆非产自福州也，然巨商大贾其营运所集必以福州为的"[④]。三者中，只有茶明显地依赖国际市场。王业键关于粮食供需的研究，也有力地支持了此地经济复兴的看法。他估计18世纪中期，福州周边每年进口的大米数量达到50万石。这些输入品皆需通过经济

---

① 参见海外散人：《榕城纪闻》，4～14页；Lynn A. Struve，*The Southern Ming*，p. 86。有关迁海政策的讨论，见第三章。

② 参见 G. William Skinner，"Presidential Address：The Structure of Chinese History," pp. 271-292；E. B. Vermeer，"The Decline of Hsing-hua Prefecture in the Early Ch'ing," pp. 130-131。

③ 吴振强(Ng Chin-Keong)对闽南的经济衰落程度有着相似的观点，参见 Ng Chin-Keong，*Trade and Society：The Amoy Network on the China Coast，1683-1735*，p. 60 ff.。即使在动荡的17世纪，福州商人的经济活动也被详细地记录在林春胜(1618—1680)和其家人的著作中，他们将前往长崎的中国商人的报告收集在《华夷变态》中。官员和士兵的驻防记录，参见郑光策：《产米谷》，见《闽政领要》。

④ 《闽县乡土志》，345a页。木材和造纸业都不依靠出口。1771年，浙江木材商在城南兴建了一座会馆。在日本失事的中国商船材料，揭示了18世纪福州木材贸易的情况。其中一份文献描述了福州船主李振春的经历，他的船从南台运木材去山东，再从那装载绿豆返航。参见碑刻《安澜会馆碑记》；《谢函》("Letters of thanks from the rescued Chinese ship")。

农作物、手工业和贸易的收入来支付。在欧洲人到来之前，国外贸易也未缓滞/凝滞。1743 年，福州和琉球之间恢复了直接贸易。直到 19 世纪茶叶出口中心转移①，此港的贸易一直盛而未衰。

南台岛

清代的福州及其郊区隶属闽县、侯官两县。② 福州老城，位于闽江以北数千米处，南台岛将闽江一分为二。在城墙和闽江之间是蜿蜒的商贸地带，令人困惑地亦称作南台区。③ 南台岛是一个不规则的菱形岛屿，由西北至东南约 20 千米，最宽处有 8 千米。到此丘陵地区之前，闽江已流经四座小岛，泥沙顺流而下，经过上千年的层累堆积，就有了此岛。此地很多村落的名字都反映出土

---

① 吴振强指出，在闽南地区，甘薯在很大程度上填补了食物短缺。但是在福州，人们很少食用甘薯。据卢公明的记载，"除了作为午餐，吃甘薯会被认为是生活困难甚至赤贫的标志。大量的甘薯被切成厚片，晒干，以备在大米不济之时，供穷人食用"。这也就是说，在正常情况下，大多数福州人的条件还不错，能够负担得起进口大米。参见 Wang Yeh-Chien（王业键），"Food Supply in Eighteen-Century Fukien," p. 86；Ng Chin-keong, *Trade and Society：The Amoy Network on the China Coast, 1683-1735*, p. 131 n. 151；Justus Doolittle, *Social Life of the Chinese；With Some Account of Their Religious Governmental, Educational and Business Customs and Opinions, with Special but Not Exclusive Reference to Fuhchau*, vol. 1, p. 45；Robert Gardella, "The Min-pei Tea Trade during the Late Ch'ien-Lung and Chia-ch'ing Eras：Foreign Commerce and the Mid-Ch'ing Fukien Highlands"。
② 清代福州府有十个县。东边是位于沿海平原，更为繁荣的商业县，如连江、长乐和福清等；其余的县则位于平原北部、西部较贫困的山区，包括古田、闽清等。清代的侯官县还包括了其明代同名县所辖之地，以及 1579 年撤销的怀安县的大部分地区。参见《福州府志》(1754)，卷 2，5a～5b 页。
③ 为避免混淆，我用"南台区"指这块商业化的地方，而仍沿用"南台"指整个岛。今天岛上的居民大多不这样用，而"南台岛"一词也基本不用了。我所见最早使用这个词的是 20 世纪初的地图。地图参见野上英一：《福州考》。

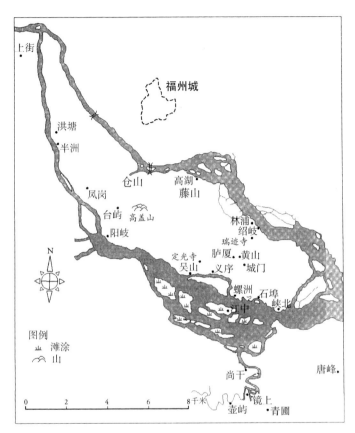

图 1.2　南台岛及周边(本书地图系原书插附地图)

地垦殖的长期过程，这也说明当地的地貌是在人们定居以后才出现的。① 长期以来，根据市场分布，南台岛在行政上一分为三。

---

①　比如，在岛上东部地势低洼地区，有湖头村、湖际村、湖东村，村民能够指出此前湖泊沼泽的边界，他们的祖先后来把它们垦殖为土地。岛上很多村子的名字中都含有代表岛屿的"洲"或者"岐"字，代表小溪的"浦"字，或代表沙洲的"洋"字，尽管在大多数情况下，这些词不再准确反映它们的地理情况。此前的小岛如今已经与大南台岛连在一起，小溪被填平，沙洲上的村民将垦殖的范围推进到了闽江之中。

紧邻福州城南的商业区，名曰仓山，自宋代就以万寿石桥与福州相连。① 岛上其余部分，根据居民与福州市场的历史关系，自然地区分开来。东南部分的居民，经仓山过万寿桥通往福州及其南台商业区。岛上西北区域的居民，则经由第二座桥十分便利地进入福州城。该桥名为洪山桥，位于南台岛北方，始建于 15 世纪中期。因此，它们的经济关系遂以福州城西门，及其与洪山之间的市场为中心。②

　　20 世纪初，在州县官员的鼓励下，当地文化精英编撰了闽县和侯官县志。这两本方志共列举了南台岛包括仓山商业区的 140 处聚落。③ 其中，有许多村落还提供了人口数量。在"大姓"的部

---

　　① 从 15 世纪晚期以来，此地发展迅速，这很大程度上归功于盐业分配体制的改变。为了增加收入，政府允许以白银购得盐引，废除了要求商人售粮给华北边境的大军以获得盐引的旧政策。产盐区的商人开始越来越多地涉及盐业贸易，并利用盐业贩售网络，从事各种商品的贸易。在仓山区，盐商在 16 世纪兴建了百余个仓库，这个地区也因此获得此名。据一份 16 世纪的材料，在仓山前的河中，"艖舟鳞次"。在 19 世纪，仓山成为外国人在福州的聚居区。参见 Martin Heijdra, "Geographical Sources of Ming-Qing History," p. 515；《闽都记》，卷 14，3b 页；《闽部疏》，3a 页；《藤山志》，卷 2，4a 页。

　　② 参见王安策：《崇祀历代造桥诸公禄位记》，见《洪塘小志》。这些经济模式早已体现在行政管理体制之中。在帝制晚期，南台岛的两个部分，如同福州城一样，隶属不同的县，处于不同县的控制之下。西边隶属于侯官，东边隶属于闽县，以从万寿桥往南沿着高盖山一线为分界。这种分野，在后来南台岛上四个公社建立起来后的集体化时代还基本延续。此岛的西北部，被编进了建新公社，公社大队设在洪塘。岛上人口更为稠密的西南部，划分成两个公社，即大队部设在下濂的盖山公社，和大队部设在城门镇的城门公社。第四个公社是仓山，与商业区的名称一样。当这个公社在 20 世纪 80 年代中期被撤销的时候，仓山划入了福州市，南台岛其余地方在福州郊区政府的治下。

　　③ 相比之下，20 世纪 80 年代初编辑的最新方志《福州市地名录》，例列出 298 个"自然村"。这本书的名字，倒是符合英文的习惯，为西方学者使用的"地名索引"，而不是"地方志"。20 世纪，南台几乎没有新的聚居点，对其数字差异原因的解释，很可能是 20 世纪初方志的编纂者在定义聚居点的时候，采用了传统的标准，而现代的方志按照国家行政区域划分。在更早的方志中，还有一些模糊和不一致之处。

分，方志还列举了岛上的大族，并追溯其定居源头。① 结合这些材料，基本可以得出南台定居模式的初步图像。总的来看，南台共有三类村落。其一为单姓村，由同一姓氏的男性村民与其妻小居住在一起。其二，大多数是由一到三个大族构成，散以少数异姓人口的村落。其三，没有明显大姓的杂姓村。南台最大的村落是义序、螺洲、城门、林浦和下洋。它们均位于岛的东面，均属于第一、第二种类型。也就是说，这些村都由一到三个大家族组成。其中，下洋和螺洲两个村镇最大，皆由合并且互相交织的大姓家族组成，下洋合了两姓，螺洲合了三姓，因此，两个村镇的居民也分别由两姓和三姓组成。岛上东边的小村落基本上都属于第三种类型，由混杂多姓组成，至少在方志编撰者看来，这些姓都没有发展成大族。这种村落往往相对偏远，若不是在最初南台岛形成的高岩丘陵上，便是在近期开垦的沼泽洼地中。② 岛屿西部几乎都是只有几十户人的小村子。对此最可能的解释是每年春季，此地洪水泛滥频频。③ 有些地名和现居宗族不符，也说明这些村落可能是原先的居民迁走以后，再由其他族群定居，其原因极可能是洪水。④

---

①　这里没有对宗族的标准给出解释，不过其潜台词是，这些社会群体的男性成员具有，或者说声称具有宗亲关系，也就是我所称的宗族。侯官方志中的村落，参见郑振满：《明清福建家族组织与社会变迁》，152 页。

②　漳林、城山顶是第一种类型的例子，关路、江垫是第二种类型的例子。

③　这种解释显然为方志的编纂者所接受："橘园洲人居甚少，避水患也。"(《侯官县乡土志》，卷 6，14b 页。)

④　比如，朱宅如今已为陈氏所据，据说其居住始于乾隆朝。葛屿如今为林氏家族所居。栗林宣夫在《清代福州地方における集落と氏族》中分析了这条材料。因为他接受福州各姓氏开基传说的字面意思，所以我们得出了不同的结论。

表 1.1　书中出现的主要聚居地与宗族

聚居地	宗族
半洲	张
凤岗	刘
福州城	郭、叶
高湖	郑
黄山	郑
壶屿	杨
江中	刘
镜上	陈
琅岐	陈、董
林浦	林
螺洲	陈、吴、林
尚干	林
台屿	陈
唐峰	黄、李
辋川	蓝
阳岐	颜
义序	黄

　　方志也记载了南台的经济情况。到 19 世纪晚期，此地经济已高度商业化、专业化和职业化。除大米外，居于低处的村民还种植甘蔗和其他水果，住在高处的村民则为福州市场种植麦子和蔬菜。"林浦则设蛎房牙，林浦多业蛎者。"许多村民精于手工业，产品销往附近城市，有的产品专为长程贸易生产。此岛最有名的特产是郭宅竹器，"实业物产以郭宅之林、木、竹器为大宗。其竹由永福来，乡中男女多以竹为业"。潘墩和柴霸墩造船，"运石售往

诸省"，而义序、胪夏、林浦、江边，"业柴船者多"。在闽江的南支，南台岛的另一边，"村民多以烧陶伐石为业。塘屿林[村]三百余家皆业石工。黄石林[村]六百家则业陶窑".① 清代的情况已明显改变，但其多元化、专业化和高度商业化的经济基础在晚明就已奠定。

岛屿西部的几处高地中，有洪塘集市。紧邻的凤岗村是本书将重点研究的南台几个村落之一。宋元之时，此处是南台最繁华之地，因为那时福州最主要的港口，就在洪山桥的对岸，并且进西城门的路就横穿此地的主要商业区。宋朝以来，凤岗出了很多重要的理学学者，他们后代的塑像至今仍在明代复建的忠烈祠中。

由于洪塘港在明代淤塞，镇上的停泊港口和货栈向东边转移，随之移到明初以来福州的商业中心——位于城南的南台区。② 南台岛北岸的南部是林浦镇，通过一个渡口与南台区遥相呼应。林浦是最早在岛上持续定居的村落之一。林浦的名字出现在一部12世纪的方志之中，当地定居的历史至少可以追述至四个世纪之前。③

---

① 《侯官县乡土志》，卷6，15a页；《闽县乡土志》，264b～265a、269a、277a～277b页。福州周边腹地有很多其他商业活动的例子。在侯官的沙堤，"赵姓千余户，业耕织及商"；在泽庙，"张姓约千余户，习农商，乡多产橘"；在大文山上，"约六七百户，皆陈姓。耕地无多，均习烧瓦，计有瓦窑十八所"。参见《侯官县乡土志》，卷6，10b、17a、17b页；傅衣凌：《清末福州郊区人口的职业变迁》。

② 根据一份16世纪的材料，"由福之南门出至南台江十里而遥，民居不断"（《闽部疏》，2b页）。

③ 860年建立的瑞迹寺位于九曲山上，可以俯瞰小镇。数年前，有位濂浦村的村民来到九曲山，见到一尊银佛在磐石上留下了足迹。就在现在的庙址之下，有座奉祀观音的小石龛，内有一通852年立的无题碑记录了此事。12世纪之时，从它得到的布施来看，规模并不大。濂浦和林浦是一回事，指同一个地方。地方说法认为，在林姓成为人数占大多数的宗族团体后，村名就改作"林浦"。15世纪的材料记载："稽我远祖，五代间自固始入闽，卜居斯乡，因用吾姓而名乡之浦曰林浦……祖宗肇迁之意，从可知矣！"[《三山志》，卷33，28b页。林元美：《天顺壬午修谱序》（1462），见《濂江林氏家谱》，卷首，1a页。]

明代此地出了有名的林瀚家族，"三代五尚书"为人所称道。林浦村民大多数都姓林，但因为此地为重要市镇，异姓商人也多居于此。镇上至今仍然保留有过去光荣的物质遗产，包括两座牌楼和几幢明代古宅。到 19 世纪末 20 世纪初，林浦人热衷于与上游做木材生意，其庞大的住所至今都还可以看到。

南台的学问中心，宋代是凤岗，明代是林浦，清代则是螺洲，南台南岸的一个小岛。螺洲孔庙中记录了它的辉煌，清代共产生 20 名进士。对此地的经济史，我们所知甚少。但可确定的是，至晚到明代，当地已出现密集的道路、桥梁和港口网络。市镇前面的冲积地得到了积极的开垦，据一首诗歌说，这些土地上种植了柑橘，且这已是当地村民的一项主要作物。16 世纪的建设，让人感受到在此时期的螺洲，至少有些居民累积了不少财富。石桥取代了木桥，既有的寺庙得到翻新，新的也不断兴建。据 17 世纪初的方志记载，螺洲已有几千户人，其中吴厝最为知名。① 市镇随着河岸延伸，大致呈三段分布，每段都有一个主导家族：洲尾是螺洲林氏，吴厝是吴氏，店前是陈氏。陈林两族曾结为联盟，并与吴厝吴氏发

---

① 在岛的西边，有渡口通向义序和阴岐，那边还有一个元代建立的义渡，通向更远的西边。阴岐又称为"芹洲"，因为它是供应福州城市场的蔬菜生产基地。另一个渡口在峡北，经过乌龙江，连接螺洲与本省主要的南部通道，沿着海岸，经过福州府南边各县，达莆田，再到泉州、漳州。早在宋代就有描写水陆渡口的诗歌作品。螺洲修了几段石路、几座石桥，促进了岛上交通的发展，从螺洲通向南台岛，从起点经沼泽洼地，再通到福州南郊。16 世纪初，一座新的泰山庙在村子中心建了起来，它是螺洲人最自豪的四座寺庙之一。1594 年，又修了一座新庙。村中的孔庙，据说最早可以上溯至宋朝，一直存在到 15 世纪末，一位知州来访此岛时还借宿于此，孔庙在 16 世纪重修两次，在 1607 年又扩建了一次。参见《螺洲志》，附录 14 页及以后，33a、21a～22b 页；《闽都记》，卷 14，13b 页。

生过械斗。20 世纪初，店前和吴厝之间筑起了一道砖墙。①

19 世纪中期，螺洲人陈景亮是南台最大的地主之一。一份分家文书显示他有 350 块大大小小合计数百亩的土地，在福州和螺洲还开有当铺、杂货店和纸坊。② 其孙就是宣统帝师、鼎鼎大名的陈宝琛。他的祖厝就在螺洲，是一幢奢华的木结构宅邸，建在石头地基之上，有前后五个院落和一栋两层楼的藏书阁。此外，园丁还从园地中选出时令植物装饰府邸。正门之外的大木牌坊，炫耀着家族最近在科举考试中的成功。③ 陈氏家族在福州城内还有一处大宅，需要时或乘舟，或乘轿穿过一片由错综复杂的水道网灌溉的荔枝园和橘子园即可达到。

义序，离螺洲不远，是南台岛上最大的村落，人口超过两千户，其中除少数外皆为黄姓。过去，义序黄氏与林浦林氏和螺洲陈氏都发生过械斗。相当多的义序人都通过了武举，成就了此地的英武之名。螺洲陈氏后人虽然声名显赫，但在学术界最具盛名的却是义序。林耀华，中国人类学的奠基人之一，将此地作为他 1935 年燕京大学学士论文的调查田野。义序和螺洲都雄踞五虎山（南台南岸的一连排山峰）上，俯扼闽江南段。山脚是最大的市镇尚干，这里最有名的乡望，包括国民政府主席林森，与铁路工会的组织者和烈士林祥谦。本书中讨论的诸多材料，就来自这五个村落。

---

① 螺洲人告诉了我一个过去陈、吴两家之间存在敌意的有趣故事。他们两家曾经为一起由五月初四舟赛引发的纠纷而大打出手。输的一方，当然这取决于谁来叙述，在地界的分割墙上写了个标语"勿忘五四"。日本人占领该村的时候，他们对待村民十分残暴，因为他们认为这个标语指的是五四运动。

② 参见《知足斋诗房阄书》。陈景亮的后代直到 1949 年还从事典当业。参见庄家孜：《福州的典当、贷当和估衣庄》。

③ 纪念陈宝琛胞弟 1876 年高中进士的匾额残片仍然可见，如今在此附近被用作窗扉。

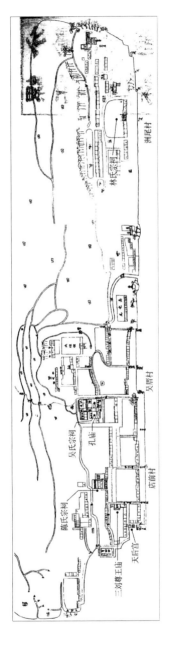

图 1.3　螺洲村落布局 (图片来源：《螺江陈氏家谱》，1933)

材料及主要论点

二十年前，福州宗族研究只能依靠海外图书馆所藏族谱，或从海外福州人社群着手，今天的研究者得以直接进入地方的村落进行研究。很多村子中，祠堂都修建或重建得很宏大。围绕祠堂，还出现了新的组织形式。祠堂管理委员会由年长的族人组成；宗族研究会负责重修族谱，并将知识分子和其他离乡贤达引入管委会。此外还有些半官方组织，如福建省姓氏源流研究会，由文化系统的干部组成。这些复兴的组织为历史学家提供了新的、饶有意味的史料，可资探索中国宗族组织的历史和意义。

本研究关注福州地区特别是南台岛上的宗族实践，主要材料包括族谱、口述史材料和对岛上现在仪式的实地观察。以往对宗族的研究，较少将族谱文献作为其讨论的出发点，且通常只研究某一特定家族。族谱或存于私家，或存于祠堂，也可能由政府保管，甚至像本书之后要用到的那本那样，存于废品收购站之中。1992 年到 1997 年，我在"当地"阅读了三百多部之前福州府的族谱。① 本书还广泛利用了其他材料。作为省府和州府，福州还存有六部详尽的省志，包括从 15 世纪的《八闽通志》到 19 世纪陈衍卷帙浩繁的版本；以及五部府志，包括 1182 年的《三山志》，其是现存

---

① 我用"当地"一词指代我在庐夏村的经历。在指导下，我攀上楼梯，进入宗祠的阁楼之中，研究族谱。其中有些地板已经腐朽坍塌，我要十分小心地避开那些地方，以免跌下去砸到神龛之上的祖先牌位。

最好的宋代方志之一。① 此外，还有其他由本地文人或历任官员撰写的各种文献。最后，我还利用了未出版的材料，诸如石刻、地契和分家文书等。

以下各章，皆以与该章主题相关的一些实地观察、口述材料或礼仪实践作为楔子。这主要是出于下述几点考虑。第一，在这些实地考察和口述故事中，不同形式宗族之间的差异和紧张最能得到彰显。第二，这些内容体现出当下人们如何理解宗族，以及他们如何通过这些声音、实践和制度表达宗族的观念，并凸显出他们在运用这些前人手段时的各种可能和挑战。宗族制度向来都是应付时需，从这些材料中也可以看出，类似的调整和改变一直都是宗族实践的一部分。第三，当代的材料为本书后文的历史研究提供了重要的证据。保存在这些材料中的民间记忆，最多能把我们带回百年前，但已足以向我们提供与文献世界相关联的种种线索。有时候，从中还能找到被传世文献忽视的一些重要问题的信息。不仅如此，它还带来解读礼仪文献和土地契约等成文材料的重要灵感，这些文献虽然保留下来，但如果没有其他材料的辅助，实际上几乎无法将它们还原到原本脉络中去理解。当然，思考当下与过去的关系时必须审慎。虽然口述者都说他们一成不变地重复过去的经验，但历史学家可以清楚地看到，他们如何让仪式操作符合当前环境和现实需要，以及在时光流逝和现实关怀中，

---

① 传统上构成福州的两个县，闽县和侯官，都没有太好的方志基础。它们分别都只有一部晚清的县志，以及民国时期两县合并后的一部闽侯县志。不过，这个弱点可以从它们周边的区域得到弥补，这些县以下区域和社会组织都有丰富的志书资源。本书利用了四本庙志、几十本村级的社区志。也许因为这些地方过去曾是福州的政治和社会中心，方志资源才会呈现出这种参差的分布。更富雄心的编纂者编辑省志、府志，没那么有雄心的人编辑他们自己的乡志或村志。

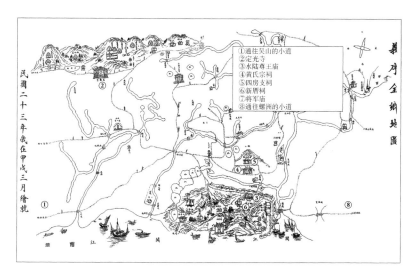

图1.4　义序与周边(图片来源:《虎邱义山黄氏世谱》,1932)

记忆如何被重塑。口述历史和仪式实践诚然也是不完美的史料类型,但是如果忽视它们,单靠偏好明显的传世文献,就可能错失中国史研究的广阔天地。

此后每章均考察宗族组织的一个具体方面。这些方面并非福州所独有,像族谱、祠堂之类,只要读过中国人类学文献的读者都不会陌生,但我希望本书能给出新的解释。这些不同的面相,可以想象成一组层层相因、渐次扩大的同心圆,每扩大一圈,实践和机制涉及的群体就扩大一层。第二章讨论族谱,它是将个人与祖先联结的一种方式。此后三章讨论同宗的后人组织起来,并将其联系制度化的不同方式。第六章讨论这些宗族与其他地方社会群体以及与国家的互动关系。

第二章仔细分析了几本当地族谱,具体讨论当地人如何通过编撰族谱的方式追溯其世系。虽然大多数族谱大致上都完成了任务，也就是按照编者的看法记录世系，但其中也蕴含玄机，启发我们思考更大的背景，探索在其中构建宗族具有什么特殊的地方意义。清代福州许多名门望族的祖先都是当地受歧视的族群。撰修族谱因此成为有效的策略，可以掩饰其族群属性，否认或者模糊其更早的身份标签。

一群人宣称拥有共同祖先是一回事；对这些联系赋予实际的意涵与社会意义，则是另一回事。第三章关注明代宗族获得社会意义的新手段。基本观点是明代国家的军事和赋税制度促使亲属团体组织化。因此，该章主要反思既有宗族史研究中的两种主流论述。其一，虽然许多人类学研究认为宗族的兴起与王化莫及的边疆环境有关，但本书认为，恰恰是国家的在场，而非缺席，才促成宗族的形成。其二，虽然许多社会史研究看重文化精英在宗族组织中的作用，但从该章可以看到，社会下层和上层都在积极构建宗族。

复杂的政治、社会和经济力量促使亲属团体自我组织起来。但这些因素本身并不能解释这些父系宗族特别的制度安排。第四章探讨宗族组织最显眼的标志性建筑——祠堂的发展。官方样式祠堂的普遍出现，被史家们认定为由士绅推动文化整合的表现。通过对比不同时期福州乡村中的祠堂，我将之划分为不同历史阶段的三种类型。15 世纪之前的祠堂，往往是高官根据国家标准和朱熹提倡的样式修建的，他们以之将自己从地方社会中凸显出来。明中叶，在很多文化精英看来，商业化正在破坏乡村社会秩序，这要求他们振作起来，成为地方社会当然的领袖。到晚明，海盗的猖獗进一步刺激士人投身地方社会建设，负起地方防卫的责任。其结果是祠堂成为在精英领导下构建更加团结的地方社会的工具，一种包容性的而非排他性的标志。但是，在商业化中崛起的其他乡村精英，也利用祠堂作为获取地方社会权威的策略。祠堂的构建，不仅仅为理学家价值所左右，也受商业世界（如地方商人和财主的投入和利益）所影响。第五章通过研究祠堂中的礼仪实践继续关注祠堂问题。士大夫留下的材料往往将之作为 12 世纪朱熹权威文本的简单执行。但实践却证明，朱熹的原则难以实行。细究之下我发现，当地的祖先崇拜实际上融合了两种更为古老的传统，即元宵节和陈靖姑的庆典——后者是保佑妇女和生产的女神，并将它们熔铸成一种新的崇拜。这种以祠堂祭祖为核心的新信仰，是精英们策略性地追求自身利益的结果。这样，更早的民间信仰实践就被改变、男性化和儒家化了。

在讨论了宗族发展的相关制度和实践以后，第六章回到国家对宗族组织的影响，探讨国家政策、宗族和地方民间信仰的交集。明初，国家实行官方祀典制度，并自上而下地推行到乡村社会。既存的地方信仰亦随之改头换面，使自己能与官方体系保持一致。第三章已提及，赋役制度和宗族组织之间有着紧密关系，由此宗族也渗透到了地方信仰生活之中。当祠堂遍及福州乡间之时，一个常见的现象便是游神，将与家族有关的神明以游行的方式送至祠堂之中，以此宣示此神对家族的特别保佑。至于对某个寺庙从属与否、寺庙的经费支持、仪式组织等问题，并不由个人偏好或当地居民决定，而是由所属的在籍户头决定，在有明一代，户籍越来越与宗族相重合。

总之，第二到第六章阐明明清时期宗族和世系并非一成不变或当地原生的，而是一直处在协商和竞争之中。要理解这一点，就不能仅将宗族观念和制度当成是对尊崇经典原则的损益，而是要看这些观念和制度产生的历史过程，以及其在福州人民的生活中是如何实践的。宗族的制度化也应被看成各阶层的个人和团体策略性地实践和表现的共同结果。要在他们各异的策略之间达成妥协，宗族的制度和实践必须高度灵活，不仅能容下文化精英的理学意识形态，也要能包容民间信仰的实践和再现。福州的宗族组织从不封闭僵化或是铁板一块，而是由不断变化意义之网所构成。明清福州的宗族实践涵盖了不同概念的不断协商和竞争，诸如宗族的实然与应然、能为与当为。

　　20世纪，中国现代化的相关论述屡屡提到宗族的观念和制度。对它的讨论一般有两种模式。在革命派的现代化论调中，它被视为社会和经济转型的阻碍，它是终将被铲除或随着社会的进步而解体的封建残余。近来，海外华人的宗族组织被视为一种更加灵活的资本主义制度的雏形，它延伸到家族企业之中，成功应对了经济全球化的压力。在这两种叙事中，中国的宗族都被看作一套僵化不变的观念、制度和实践。如果把宗族看成一种策略、一种实践，这些叙事又会有何不同呢？人们在建构文化和社群的过程中，调整其现有结构，在新情境中赋予其新功能，在发展中继承既有的话语体系。人们的行为和选择改变了他们身处的制度结构，重塑了后人得以选择的语境天地。探讨明清时期宗族的文化建构过程，最终可能有助于阐明当代中国与海外离散社群（diaspora）类似的发展过程，以及参与到自身文化中的人群的选择。

第二章　追溯祖源与族群标签

今日询问任何一位南台耆老的祖源，他都会告诉你，祖先来自华北河南的固始县，很久以前他们随王审知来到福建。问他何以知之，他很可能会告诉你，族谱上就是这么写的，或者保守点说，毁于"文化大革命"的族谱中就是这么记载的。20世纪90年代初期，南台各村中兴起一股族谱热。旧谱被从尘封中取出，誊抄复制；新谱经过调查、搜罗相关材料后，得以编撰。每个主要大姓在新成立的福建省姓氏源流研究会中都有分会，研究会开始搜罗新旧族谱，召开讨论会，商议族谱编纂中遇到的问题。这些新编修的族谱充分证明，在这个地区组织亲属始终具有重要的历史意义。这些族谱可能有好几大册，装帧精美，价值不菲。其中还列有古代、当今与宗族同姓的名人，以及海内外宗族成员的照片，他们捐资协助族谱出版。我所收集的几十本新族谱，基本上都采用以下说法：他们是从华北移民来的共同始祖的后代。有些宗族甚至还派成员回到河南寻根问祖。

华北祖源的说法在福州并不新鲜。早在20世纪初期，在闽县和侯官的县志中，就有根据本地家族族谱写就的"大姓"部分。两部县志这一部分的开头，都始于半传闻性质的、迁居福州的群体移民。4 世纪初，"中州板荡，衣冠始入闽者八族，所谓林、黄、陈、郑、詹、丘、何、胡是也"①。晚唐时，固始的王潮、王审知兄弟率兵进入福建，控制住局面，建立了为期不久的闽国。②"随之者又有三十六姓。"③南台很多家族的始祖都按姓氏列在其后，其中大多都被认为是这两次大移民中的某一次迁来的。郭柏苍的家族就被列在"郭"姓后面。他们的祖先追溯到郭子仪，其后代随王审知入闽并定居于此。④

除了其他事物，成文族谱是追溯世系传接继承的记录。大多数族谱基本上都直接地记载世系。但如弗里德曼很久前所注意到的，族谱不只是简单的世系图。"它是整套出身与关系的宣言、章程、分布图、各种社会组织的框架和行动蓝图。它是一份政治声明。"族谱是带有策略性的文本，它试图带来并且确实产生了某种社会影响。它是亲属实践的一部分。许多既有研究已经注意到氏族原则和个别宗族的族谱。例如，华如璧就曾研究过广东宗族如何利用族谱构建其家族的光荣历史。⑤ 但少有著作把族谱放到更大的历

---

① 早在 7 世纪的《陈书》之中，就有这种说法。参见姚思廉：《陈书》，卷 35，486 页；《八闽通志》，卷 86，21 页。

② 闽国在 10 世纪中期灭亡，宋朝到 10 世纪末有效地控制了这一地区。对这段时期的研究，参见 Edward H. Schafer(薛爱华)，*The Empire of Min*；徐晓望：《闽国史》。

③ 《闽县乡土志》，231a 页。

④ 有的家族宣称在 9 世纪前的某个时候便已迁入福建，出于某些原因又迁回中原，之后又随着王氏兄弟迁来。例如，在陈氏门中，"唐初，陈政以将军开漳，居之。孙泳，光州司马，留居固始。后人又随王潮迁福州"(《闽县乡土志》，236b，231b～232a 页)。

⑤ 参见 Maurice Freedman，*Chinese Lineage and Society：Fukien and Kwangtung*，p. 31；Johanna Meskill，"The Chinese Genealogy as a Research Source," pp. 139-161；Hugh D. R. Baker，*Chinese Family and Kinship*；Hui-Chen Wang Liu，*The Traditional Clan Rules*，pp. 21-46；Rubie Watson，*Inequality Among Brothers：Class and Kinship in South China*。

史脉络中，探讨族谱及其编纂何以是形塑宗族实践的更大策略的一部分。在本章中，我将集中讨论族谱如何以及为何被用来支撑他们的远祖来自华北这一传言。此论点分为三部分。首先是将族谱视为一种文本类型，它遵循特定的叙事传统。尽管大多数族谱传达出的印象是它们是严格按照时间先后来叙述组织的，但仔细分析就会发现，这些文本中历史最久远的部分常常是最晚添加的。虽然每一部新编修的族谱都将时间向现代延伸，纳入上次族谱编纂后各代祖先的生卒年；但它同时也会将时间往古代推进，新增比上一版谱中所载祖先更早的各代先祖。经过如此积累过程，当下的编撰者最终可以得出令人信服的结论，即他们最早的祖先是从华北迁居福建的。

其次，探讨族谱编纂"积累"的机制。我认为造成这一现象的原因，是标准婚姻模式两种变异形态的普遍实践，即异姓收养和入赘婚姻。因为明清时期福州地区异姓收养如此普遍，人们可以为其改姓提出有力的理由。由于过去祖先接受其他姓氏人家的抚养而改姓，因此，再次改姓也不过是回归本姓。另外，入赘婚姻在明清福州也同样普遍，人们可以为宣称与远方的人有关系提出有力的说明，因为他们的祖先本出生在彼地，但入赘后则定居此地。本书将证明，诸如此类的叙述在福州地区的族谱中俯拾皆是，正是这些论证被用来说明，较早的材料被收入后来编修的族谱之中，最终累积成华北祖源的证据。

最后，探讨致力于宣称华北祖源背后的动机。我认为，族群标签被强加到明清福州的两群地方原有居民身上：船居的"疍"民和山居的"畲"民。他们被认为是汉人迁来以前当地居民的后代，在汉人到来后受到各种歧视。华北祖源的说法在某种程度上成为否认这种标签的策略，证明他们不是受歧视的族群，相反，他们来自中国文化的核心地带。因此，本章即在于探讨亲属实践中的族谱编撰如何融入福州社会的广阔背景中，同时这广阔的社会背景又如何影响亲属实践的策略与动机。

追溯谱系的过程

成文族谱暗示着对世系的理解，它是按照严格的时间顺序，从最早的祖先，叙至当代的子孙。不过，有时也能在世系的直线时间逻辑中复原断裂的痕迹，察觉到当下的宗族房支在过去某一时间被修进族谱的接合点。义序黄氏族谱就是这样一个可供分析的、信息丰富的例子。这部族谱的最近版本编修于 1932 年，收录有此前版本的 12 篇谱序，从 992 年到 1932 年绵延近千年。诠释这些谱序与义序社会关系的关键，是忽略它们的时间顺序，转而思考它们被纳入族谱过程的时机。下文将证明，族谱中年代最久远的材料，恰恰是最新添加的内容，它们直到 18 世纪才被收入谱中。①

最早的一篇谱序，讲述住在福州上游闽清县虎邱周边的黄姓人群的故事。黄敦是他们的始祖，也就是始迁祖，据说原籍河南固始县，随王潮入闽。因天性恬淡，得到闽清一笔置地费用后，

----

① 约翰娜·麦斯基尔（Johanna Meskill）简略讨论了族谱叙事的建构，他的分析让人想起顾颉刚的研究。顾先生很早就指出，在很多文献中，年代最久远的材料恰恰是最晚添加上去的。参见 Johanna Meskill, "The Chinese Genealogy as a Research Source," pp. 155-159；顾颉刚：《古史辨自序》，75～82 页。

他定居下来，开荒拓园，结婚并生养六子。① 他的一位曾孙迁出了闽清，曾孙之子黄元旺编纂了第一部黄敦后人的族谱。元旺的故交张肩孟(992 年进士)在谱序中称赞他难得的动机和仔细追溯世系的行为：

> 元旺虑恐谱牒岁远，支派难寻，求请纂修成图。盖欲其别亲疏，惇族属，可谓知本而溯源矣……故士大夫子孙鲜有以谱系为重者，今元旺知所重焉。是谱从一世以上无可考者，不敢牵合附会，以诬诸后人。自虎邱敦公以下，如勃生钧，钧生腾及振，腾其父也。今为之明昭穆之亲疏，尊卑之隆杀，世数支派之远近，以垂示后人。②

13 世纪，黄元旺的后人黄行简又编修一部新谱，还为此向两位亲戚求撰谱序。这两篇序称，黄行简打算在这部族谱中囊括黄敦的

---

① 这个宗族的兴起始于 911 年黄敦去世。在步行于他家周围山上之时，他撞见了一只老虎，被吓死了。后来他的尸体被其长子发现，完好无损，但却无法移动。他儿子就在原地垒起了一座坟。"至此子孙益盛，皆驯于善，丰财富产，纡青拖紫，迨至本朝，履登桂籍，绵绵不已。"黄敦的一位孙子在坟墓旁边修建了一座佛教寺庙。黄敦和他后人开垦的土地被捐作社区的义田，其中两百亩留作他本人的祭田。1196 年，后人们聚集在墓前，举行祭祀。参见黄行简：《入闽谱志》(1195—1224)，黄诰(1010 年进士)：《虎葬公碑记》，均见《虎邱义山黄氏世谱》，卷 1，1a～b、1b～2a 页。因此，至少某些黄敦的后人展现出伊佩霞称为宗族实践文化剧本的诸多要素：追溯共同祖先、拥有共同族产、遵循共同礼仪。参见 Patricia Ebrey, "The Early Stages in the Development of Descent Group Organization"。

② 张肩孟还说明了准确追溯族源的重要性："人本乎祖，自有生以来，不知其几千百年，亦不知其几千百人矣。后之子孙，孰从得而谱之，不过即世近而可知者录之，其远而不可知者，孰从得而详之？世之好事者，有强其所不知者，牵挽附会以欺乎人，是欺其心也。"(张肩孟：《原序》，见《虎邱义山黄氏世谱》，卷 1，2a～2b 页。)

所有后代，按当时的统计，散居各地者已超过三千人。①

下一篇谱序写于明朝中期嘉靖年间。作者是黄氏第二十四世孙，曾任知县。按他的说法，此前三百年间，曾有几次修谱的尝试。其中有些编纂较为简单，另外有些较为完整，但当时皆已遗失或腐朽。"盖历代祖宗宦游四方，公尔忘私，国尔忘家，以致谱牒散乱。"正是从这部族谱开始，我们才真正对其实际内容有了大致了解。从谱序看来，该谱包括谱系宗支图、族规、各种家族文书、祭祖礼仪、坟茔修建等内容。族谱中对于宗族活动的记载兼具描述和命令的双重性质。"兢业拜祠墓，合族人俾不忘先祖，共序昭穆之情也。呜呼！谱牒之修，上可以敬所尊，下可以爱所亲，伦敦而族睦。"②

下一部虎邱谱编于 1581 年，内含两序。一为族人进士黄应麟所作，一为翰林王应钟所作。王氏比较族谱与史书，将二者追溯至《春秋》的传统。他还进一步解释，族谱编撰始于汉代，五代中辍，到宋代欧阳修和苏轼时转而复兴，"逮我皇明，尤彰彰也"。这两篇谱序都表明，此一族谱将分散在各村落生活的子孙联结起来，包括永福、连江、罗源和古田诸县，还有福州城以及南台岛的义序村。这也是各篇谱序中首次提及义序。黄应麟解释，自宋以来，许多黄敦后人迁居至闽县和侯官等离省城更近的地方。③

第七和第八篇谱序之间有重要的分歧，尤其是在族谱编排顺序方面。前七篇谱序，是严格按照时间顺序刊印的，最后两篇写于 1581 年。但第八篇谱序，记录的是 1491 年重修族谱之事。它也

---

① 参见黄泰：《原序》，黄雍：《原序》，见《虎邱义山黄氏世谱》，卷 1，2b～4a 页。
② 黄仲：《原序》，见《虎邱义山黄氏世谱》，卷 1，5a 页。
③ 参见王应钟：《原序》，黄应麟：《原序》，见《虎邱义山黄氏世谱》，卷 1，5a～6a 页。

是第一次由义序当地人撰写，作者是黄蟜。黄蟜此次重修族谱，相当恭谨谦卑，仅收入他个人能够核实的内容。他的谱序为黄氏家族定居提供了不同的说法。开篇相当常见："晋永嘉末，衣冠避乱，入闽者八姓，黄姓其一也。"因此，他的说法将祖先与华北两次大迁徙中的第一次联系起来，也就是 4 世纪的大迁徙，而不像前面讨论过的其他版本，指的是 9 世纪的第二次大迁徙。黄蟜的谱序说黄氏祖先最早定居于福州城，而且提到黄敦定居闽清比其他谱序的说法还要早数个世纪。在宋朝中期，黄蟜的直系先祖黄之复娶了义序林氏，"时常往来，见其山水之胜，因卜居焉"①。换言之，他来义序的起因是入赘婚姻。黄之复就是在义序的黄氏始祖。谱序记录到第四位玄孙，以及他们在义序周边的居住地。

黄蟜接着说，经过三百年，义序黄氏已是当地的显赫宗族，理应有部族谱。原本首位为官的族人有意编修，但忙于公务而无时间。黄蟜有意完成这位明初先祖未竟之志，但又不知从何入手。他从旁系房支得到一部族谱，但其中多有矛盾之处，他担心若仅据此编修，谬误必不可免。因此他参照父亲编制的宗图，再辅以自己的亲身见闻。他编纂的族谱并未出版，仅"存于家，俟后得旧谱而合之"②。

黄蟜的话透露出他所编修族谱内容的什么信息？他显然不谙闽清黄氏追溯祖先的方式。入闽事迹的前后不一，说明黄蟜仅是采录福建黄氏名人的不同故事。他所修之族谱，范围有限，挖掘不深，仅仅收录宗图上的族人，而他们都是义序人。编制宗图的基础是口头的宗族传统，而口头传统又很可能与某些宗族实践相

---

① 黄蟜：《原序》，见《虎邱义山黄氏世谱》，卷 1，6a 页。
② 黄蟜：《原序》，见《虎邱义山黄氏世谱》，卷 1，6a～6b 页。

关：祖先祭祀；祭祀场所，如墓地与祠堂的维系；住地划分的权利。[①] 因此，在某种程度上，黄㠠的族谱标志着追溯世系从口传向书写转变的开始。族谱中关于祖先在义序定居前的记录，多为推断性的，且多有矛盾。族谱还具有其他方面的价值。黄㠠的话还暗示了另一种可能性，即可以尝试利用族谱的话语，与义序周边村落的居民相联结。谱中黄之复四位玄孙分居义序周边的故事，很可能是当时分居义序的不同黄姓群体，根据族谱编纂传统编排出来的叙述策略。最后，拥有族谱对于像义序这样的社群来说是合适的，但义序黄氏没有族谱令人震惊。官员专注公务、无暇私顾是常见的托词，黄㠠以此来说明黄氏缺乏理应拥有的身份地位证据的原因。

正如下一章要说明的，义序黄氏在 1629 年下一部族谱编成之前，就已成为具备族产、共同礼仪的宗族组织。此次族谱的编修者黄克英感叹此前族谱未能追溯至黄之复以前。他注意到黄㠠族谱的问题[②]，进一步解释道，经多年求索，走访闽清及其他族人居住的地方以后，他终于得知宗族的历史真相。当然，这意味着在此番努力前，他并不知晓其中的来龙去脉。他编纂的族谱与虎邱版谱序的内容高度吻合。黄克英显然已与那里的黄氏取得联系。他也同样肯定，其所在的义序黄氏与闽清黄氏一脉同宗。其中的关键是黄元晸，即黄敦的玄孙和第一部虎邱谱的作者。元晸据说育有六子，各自迁往福州其他地区。义序黄氏始祖黄之复，就是

---

① 参见 David Faure，"The Lineage as a Cultural Invention：The Case of the Pearl River Delta，" p. 6。

② 很可能是黄克英将下面这段注释加在了黄㠠的序言中："其序入闽来历，与各谱不同，盖不得旧谱而采之，传闻出自臆见，遂不相合也。"（黄㠠：《原序》，见《虎邱义山黄氏世谱》，卷 1，6b 页。）

其第四子的后人。

　　黄克英也承认，他所修纂的族谱仍然只是尝试性的。他"不敢借重于乡绅贻燕石冒珍之诮，亦不能捐资与梓人为支分派别之颁。但与我同志者，听受抄藏以垂永久，若后有作者光大而润泽之，尤厚望矣，尤厚幸矣"①。如同之前的族谱，黄克英谱也未能付梓，流传不广，也未能展现其社会地位。但他仍然意识到一本完备的族谱能带来的社会效益。"复不为之谱以连合其血脉，则吾宗将流于农人、野老，知所生而不知所自生矣。"二十三年后，一位从邵武来的游士黄国瑞协助重修族谱时，这一问题才得以解决。黄国瑞造访义序附近的定光寺时，得见黄克英的族谱。黄国瑞注意到义序谱与其族谱间的相似之处，答应重抄一份残破的旧谱，并收取些许金钱作为报酬。或许族谱持有者教育程度有限，不足以胜任此工作。这份抄本在誊抄过程中经过大幅修订。黄国瑞自言，其"删繁冗，去枝节，至有行实处，愈加参考，毋致蝌蚪亥豕之讹"②。换言之，他将紊乱的、矛盾的先祖故事，简化成连贯的宗族历史叙事。

　　最后一篇有趣的谱序，出自 1734 年重修族谱的黄辅极。黄辅极，1733 年进士，是义序黄氏历史上的重要人物，他尤其在建立、完善宗族制度方面发挥了举足轻重的作用，在之后各章中我们还会提及。这篇他亲自撰写的谱序，对于了解族谱如何演变成现在的样貌，便显得相当重要。此谱序开篇概述他所见的各种旧谱。他坦言："远者数百年，近者亦八九十年，虽家或自为记，然多散佚不全，所以字号行次卒葬及祖妣姓氏籍贯，谱皆不详。"他的族人

---

①　黄克英：《原序》，见《虎邱义山黄氏世谱》，卷1，6b～7a 页。
②　黄国瑞：《原序》，见《虎邱义山黄氏世谱》，卷1，7a 页。

不只忽略了这些细节，也回避了其中不一致的说法。幼时他曾请教一位亲人义序诸黄之间的关系，他得到的答复是："此难以言尽，且吾亦不知其详。汝读书识字，取族谱观之，则了然矣。"但是各版族谱彼此矛盾。于是辅极萌生重修族谱的想法。他1724年的初次努力遭遇困境，因为他得不到族人的支持，难以更新他收集来的不完整的材料。"房长老耄，多不经意。"九年后，他进行第二次尝试。"元旦，族房长上祠拜祖，极跪禀此事，皆许可。"在编修既有的族谱，并且访问族人有关过去数十年的往事以后，辅极"幸祖宗有灵"，从邻村邵岐来的黄蒲玉，恰巧有本旧谱，其中清楚地记载了宗族的早期历史。"因参互考订，不欲遗，亦不欲杂。"黄辅极的办法是，将族谱分为两卷。第一卷的内容是黄氏起源、宗族各房概述、虎邱葬公碑志、官员及有德族人名录，以及关于义序的各种记载。第二卷的内容包括义序黄氏宗图，以及附上参考的以前各版本。总原则是"旧谱所垂者必留，所讹者必改，所未载者必续，所乱杂者必清，所冗蔓者必芟，所传疑者必辨"。① 闽清黄蒲玉提供的各种材料，现在移至族谱最前面，当中与义序族谱内容相冲突的部分已经被修饰。这些材料包括所有谱序，从10世纪张肩孟到晚明的王应钟和黄应麟的版本，第一次被收进义序族谱。（见表2.1）

表 2.1　义序黄氏族谱谱序

作　者	写作日期	纳入族谱的可能日期
张肩孟	10 世纪末至 11 世纪初	1734 年
黄景说	13 世纪初	1734 年

---

① 黄辅极：《原序》，见《虎邱义山黄氏世谱》，卷1，7a～8a 页。

续表

作　者	写作日期	纳入族谱的可能日期
黄　泰	13 世纪初	1734 年
黄　雍	16 世纪中	1734 年
黄　忠	1581 年	1734 年
黄应麟	1581 年	1734 年
王应钟	1581 年	1734 年
黄　檎	1491 年	1491 年
黄克英	1629 年	1629 年
黄国瑞	1652 年	1652 年
黄辅极	1734 年	1734 年

　　仔细通读黄氏族谱的各篇谱序，可以证实以下几点。第一，谱序由义序当地人撰写，说明编修族谱的过程在他们看来可能是蕴含多重目的的策略行为。这包括彰显社会地位、强化不同地方宗族群体间的联系。黄国瑞的例子说明，不仅是具有影响力的文化精英，就连普通村民，无论识字与否，都知道编修族谱的意义。第二，如果顺着族谱的编排顺序阅读，就会误以为后来的族谱编修者仅是将新材料增补到旧谱。实际上，族谱文本的层累书写相当复杂。其中，时间最早、写于宋代的虎邱黄氏谱序，其实是最后加入的，18 世纪的黄辅极首次将其收入谱中。每位族谱的编纂者都尽可能地更新当代的宗族信息，使得族谱涵盖的时间范围明显地具有现实性。然而，它同样也会往过去的时间轴延伸，因为编纂者会将自身与历史悠久的宗族相联结。即使义序黄氏是晚清方志中少数的地方大姓，他们最终的宗族世系直到 18 世纪中期才

建立起来。[①] 这部族谱将其祖先追溯至华北移民，他的子孙则住在遥远的县份。按照族谱的叙述，他们的始祖之所以离开原住地闽清，而后定居义序，正是因为入赘。这是我们接着要讨论的问题。

入赘婚姻与异姓收养

南台和福州宗族的开基传说中，很少详细解释他们先祖为何来此定居，来到这个日后他们宗族的家。义序族谱中的简略解释是，始祖之所以选择在此定居，是因其山水之胜，这是相当常见的说法之一。在宗族的口述传统中，通常是说始祖娶了一位当地女子，并与其同居，换言之，黄姓定居义序就是一段入赘婚姻的历史。世系图中的细节记载往往能够支持此说，它证实始祖妣来自更早定居此地的家族。至于"山水之胜"和"风水之美"等话语，很可能仅是掩饰入赘婚姻的委婉说辞。[②]

本节将简要讨论福州地区入赘婚姻的历史以及异姓收养的相关实践。然后我将表明，在族谱中，这些实践经常被追溯性地引用，以解释为何族谱作者与其亲属的居住地分隔遥远，或与亲属有着不同姓氏。这样的说法，可以将一人的族谱与居住遥远的亲属族谱联系起来，并将他们的世系历史加入自己的族谱中，最终让自己的族谱与那些已树立华北移民后裔名声的家族族谱建立联系。在本章的最后一节，我将说明福州人为何希望建立这种历史联系。许多甚至是大多数福州宗族的开基传说，都始于异姓收养

---

① 在其他福州、南台的族谱中，也有年代久远的材料很明显是后来加上去的，包括《八贤刘氏桂枝房支谱》《南阳陈氏族谱》《荥阳三溪潘氏族谱》。

② 后一词为陈芳凯所用，参见《乾隆癸未新修家谱序》(1763)，见《螺江陈氏家谱》，卷1，1a页。

和入赘婚姻的故事。①

异姓收养和入赘婚姻都会造成一种结果：父子异姓。这被视为一个严重的问题，其破坏了姓氏相承原则。在中国，子承父姓是一件非常严肃的事情，正如王安（Ann Waltner）所说："亲属代表……一种根本的范畴，人们没有权力改变。姓氏便是圣王为固定此一范畴，使之为普通人所用而做的努力。"②不过，这一原则往往因各种理由而被打破。就像在中国其他地方一样，福州地区的证据表明，入赘婚姻和异姓收养，虽在文化上不是最佳的婚姻和继嗣形态，但自宋到20世纪初的漫长时间里却普遍存在。这两种行为被接受的过程本身就说明，它们已完全融入地方文化，成为父系姓氏世代相传的另一种选择。

这一点已被近千年来各种材料中的例子证实。一个较早的例子是宋代文献《夷坚志》中提到的存于福州地区的异姓收养。③ 14世纪，福州的吴海宣称，超过一半的姓氏因异姓收养而大为混淆。④ 20世纪初，一位考察中国习惯法的地方官也指出："闽清螺蛉异姓之子为嗣者颇多，一经亲族同意即可改从养父之姓，继宗

---

① 宗族或者宗族旁支的开基传说中，明显与入赘婚姻有关的例子，参见《迁闽世次图谱叙》，见《八贤刘氏桂枝房支谱》，卷2，77a～77b页；《陶江林氏族谱》，卷2，3a页；《闽邑壶屿杨氏亭岐房谱牒》，42页；《濂江林氏家谱》，卷4，6a页。关于始祖故事中涉及收养的例子，参见《福清大让乡宗支世系》，见《晋安杜氏族谱》；《玉阪刘氏家谱》，卷13，14b～15a页。

② Ann Waltner，*Getting an Heir：Adoption and the Construction of Kinship in Late Imperial China*，p. 60.

③ 参见洪迈：《夷坚志》，支癸卷3，1238页。关于收养的历史面相，参见 Ann Waltner，*Getting an Heir：Adoption and the Construction of Kinship in Late Imperial China*。关于19、20世纪的情况，参见 Arthur P. Wolf and Chieh-shan Huang，*Marriage and Adoption in China*，1845-1945。

④ 参见吴海：《魏氏世谱序》，见《闻过斋集》，卷2，11b～12a页。

承产。"①当然，父系亲属通常会反对异姓收养，而坚持族内"过继"，因为异姓收养会威胁下一代的继承权。② 因为恪守子承父姓的权威原则，也可能是碍于族内亲属的反对，很多宗族都禁止异姓收养，因此族谱中除了开基传说的情况外对其也很少提及。有趣的是，在我所见到的族谱中，始祖以降数世，唯一明确提到异姓收养的例子，来自连江县辋川蓝氏的非汉族群，其中记载了数个事例。辋川位于连江北部半岛的海滨上。蓝氏自称苗族，但长期与当地汉人通婚。③ 蓝禄彩(1805—1854)生有四子。次子过继给族内堂兄弟，四子"幼时送与下濂的林廷中，作为儿子养大"。还有些异姓收养在母系亲属中进行。蓝时五之子生于1836年，"被送与美坂林氏的母舅，作为嗣子"。④

　　入赘婚姻与异姓收养一样，也是具有多重目的的策略性行为，

---

① 《民商事习惯调查报告录》，1601页。

② 侯官一份1709年分家的文献清楚地表示了异姓收养对父系世系的干扰。林胤昌没有子嗣，之前收养了一个新生儿，名叫林午使。午使其时已成年，有了自己的儿子。"纵谓螟蛉之子，亦不得复言螟蛉之孙。今昌病体临危，理合诸亲面前，将昌分下所有一切产业尽付与男午使掌管，家下弟侄不得妄相争执，籍称立嗣等情。"(《林胤昌遗书》)林胤昌担心他的父系亲属会质疑他养子午使的继承权，所以他才特别清楚地指出午使是他财产的指定继承人。这里用来指称收养的词是"螟蛉"，是一种桑树蜂。关于螟蛉如何变成收养的隐喻，参见 Ann Waltner, *Getting an Heir: Adoption and the Construction of Kinship in Late Imperial China*, pp. 74-75；Arthur P. Wolf and Chieh-shan Huang, *Marriage and Adoption in China*, *1845-1945*, p. 110. 关于收养和入赘婚姻，均参见陈其南：《房与中国传统家族制度》，169~187页。

③ 今日政府认定蓝姓属于畲族而非苗族，与少数民族分布的官方定义一致。

④ 蓝氏族谱名义上反对异姓收养，但实际上却勉强接受它："我们的家世低贱寒微，族上有收养之事。人必须已经去世，他的名字和牌位也必须已经安放在家庙神龛之上。在整个宗族集体祭祀之时，他们必须全部被允许参加会餐……世系的绵延和献祭后嗣的众多并不会冒犯祖先。但是必须要警惕的是不要放弃他们的后代。"参见《家规》，见《重修连江蓝氏族谱》，3a页。(由于《重修连江蓝氏族谱》已经散佚，此处引文已很难找到对应的原文，故这里对引文进行了意译。——译者注)

如确保在没有子嗣的情况下延续香火，以及满足家中的劳动力需求。① 一个有女无子的家庭可以考虑招婿入赘，让女婿住到自己家中来。他们婚后的儿子，至少要有一人将随外公姓，并享有继承权。正如异姓收养一样，福州地方入赘婚姻的例子可以追溯至宋朝，最早的故事也来自《夷坚志》，福州长溪县一男子"为赘婿于海上人家，以渔为业"②。14 世纪，吴海在一篇自家族谱的谱序中提到入赘婚姻，并予以严厉批评：

> 　　后世有无子不立宗人，而以婿与外孙为继者，不录。直疏其下曰绝，谓其自绝于祖宗也。③

宋代以后的族谱中不乏其例。凤岗刘氏家谱中，就提到一位宋初的族人名贵，改姓为陈姓的例子。传教士卢公明曾谈到 19 世纪的情况："这样的情形并不少见：富有人家膝下无子，唯有一女，欲招婿入赘，如其子嗣……此婚须同意住入妻家，在结婚时还须同意改为女方姓氏，并视自己为妻家之子。"④

---

① 关于入赘婚姻的概述，参见 Burton Pasternak, "On the Causes and Consequences of Uxorilocal Marriage in China"。关于宋代的情况，参见 Patricia Ebrey, *The Inner Quarters*: *Marriage and the Lives of Chinese Women in the Sung Period*，chap. 14。

② 洪迈：《夷坚志》，丙志卷 13，474 页。

③ 《吴氏世谱叙》，见吴海：《闻过斋集》，3a 页。

④ Justus Doolittle, *Social Life of the Chinese*；*With Some Account of Their Religious*，*Governmental*，*Educational and Business Customs and Opinions*，*with Special but Not Exclusive Reference to Fuhchau*，vol. 1，pp. 99-100. 入赘婚姻的实践导致了某些特殊的宗族结构，体现在福州地区的联宗族谱，如《唐峰黄李合谱》之中。根据 1601 年的谱序，黄佑采在元代入赘了李家，与岳父达成协议，他的第三个儿子要改姓李。"后于是黄李两家又皆有子，支以日繁。黄子谓李吾之所出，不可以不亲也；李子亦谓吾本黄出，而后李不敢于黄有外也。此谱之所以合论者谓合谱。"尽管黄李子孙后来都兴建家庙，但都有一个神龛，以供奉异姓始祖的牌位。参见《唐峰黄李合谱》，5～7 页。

异姓收养和入赘婚姻都破坏了父姓子承的原则。换言之，这两种情况都使得父子异姓。有时候，成年男子的集体改姓也会造成这种局面。19世纪，郭柏苍在对其祖源的调查中，努力将自己的家族与另一有不可告人秘密的同姓人群区别开来：

> 先时，马、杨、郭三姓航海遇风，飘泊山前。三姓子孙以同患难，特见亲睦，将三姓入庙问筶，筶得郭姓，马杨二姓遂同姓郭。①

由于这样的实践，父姓子承原则，在明清福州的实际执行中，并不是那样直接地呈现出来。父子异姓或成年男丁与亲属居住地分隔遥远的情况，相当常见。

张经/蔡经和复姓

入赘婚姻和异姓收养并不是最佳的婚姻与继嗣形式，然而它们在明清以来的福州地区确实相当普遍。因为异姓收养的后代和入赘的女婿并不与祖宗同姓，这些行为也引来了对复姓问题的频繁讨论。明朝中期的蔡经，即后世闻名的张经，就是个资料丰富的例子，可供我们讨论复姓可能意味着什么。蔡经出生在接近当时福州主要口岸洪塘的小岛半洲。1517年，他考取进士，被派去浙江任县令。1525年，他奉诏回京，担任一系列职务。1537年，官拜兵部右侍郎和两广总督。② 1543年之前，他就尝试恢复张姓。此举的主要证据有请求改姓的奏折、1550年庆祝成功复姓所作的

---

① 《福州郭氏支谱》，卷10，3a页。
② 蔡经的传记，见《福州府志》(1754)，卷50，37b～40b页。

谱序，以及与其父蔡海商讨复姓的往来信函。根据这些材料，蔡经宣称其六世祖名曰张宗本，曾经任职邻近的连江县丞。其独子张马赐娶了一位福州城中的蔡姓女子。[①] 蔡经在各材料中关于张马赐的说法有所不同。他在 1550 年的谱序中称，马赐去世时，其子张容尚幼，因福州并无族人可协助抚养，张容被送入母家养大，故改姓蔡。换言之，他被收养了。但在奏折中，他又说马赐入赘蔡家，因其岳父家中并无子嗣，马赐之子张容就改姓蔡，并继承家业。[②] 这些记载出入不大。这两种版本最后的结果，都是马赐之子张容改为蔡姓。此后，张容以下四代直到蔡经，都从蔡姓。（图 2.1）

张伯源

张宗本

张马赐

张容／蔡容

细节从略……

蔡海

蔡经／张经

图 2.1　张经世系图

蔡经在与父亲的通信中讨论其复姓的动机。他在族谱中未能找到有关祖先详细信息的记录，"日夜苦心，访而未得"，他去信恳请父亲应允继续探寻此事："河流上天而复归之海，谓其源也；华叶满柯而下聚之根，谓其本也。由是观之，蔡氏不当久冒矣。"

---

① 　参见张经：《洪州张氏世系总叙》，见《洪州张氏世系》，1a～5b 页。

② 　参见张经：《奏》，见《洪州张氏世系》，6a～7b 页。

父亲蔡海命其趁早放弃此念，在他看来，这是不忠不孝，还援引屈原名言劝说："仁人不背德而灭名，义士不矜新而弃旧。"蔡经不为所动，反引《左传》之言辩道，若不是由自己的后嗣奉祀，祖先祭祀将无法维持，因为祖先不接受他人祭祀。他写道："吾闻飨非其宗者，神吐之；祀亡其类者，神怨之。"[①]蔡经愿意承认欠蔡家一个抚养年幼张容的人情，但这就是个人情债，因为他们不能让张家从此断绝香火。既然张宗本岳父的服丧等级已届，这笔债便算还清了。

几经磋商，蔡海与儿子达成妥协：蔡经可以依照自己的想法处理，但必须等到他去世以后。后来，据族谱中的传记，蔡海临终前改变了心意。当时他已虚弱得不能执笔，他请托亲戚转告在外为官的儿子蔡经，他同意改为祭祀张家而非蔡家。"子孙尤未繁衍，岂未复姓而祖宗不默佑乎？"他敦促蔡经继续搜求族谱上的证据，传之后世。[②] 虽然蔡海最后改变想法，但当蔡经最终实现父子的共同愿望时，蔡海已然逝世。

此时，蔡经不再将祖先追溯到更早之前几代，只溯自张宗本的父亲张伯源，据说他从江西迁至福建。之后，蔡经遇到一位来访福州的张尹焘。尹焘来自闽江上游南平县一个颇为显赫的家庭。他的叔公是1460年进士。这位叔公的孙子，即他的表兄，也是进士，曾拜为尚书。张尹焘本人也是一位县令。在元代迁来福建之前，这个家族的先人居住在江西南昌。张尹焘来福州时一定随身带了族谱，当时他和蔡经一起讨论了祖辈的事情。张尹焘拿出了

---

① 《春秋左氏传杜氏集解》，卷5，19a页。引文见 James Legge，*The Chinese Classics*，vol. 5，pp. 156-157。另参见 Ann Waltner，*Getting an Heir：Adoption and the Construction of Kinship in Late Imperial China*，p. 67。

② 《西峰张公传》，见《洪州张氏世系》，8a～11b页。

族谱，从大量细节中，他们发现六世以前的一位祖先的细节与张伯源相符。蔡经喜出望外。他发现了自己的祖先！[1] 此后不久，他向官府呈请关于复姓的意见并获批准。蔡经变成了张经。为表庆贺，他重修自家的族谱，记载了始于六十余世之前从华北迁入的祖先，所有细节都来自张尹焘的族谱。[2]

张经将他采取正式程序恢复本姓的决定，陈述为简单的道德动机。我们也可将之诠释为一种策略性行为，使向上流动的社会精英可以借此获得潜在的盟友，或是与著名的家族建立联系，从而将个人在科举和仕途上的成功，转化为可分享的显赫世系的长久成就。但说到底，我们还是不清楚究竟为何他们会选择这样做。我讲述这段历史的目的是想指出，因为入赘婚姻和异姓收养的制度，人们才理直气壮地宣称要改换姓氏，将自己与异姓或他乡之家族建立关系。换言之，正是因为入赘婚姻和异姓收养的普遍实行，追溯家族世系的时候才可能将其作为托词。福州许多族谱中都可见到这种说辞，说明为何编修者将自己的宗族与远居他乡，有时甚至不同姓的家族联系起来。[3] 这种策略的一再使用，最终使得家族关于始祖来自华北的说法得以成立。下一节将解释族谱编撰者为何急于确立这样的说法。

---

① 张经：《洪州张氏世系总叙》，见《洪州张氏世系》，1a～4b 页。

② 张经没有时间为刚刚恢复的祖先世系而高兴。1554 年，他被任命为总督南直隶浙福军务，负责镇压地方的海盗。次年，他被指责延误了对浙江海盗巢穴的攻击，而被处决。

③ 开基传说建立在复姓观念上的一个例子，是南阳陈氏的保僧房。最近修成的族谱提到，之前的族谱并未收入这一房："保僧乃南阳公四世孙，出继辛上林氏……后复本姓，原谱未修入。"［陈治安：《修谱记》(1933)，见《南阳陈氏族谱》。］有时候，族谱关于改姓的记载是很委婉的。林浦的林棍入赘刘家。他儿子或是保留，或是改回了林姓，"他们的后人为中亭派"。林棍的一位孙也入赘到叶家。他的儿子若非与父亲保持同姓，便是后来复姓为"林"，因为他的子孙"为壇尾派"。参见《濂江林氏家谱》，卷 4，6a 页。

51

族群标签、区别与歧视

明清时期的材料，经常将福州地区的居民划分成三类：华北移民后裔，即今天所说的汉人；以及另外两种当地原有居民，被称为"疍"与"畲"。他们之间的区别，既有历史原因，也有文化原因，如语言、生产方式、家庭关系、服饰等。这样的分类群不应被视作族群（ethnic groups），因为我们无法判断这些区别有没有族群认同或族群团结的意义。但它们的确是族群标签：从材料上看，每一类别中的成员都共享着某些特征。这些特征被认为是原始的出身，并将他们与其他族类的成员区别开来。不过，这种特质并不像标签宣称的那样绝对。我们将看到，许多福州人，正如华南其他地方的人一样，数百年来一直经历着由非汉人到汉人的身份转换。①

按照地方史料的说法，当地的疍民和畲民，都是闽越部族的后代，他们早在华北、华中大移民之前便定居于此。他们的名称本身就传达出根本性的差异。根据《说文解字》，福建古称"闽"，原本就指"属于东南越蛇种"的一群人。② 汉武帝统治时期（公元前

---

① 关于近代中国早期族群性（ethnicity）的意义，参见柯娇燕（Pamela K. Crossley）的讨论"Thinking About Ethnicity in Early Modern China"。艾伯华（Wolfram Eberhard）经过思考，拒绝用"种姓"（caste）来指称疍民。（参见 Wolfram Eberhard, *China's Minorities: Yesterday and Today*, p. 94。）对非汉人转变为汉人的讨论，参见 Wolfram Eberhard, *China's Minorities: Yesterday and Today*, pp. 105-147；Herold Wiens, *China's March Towards the Tropics*, pp. 130-226。关于晚近时期闽南族群标签最新的讨论，参见 Dru Gladney, *Ethnic Identity in China: The Making of a Muslim Minority Nationality*。

② 参见许慎：《说文解字》，卷13上。史料中称现在福州附近的一个闽越聚落为"冶"。昙石山石器文化可能对应历史上的闽越，在今日福州城西留下贝塚。参见唐文基主编：《福建古代经济史》，31～33 页。更全面的讨论，参见吴春明、林果：《闽越国都城考古研究》。

141—前 87），武帝对此地区握有模糊的宗主权，曾令当地居民迁至华中，此地"遂虚"。公元 1 世纪后，人们才从今天的华中陆续回迁，后来明清时期的好几个县就是此时建立的。① 但实际上，当地人从未消失殆尽。据《太平寰宇记》记载："尽虚其地后，有遁逃山谷者。"9 世纪的文人写道："闽有负海之饶，其民悍而俗鬼，居洞砦、家桴筏，与华言不通。"②至少从唐代开始，中文史料中就将汉人与另外两种人相区别，后者为水上之人或山居之人。明清时期福建的几大姓氏，就与这些当地原有族群相关。《太平寰宇记》引用唐代材料，称当地人古时属于"蛇种，有五姓，谓林、黄是其裔"。625 年，一位唐朝官员派遣下属前去招抚，即劝其放弃海盗行径，并授予其首领头衔。这成为国家管理船民的长久模式。随后，准其缴纳半税。不过，他们并未因此放弃独有的生活方式。"其居止常在船上，兼结庐海畔，随时移徙，不常厥所。"③

　　正如前文所提到的，第二次主要的移民浪潮发生于唐末，与王审知兄弟有关。但这并不等于说，生活在水上或山上的当地族

---

　　① 参见司马迁：《史记》，卷 114，2984 页；Hans Bielenstein，"The Chinese Colonization of Fukien Until the End of T'ang"。休·克拉克（Hugh Clark）概括的 6 世纪前闽南移民社会的特征，可能对福州地区也适用："一大批移民家庭，其中有些声称是东汉精英社会的成员；农学家，其中可能有中层军人的后代；少数背景不明的工匠；以及可能与北方旧精英有关系，出身北方中层军人的后代。"（Hugh Clark，*Community, Trade, and Networks: Southern Fujian from the Third to the Thirteenth Century*，p.14.）正如克拉克指出的，汉人迁徙可能仅限于地方精英，如果是的话，大多数人可能都留了下来。

　　② 乐史编：《太平寰宇记》，卷 100，1a 页。刘禹锡：《唐故福建等州都团练观察处置使福州刺史兼御史中丞赠左散骑常侍薛公神道碑》，见董诰：《全唐文》，卷 609，12b 页。

　　③ 乐史编：《太平寰宇记》，卷 100，3a 页；卷 102，2b 页。至少可以确认晚唐有一户船民。道士诗人陈蓬记："驾舟从海来……号白水仙。"参见《三山志》，卷 6，9b～10a 页；《霞浦县志》，卷 38，1a～1b 页。

群消失了或被同化。宋代以来，一直有关于他们的大量材料。最详尽的描述出自福州南部的兴化人蔡襄（1012—1067）：

> 福唐（今属福州市）水居船，举家栖于一舟，寒暑食饮，疾病婚姻，未始去是，微哉其为生也！然观其趣往来就，取直以自给。朝暮饭蔬一样，不知鼎饪烹调之味也；缊衣葛服，不知锦纨灿丽之美也；妇姑荆簪，不知涂脂粉黛之饰也；篷雨席风，不知大宇曲房之适也。相羊穷年，少而老，生而死，一事不入于中矣。与夫阴怀贼险，乘利求幸，盛时翕翕，其败熄灭无种，孰为胜负耶？

在另一篇文章中，蔡襄称这些不寻常的人为"蜑"民。①

唐代文献中的另一群体是山中之人，这些人住在"山洞"之中。后世史料通常认为，汉代之所以建立对山区的行政管理，就是为了招抚这些人。后来福州府治下古田县的创设根基，就被认为是之前国家控制之外人群的归附。此县"本晋侯官县山洞，唐开元二十九年（741），都督李亚丘在郡，洞之大姓刘强、林溢、林希辈相与归顺，遂奏置古田县"②。但这些"洞之大姓"仍与汉人不同，他们不断制造麻烦，正如刘克庄（1187—1269）在一篇文章中所揭示的：

> 凡溪洞种类不一，曰蛮，曰猺，曰黎，曰蜑，在漳者曰

---

① 蔡襄：《端明集》，卷25，25a～25b页；卷5，11a页，宋刻本。
② 《八闽通志》，卷1，7页。李亦园关于闽南传统的研究，说明漳州府的设立，是半传奇式的将军陈元光抚靖高地原有族群的结果。这个传说见于《漳州府志》（1613）卷12，1b～4a页。

畲。……畲长拔止于机毒矣。……二畲皆刀耕火耘，厓栖谷
汲如猱升鼠伏。有国者以不治治之，畲民不悦，畲田不税其
来久矣。厥后贵家辟产稍侵其疆，豪干诛货稍笼其利，官吏
又征求土物蜜腊虎革猿皮之类，畲人不堪，愬于郡，弗省，
遂怙众据崄，剽掠省地。①

刘克庄提到了汉人和当地族群之间的另一个不同之处，就是赋税
政策。这与国家权力的扩张有关。依照明代方志的说法，不同于
山上的畲民，居住于水上的疍民在唐以后就按时课税。但在 10 世
纪，这一负担就被减免了，取而代之的是针对渔民和其他船只的
特种税。明代设立"河泊所"，按照明初设定的税率，向沿海渔民
征收"渔课"。不过，有许多渔户逃税，使得剩下渔户的负担变得
更加沉重。结果，这一税收一再折征。② 据说到 1629 年，闽县还
设有河泊所。③ 因此，形成汉、疍、畲族群之间差异的另一个因
素，就是国家和官府的政策。整个明清时期，官员的一项长期任
务就是教化疍民和畲民，安抚他们，并将之编户齐民，纳入行政
治理、王法纪律、赋税徭役的框架之中。④

---

① 刘克庄：《后村大全集》，卷 93，5b~8a 页。
② 参见《闽书》，卷 39，970~971 页。
③ 参见《闽侯县志》，卷 29，1b 页；《闽书》，卷 51，1311 页。
④ 对疍民的研究包括：Eugene Anderson，*Essays on South China's Boat People*；
罗香林：《百越源流与文化》；陈序经：《疍民的研究》；Anders Hansson，*Chinese Out-
casts：Discrimination and Emancipation in Late Imperial China*。在明代，谢肇淛写道：
"吾闽山中有一种畲人皆能之"，"有苟、雷、蓝等五姓，不巾不履，自相匹配。福州闽
清永福山中最多"。晚明罗源县令招募畲民猎户，用毒箭猎杀老虎。畲民也被斥责在福
州南边的兴化地区发动起义和叛乱。参见谢肇淛：《五杂俎》，卷 6，32b 页；《罗源县
志》；崇祯朝《兴化县志》，转引自《中国少数民族社会历史调查资料丛刊》福建省编辑组
编：《畲族社会历史调查》，328 页。

尽管许多史料认为疍民和畲民是本地居民之后，但也有各种故事流传，说他们是某个军事、政治领袖追随者的后人，当他们首领被击败后，被迫分散居住在边缘地方，诸如水上、深山之中。① 因此，在 10 世纪的一些文献中，疍民与被打败的金朝将领残部被联系在一起。② 另一些材料，如王审知的传记则称，疍和畲是刚刚败落的闽国的后代。③ 在元朝，疍民被认为是宋遗民；在明朝，他们被认为是蒙古人的后人。明清时期，许多疍民自认为是陈友谅(1320—1363)追随者的后代。陈友谅是元朝末年的地方豪强，在 1363 年鄱阳湖大战中败于朱元璋后为其所杀，陈的部众随后消失。疍民是陈友谅部众后代的传说载于《南浦秋波录》，一本晚清时期描述福州风月之书。"世言陈友谅既败于鄱阳湖，其党九人逃至睦、杭间，操舟为业，其裔乃流落为妓。"④

疍民与娼妓的关联，可能源自简单的刻板印象。福州人称疍民为"曲蹄"，是因为人们认为，疍民长期在船上谋生，所以腿上的肌肉一定是弯的。不过，任何年长的福州人都能绘声绘色地描述疍民真实遭受到的歧视。还有许多疍民受访问者告诉我，他们

---

① 这些故事的概况，参见 Eugene Anderson，*Essays on South China's Boat People*，p. 3 ff.。

② 参见乐史编：《太平寰宇记》，卷 101，2b 页。

③ 根据司马光(《资治通鉴》卷 259，第 8427 页)的记载，当时王审知由泉州向北进军包围福州(在福州陷落后建立了闽国)之际，"民自请输米饷军，平湖洞及滨海蛮夷皆以兵船助之"。

④ 华胥大夫：《南浦秋波录》，卷 1，3a 页。陈友谅出身湖北渔户，在成为军事首领以前，他最初是一县衙小吏。自 1357 年到 1359 年，在安徽渔民的支持下，他在华中建立了权力根据地。到 1360 年，他已经强大到建立陈汉政权，成为朱元璋南京政权的主要挑战者。参见 Carrington Goodrich and Caoying Fang eds.，*Dictionary of Ming Biography*，pp. 185-188；Edward Dreyer，"Military Origins of Ming China，" pp. 65-77，82-88。

的确不习惯上岸，因为陆上的人不许他们靠岸，一旦发现就要殴打他们。他们的另一个绰号是"老九毛五"，因为自水上上岸的时候，他们的钱只有打折之后才能使用。他们也无法通过一般最受看重的途径提升社会地位，因为他们被禁止参加科举考试。1729年，雍正皇帝发布诏令，禁止以任何形式歧视也被称为"疍"的广东船民。但很明显，歧视和偏见依然存在。①

尽管汉语材料中鲜明描述了疍民与畲民的不同，而且汉人与他们之间也有根本性的区别——这源自不同的起源与世系，表现在语言、行为、政治、经济各方面，但实际上三种族群之间有了相当的流动性，跨越了这些分界。20 世纪初，畲民和疍民仍然被视为处于社会边缘的独特群体，不过其中也有人进入主流社会之中：

> 畲之种，不知其何所祖……结庐深山，聚族而处……自相配偶，不与平民通婚姻……执业甚微，多缚麻蓍为扫帚，挑往城郭各处贩卖。耐劳杂作，弗事商贾。礼俗不通，言语不同，久已化外视之矣。近数十年来，渐与土人同化。雷、蓝二氏，间或侨居省城，且有捷乡、会试、登科第者。②

另一部 20 世纪初的方志也描述了疍民被逐渐同化的过程：

> 县有一种人，以舟为居，能久伏深渊，俗呼曲蹄。以处舟中，其脚常弯曲不舒故。或作乞黎，贱视如浙惰民，不齿

---

① 参见 Ye Xian'en，"Notes on the Territorial Connections of the Dan，" p. 85。
② 《侯官县乡土志》，卷 5，1a~1b 页。

> 齐民，不通昏媾，盖即蜑户也。江干海澨，随处有之。虽浮
> 家泛宅，无一定之所，而各分港澳，姓多翁、欧、池、浦、
> 江、海。诸氏间有登岸结庐者，然亦不习工商，仍供贱役。
> 其人皆蛇种……与全闽人士悉从中原迁来者无涉。①

也有蜑民上岸的例子，通常是在边角地带。20 世纪初，据称南台北方的镜浦村民"皆渔户，陆居者仅二三十家"②。

一个引人注目的跨越汉、畲边界的例子，发生在 1898 年。钟大焜因编修家谱游历到福州北边的福宁县。他在当地听说这里有"一种山民"，纳粮考试，与百姓无异，唯装束不同。当地人称之为畲，山民不服，遂起争端。钟大焜建议他们改易服饰，使其"与众一律"，畲民遂从其建议。他们在消除自身独特性的努力上，肯定出现过某些抵抗，因为这件事受到地方官的注意，最终引来雍正皇帝的著名诏令，支持他们不应受到歧视。③

纵然外在的区隔可以跨越，但区别汉人与蜑民、畲民的核心准绳在于华北移民后代的说法。下一节，我将解释对华北祖源的追溯，如何成为明清时期福州地区的个人或集体，用以将他们与蜑民、畲民区别开来的策略性办法。

---

① 《闽县乡土志》，228a～228b 页。
② 《侯官县乡土志》，卷 6，14a 页。
③ 参见《华美报》，1899 年 4 月，转引自《中国少数民族社会历史调查资料丛刊》福建省编辑组编：《畲族社会历史调查》，364 页。就像这两个群体的成员会改变其身份认同，成为汉人，汉人有时候也会采用蜑和畲的族群特征。荷兰汉学家高延（Jan Jakob Maria de Groot）在动荡的 19 世纪观察到，闽南一些以耕种为生的家庭举家迁到舟楫之上，以捕鱼和海上劫掠为生。（转引自 Leonard Blussé，"The Rise of Cheng Chih-lung alias Nicolas Iquan，" p. 245.）在特定情况下，某些机会和限制使得人们把自己说成是汉人，而不是蜑民；相对地，在某些时候，他们会放弃小心建立的汉族认同，转而接受其他身份。

族谱与社会转型：螺洲陈氏

有许多理由可以解释为什么人们要与之前不认为是自己祖先的人建立族谱关系。祖先世系的重塑是常见的儒家社会工程，创造出关于过去的特别图像，来为当下和未来提供某种示范力量。[①]像张经的例子那样，它还可能让精英建立潜在的结盟关系。在福州，它也常作为标榜族群差异的一种方式。之前我们看到，入赘婚姻和异姓收养的制度如何展现在家族的开基传说中，使其与他乡，有时甚至是异姓的宗族相联结。最终，这些办法使华北移民始祖的说法得以成立，因此将自己和那些祖先为福州当地居民的疍民、畬民区别开来。福州地区的许多族谱就利用了这些策略来建构始祖传说，但难以厘清的是，华北祖源说究竟是用来强化已经存在的汉文化认同，还是试图否定疍或畬的认同。尽管如此，在有些例子中，仍然可以推论哪种可能性较大。螺洲陈氏就是这样的例证。陈氏是晚清南台最为显赫的宗族之一，1763 年首次印刷编修的族谱。族中陈若霖（1759—1832）和陈宝琛（1848—1935）二人皆任高官，分别为 1820 年和 1933 年的族谱作序。如同黄氏族谱一样，陈氏最初的始祖故事也有点语焉不详，经过后来编纂者的研究和整理，变得越来越详细、确凿。陈氏的开基传说相当简单。三部族谱的谱序都称其始祖为陈巨源，明初洪武年间迁至螺洲。据说他因为一位子孙位居高官，后得到追封，族谱中称他为

---

① 不同脉络的讨论，参见陈支平：《客家源流新论》，第四章；Wolfram Eberhard，*Social Mobility in Traditional China*，pp. 37-40；Leong Sow-theng，*Migration and Ethnicity in Chinese History*：*Hakkas*，*Pengmin*，*and Their Neighbors*，pp. 78-79。

"征仕郎"。"吾族之迁螺江，由前明赠征仕郎巨源公始，而迁自何地，出自何人，皆不能详。"①关于他迁来此地的原因，只提到他"爱螺川山水佳胜"②。正如我们所知，这是族谱中对于入赘婚姻的委婉说辞。

最早的族谱便发展出一套关于陈巨源出身的说法。陈家位于螺洲的店前。族谱最早的修纂者提到，螺洲陈氏来自长乐县的陈店。编修家谱时，他们走访了周边各县的陈姓村落。在陈店陈氏家谱中，他们发现一条记录，陈店陈家的一位十八世祖也有"征仕郎"的荣衔。虽然这位祖先的妻子及后人的姓名与陈巨源的情况有所出入，但他们不以为意，认为陈店的这位征仕郎，一定是自己的始祖陈巨源。这个传说难以查证，因此族谱的编撰者干脆就说陈巨源来自陈店。他们决定自己的族谱应当"只以肇迁为始，不敢径追始祖之所自"③。陈店的故事在陈若霖 19 世纪的谱序中只字未提，但出现在陈宝琛 20 世纪的谱序中，并把传说写成既成事实。旧谱提到："玉溪、井门、陈店诸乡，谒宗祠、稽谱牒以证实。始祖征仕公之所自出未尝忘，谱事也。"④

陈店现今是一个十分贫穷偏僻的村落。当我到访时，村民告诉我族谱已在"文化大革命"中毁坏，只有一户人家留有残本。这部残本由一位现居台湾的族人所编。谱中对其世系有两个解释。第一种说法，将其先祖追溯到河南颍川，中国东南部许多陈氏宗族都采用这个说法。⑤ 照此解释，他们的祖先是 4 世纪南渡避祸的

---

① 陈衣德：《乾隆癸未(1763)新修家谱序》，见《螺江陈氏家谱》，卷 1，3a～5a 页。
② 陈芳凯：《乾隆癸未(1763)新修家谱序》，见《螺江陈氏家谱》，卷 1，1a 页。
③ 陈芳凯：《乾隆癸未(1763)新修家谱序》，见《螺江陈氏家谱》，卷 1，1b 页。
④ 陈宝琛：《三修族谱序》(1933)，见《螺江陈氏家谱》，卷 1，1a 页。
⑤ 颍川陈氏声称是汉人陈寔之后，他死后被尊为颍川侯。

北方贵族。之后的一位祖先，是陈朝开国之君陈霸先（503—559）。他的曾孙陈元光在兴化为官，此后他的后代就迁入今日的福州。第二种说法，简略说明家族始祖是自固始迁往长乐，将陈氏与晚唐王审知那次入闽移民潮联系起来。① 口述传统也认为他们祖上跟随王审知从固始迁居福建。村里耆老坚信旧谱也能证实这一点。

不过，螺洲陈氏的口头传统，对家族起源提供了不同的说法：他们与舟楫之上的疍民有关。前文提到，明清时期普遍将陈友谅视为疍民的祖先。1994 年，我前去参观一个宗族仪式庆典，陈店陈氏也在其中，来自螺洲陈氏的受访者告诉我，不必相信螺洲陈氏与陈店陈氏的关系：

> 我们跟他们之间的关系是假的，我们不属于同一世系。坦白告诉你，我们的始祖是陈友谅。族谱里不是说了吗？我们的始祖在朱元璋时代才迁来螺洲。陈友谅败给朱元璋后，就逃到螺洲藏了起来。如果让别人知道他就是陈友谅，朱元璋就要把他杀了。所以他假装从长乐来。这不是真的。

这个故事在螺洲陈氏老一辈中流传甚广。地方史家也记载，在 20 世纪 60 年代的"破四旧"运动中，螺洲陈氏祠堂受到破坏，在宗祠的神龛中发现一份文件，声称陈氏乃陈友谅之后。② 因此，螺洲陈氏开基传说的口述版本也支持疍民起源的说法。

螺洲村志中有篇文章，也证实陈氏曾经是生活在舟楫之上的疍民。这篇文章说明，他们曾想争取豁免加征在疍民身上的渔税。经

---

① 参见《尺头房族谱》，2a～2b、5a～5b 页。
② 参见陈建才主编：《八闽掌故大全·姓氏篇》，18 页。

过生活在明清之际的族人陈昌烈的努力，他们终于被免除此项税收。

> 　　陈昌烈，洲之保正也。[①] 洲向无渔户，自罔利者，承领船牌，分图[②]认果，始有渔课之输。输课无花户，以保正为主名，保正按应输之数分派于图中课以渔称，故凡绅衿老弱，均不受派，所派皆舟人之子。南亩之夫而烟户受其累，然绅衿老弱，其势无常，往往议增议减，啧有烦言，至于输纳不清而主名之保正亦受其累。昌烈嗣为保正，慨然曰："无渔而课，复无一定之渔，匀摊增减，比户骚然，予不任受也。"遂率诸保正奔诉，蒙列宪准请，豁报可。因勒石县庭，永远遵守。[③]

陈昌烈的传记中称，他成功地让当地人免于渔税课征，这是一项由河泊所征收、加在疍民身上的财税负担。很明显，这项税收的课征对象是渔船，或者可称其为渔船执照税。当时村民并未登记在一般的土地税收名册中，而是在渔税征收的范围内，这说明他们当时是，或者曾经是船居的疍民。当他们上岸定居、从事农业后，针对个体渔户的渔税显然不再符合他们的真实处境，这才为逐利者制造了以收取个人渔税自肥的机会。而且，许多岛上居民已经务农。直到陈昌烈与知县协商他们的真实身份之时，他们还在为渔税的存废而抗争。陈昌烈可以要求官府同意让他们编入征

---

　　① 　贺凯（Charles Hucker, *A Dictionary of Official Titles in Imperial China*, p. 366）将"保正"翻译为防御团体首领，将之定义为地方防御体系——保甲制度的首领。由于我并未发现其他有关螺洲推行保甲制度的证据，因此倾向于使用较不具特定性的词语"头人"。

　　② 　有关"图"的含义，见第四章。

　　③ 　《螺洲志》，卷 2，16b～17a 页。

缴土地税名册，以作为免除渔税的条件。然而，他并没有这样做。这或许说明村民们已经在缴付土地税，因此他的行为只是为了彻底摆脱以前的身份所带来的负担。陈昌烈传记隐然透露出，他和其他螺洲民众正处于与国家关系的转变过程之中，同时也处于疍民身份的自我否定过程之中。这只是从疍民到非疍民这一巨大转变的一个方面。另一方面是追溯世系，借由入赘婚姻追溯到陈店陈氏，进而再追溯至从华北迁来的移民。这是重新书写家族史的多重策略的一部分，在家世渊源上洗脱备受歧视的疍民身份，与陈昌烈在税收上消除这一身份异曲同工。由于陈友谅后人的说法还保存在口述传统之中，就不能说他们已经彻底抹掉疍民的祖源。相反，他们有两种，或者说至少两种世系的说法，但只有一种出现在书写传统之中。

江中刘氏，居于螺洲外、闽江边的沙洲之上，代表着另一种通过追溯族源来否定疍民身份、建立汉族认同的例子。刘氏的祖先据说从晚明年间就住在螺洲村外的船上。1834 年，一户刘姓人家上岸定居，开垦沙洲，并着手务农。他们和在沙洲上另一处定居的附近门口村的居民一道，共同修建一座寺庙，并造龙舟，展开年度龙舟竞赛。[1] 不仅螺洲和周边村落中的受访者坚称，江中刘氏也承认，他们祖上就是捕鱼的疍民。不过，他们的族谱却追溯至另一位始祖，即陆上有名的凤岗刘氏家族的一员。凤岗刘氏完整的谱系，清楚地将祖先追溯至 9 世纪的华中移民。因此，江中刘氏也同样从疍民转为非疍民。他们建构出看似合理的世系叙事，用以解释为何迁来此地；然而，他们并未忘记，他们的邻居也不允许他们忘记自己的疍民出身。

---

[1] 参见《凤岗忠贤刘氏纪念堂志》，卷 8，1a 页。

结 论

当我们在户籍登记或当代民族志中看到入赘婚姻或异姓收养的相关记录时，能够相当确定的是，其中记载的是关于个人的人身移动，以及个人与户籍之间不同权利的转移。但是，当我们在族谱中读到这些现象时，我怀疑我们读的通常是在事后才被创造出来的世系追溯论点。许多族谱都表明，明清时期入赘婚姻和异姓收养普遍存在。这不仅仅体现在实践上，如个体的迁徙，或加诸己身的权利的改变；它也体现在修辞形式上，如声称个人迁移或权利关系改变，但不是实际发生了变化。具体来说，入赘婚姻和异姓收养为始祖开基传说提供基础，并能说明某个群体如何及为何迁居某处，从而拥有某个姓氏。对于看重父系亲属关系的社会而言，入赘婚姻和异姓收养为创造这种亲缘关系提供了可接受的解释。入赘和异姓收养是融入社会的手段之一，可以借此策略性地创造追溯世系的潜在可能。张经的例子就说明，即使家族中不是每个人都赞同，这种策略仍能付诸实施。如何更好地侍奉祖先，同时有利于自己的人生，其实真的很难确知。对于16世纪初让明政府颇感棘手的大礼议事件，学者已有诸多研究，但在明清时期，"小礼议"的情况似乎已经普遍出现。①

要理解世系追溯对于南台宗族的重要性，需要仔细阅读族谱，并结合地方口述传统加以考量。本章主要阐释，明清时期福州人

---

① 参见 Ann Waltner，*Getting an Heir：Adoption and the Construction of Kinship in Late Imperial China*，pp. 1-4，76；Carney T. Fisher，*The Chosen One：Succession and Adoption in the Court of Ming Shizong*，Chap. 3。

追溯世系背后的族群标签和歧视。入闽的华北移民后裔建构出一套祖先移民的说辞，将他们自己与别人区隔开来，从而享有比当地族群更高的社会地位。船上的疍民，以及其他可能受到歧视的人群，若非编造类似的说辞，便是与已经建立此说的人们协商，将自己与这种说法联系起来，借以消除他们所受的歧视。族谱编纂者尽可能掩饰这些痕迹，甚至提出完美、不容置疑的世系叙事。那些熟悉理学宗法文化的士人深谙此道，同时他们编修的族谱最有可能付印，因此较容易保存下来，对这些传世材料的解读尤其困难。[①]

族谱文本的叙述真伪并存。这些说法因此成为父系文化与地方社会各方面相互交织的一部分。壶屿杨氏便是极佳的例子。杨氏族谱大约编于 1830 年，其中说明：

> 南山公曾修族谱。传说明清更代时，山寇纷乱。茗坑杨姓与贼头，号"大手掌"同伙，齐到壶屿肆掠。此谱被茗坑杨拈去。故自清初以下，其世次与壶屿无异。清初以上，与壶屿世次大不相同，踵迹并不相往来。凤西公欲搜旧谱，特往茗坑查问，他拒不见。届乾隆癸卯年，熙又特造茗杭查谱。他说被火焚去，且妄说壶屿是由茗坑迁去。真是乱谈！吾族自明及清，所有册记与老成口传皆无此说，向后不必再造茗坑细查族谱。[②]

---

① 即便在这些材料中，后来版本收录之前序言的传统仍然能说明世系叙事建构的过程。前面提到义序较早的族谱，它们是尝试性的、前后不一致的，是手抄本而非印刷品，"存于家，俟后得旧谱而合之"。1949 年以前，福州乡村应该还有很多这种未修成的族谱。同时，开基传说的其他说法也存于口述传统之中。

② 《闽邑壶屿杨氏亭岐房谱牒》，88a 页。很遗憾我未能确认"茗坑"族谱的位置。

壶屿杨氏族谱中认定茗坑杨氏为山中土匪的例子，倒是提示出一种有趣的可能，那便是他们在当时就被认为是畲人。按照这部族谱的说法，他们的所作所为并不是杜撰族谱的内容，而是干脆把族谱本子抢过来，用于建构自己世系的叙事。

宋代以来，福建就有很多注释家怀疑河南起源的普遍说法。怎么可能这么多地方的民众都是固始移民的后代？常见的答案是王审知来自固始，当他被派至福建，选择部下时偏爱从原籍随从的老乡，所以许多人试图冒充固始人。[①] 一部18世纪的省志收录了一份证据，它是从莆田族谱中抄来的，其中讨论了固始起源说。它首先还是重复了王审知率固始兵征福建的故事，然后接着说："因其众克定闽中，以桑梓故，独优固始人。故闽人至今言氏族者，皆曰固始，其实滥谬。"[②]由于杜撰成风，强调自己世系回溯的可靠性显得尤为重要。郭柏苍编修的族谱，就收录了一篇写于1469年的郭镗传记：

> 闽人称祖皆曰光州固始，来由王绪举光寿二州以附秦宗权，王潮兄弟以固始之众从之。既而绪与宗权有隙，遂拔二州之众南走，而王审知因其众入闽，以桑梓故，独优贵固始人，闽中言氏族者，多托固始以名。惟吾郭氏自浮光来。无疑。[③]

---

① 几个世纪前，莆田的方大琮（1183—1247）就对普遍的固始起源传说表示好奇。他研究发现："王审知因其众以定闽中，以桑梓故，独优固始人。故闽人至今言氏族者，皆云固始，以当审知之时贵固始人，其实非也。"（《跋叙长官迁莆事始》，见方大琮：《铁庵集》，卷32，1a～2a页。）参见牧野巽的著作，以及Aoyama Sadao, "The Newly-Risen Bureaucrats in Fukien at the Five Dynasty-Sung Period, with Special Reference to the Genealogies"。

② 《福建通志》（1737），卷66，58b页，清文渊阁《四库全书》本。

③ 《郭镗自述》，见《福州郭氏支谱》，卷2，5a～5b页。

其他家族的族谱可能是伪造的，郭氏的族谱才是真实的。

本书所用史料的作者大多意识到许多族谱，虽然不包括他们自己编修的，都虚构祖先世系至华北移民。但他们没有看到此事背后的真正原因，原因不在唐朝，而在于他们自己所处的时代。华北先祖说其实是建构自我区别的一种宣称方式，借此将自身与福州的本地族群区隔开，并与福建外来的汉文化联系起来。族谱修纂者通过溯源固始，获得认同的特定标签，建构出一套同时具备包容性和排他性的话语体系。① 将世系追溯到华北，既维护与汉文化的联系，又否认疍民、畲民低人一等的化外之民身份。如同其他被发明的传统，族谱代表着"与过去历史建立适当关系的一种尝试"②。然而，通过编撰族谱来追溯世系，只是宗族实践丰富内涵的一部分。下一章，我开始探讨宗族实践的其他方式。这些方式由更大历史脉络中的其他因素所塑造，在此过程中，宗族又吸纳了别的制度，被赋予更多意义。

---

① 参见 Helen Siu and Liu Zhiwei, "Lineage, Market, Pirate, and Dan: Ethnicity in the Pearl River Delta of South China," pp. 6-7。关于客家族谱发展的有趣讨论，参见 Chan Wing-hoi, "Ordination Names in Hakka Genealogies: A Religious Practice and Its Decline," pp. 64-82。

② Eric Hobsbawm, "Introduction: Inventing Traditions," p. 1.

第三章　组织亲属：里甲与宗族

　　理解南台地理环境以及人群定居的地方知识，有助于阐明父系宗族实践在 1949 年以前组织经济活动中的重要性。南台村庄的长者，仍然记得周边闽江中的沙洲为谁所有。许多河间沙洲为地方宗族以宗族之名共同持有，或者为宗族内的特定房支所有。许多村民也还记得那些会社，不少这样的会社与特定的神祇崇拜有关。这些会社由堂兄弟群体组成，以作筹募基金之用。①

　　上一章，我已经阐述了明清时期福州居民如何通过族谱追溯

---

　　①　在当代南台的结构性经济活动中，父系亲属仍然扮演重要角色。例如，在 20世纪 80 年代及 90 年代初期，当集体财产被拍卖时，通常由兄弟和堂兄弟组成的公司来竞标，还有许多由堂兄弟合资开设的小型工厂生产塑料鞋、购物袋以及生活消费品。亲属之间更多以非正式的方式帮忙寻找工作、进入学校和筹集资金。我所寄住家庭的村民经常发现，他们必须支付亲属及家人的某些额外费用。其中最重要的是丧葬费，违反计划生育政策的罚款，以及日益攀升的医疗费用。当我初次造访福州时，当地出现了一种新的重要经济合作形式。父系亲属群体经常筹募资源以支付合法、非法移民的相关费用。许多研究都对当代中国父系亲属群体持续发挥作用进行讨论，包括 Jack Potter and Sulamith Heins Potter，*China's Peasants：The Anthropology of a Revolution*，他们有力地论证了即使在农业集体化时期，父系亲属在经济上仍然重要。最近的研究参见 Gregory Ruf，*Cadres and Kin：Making a Socialist Village in West China*，1921-1991。

世系，在宣称同宗同源的基础上与他人建立关系。知道或宣称彼此有关系是一回事，把这种关系付诸实践意义又是另一回事。在本章中，我将探讨借助哪些方式，能让基于亲族原则的人群关系获得社会意义，并制度化为一种因应社会变迁的策略。明初，父系宗亲关系成为评估和分配各种权利义务的一种模式，对福州居民的生活有着新的意义。为了应付明代户籍登记与赋役制度的征派，地方社会组成了父系亲属组织。

弗里德曼指出，制度化的宗族有利于加强互助合作和一致行动。在宗族兴盛的华南，国家力量的薄弱促使社会自我组织起来，以达到保卫和防御的目的。[1] 历史学家们对他的意见有所保留，提出宗族组织应当被视为地方精英努力的成果，或者是为了维护他们的资源，或者是要在国家支持下，将理学社会组织的文化霸权推行到民间。[2] 本章将说明，明清时期福建宗族的建构不是因为国家力量太弱，相反，正是国家在场，促使其形成。此外，来自社会底层而非上层社会的强大力量，也推动了宗族组织的传播。（当然，这并不是要排除社会精英的作用。）福州地区的父系宗族团体组织起来，共同应对明初国家政策的种种要求。地方社会中无法要求豁免赋役的个人和群体，发展出一套复杂的策略，有效应对明代的户籍登记与赋役制度。这些策略持续到清代及以后。本章还将讨论另外两项影响宗族组织形成的经济因素。分割遗产作为财产继承的基本形式，往往适合形态较为稳定的土地经济，但并

---

[1] 参见 Maurice Freedman，*Chinese Lineage and Society：Fukien and Kwang-tung*，pp. 159-164。巴博德从另一个角度（"The Role of the Frontier in Chinese Lineage Development"）挑战此论点，他同意弗里德曼的看法，认为边疆条件有助于形成亲属群休，但他指出，这些群体根据父系亲属之外的原则也能有效组织起来。

[2] 参见 Joseph Esherick and Mary Backus Rankin，"Introduction，" p. 11。

不太适合处理商业经济和沙洲开垦经济。当家族产业不仅包括土地，还包括商业组织的时候，要想简单将其分给各个儿子便显得不易，甚至不可行。同样，如果家族资产包括滨海滩涂及河间沙洲的所有权，这些土地的面积规模和价值伴随着洪水或开垦而不断改变，那么试图在诸子中均分田产势必引起冲突。在这两种情况下，更为复杂的宗族组织应运而生，有效地应对了这些挑战。然而宗族组织的创建和成形不是必然的，而是在特定的社会、经济环境中所产生的策略。正如本章最后一节所述，当宗族组织不能为其成员解决问题时，这些组织就会自然消解，甚至被故意解散。因此，在清代中期所形成的宗族社会的组织形态背后，有着不可掩盖的事实：社会团体如何组织、宗族关系如何实践这些问题，一直是广泛存在竞争甚至冲突的。

明朝户籍与赋役政策

长久以来，历史学家都惊叹于明初政府向下渗透的活力和积极有为。为了创造一种安全、稳定的乡村秩序，明太祖朱元璋出台了堪比20世纪国家建构的一系列政策，使国家深入渗透到地方社会。这些政策的核心是对民众进行世袭职业的登记区分，最重要者是民户、军户和匠户；以及建立以两项原则为基础的赋役制度，其一是以田赋为国家主要税收，其二是所有男丁必须应役。①两项政策都对福州地方社会产生了深远影响，福州民众进而发展出复杂、有效的回应策略。这两方面的成功策略都离不开宗亲团体的组织与合作。

---

① 明代职业世袭的规定，实际上沿自元代的复杂制度。

军 户

明初大量福建民户被编入军户，为海防提供兵源。根据晚明何乔远的记载：

> 七户之中，军、民为重，军户又视民户几三之一，其丁口几半于民籍。夫军户何几民籍半也？盖国初患兵籍不足，民三丁抽一丁充之，有犯罪者辄编入籍，至父子兄弟不能相免也。①

明初征兵的情况记录普遍见于全国各地的方志与族谱。在明初福州，住在城门附近的郑天瑞就曾"代兄抽丁从军"。南阳陈氏的陈东竹"遇例抽丁……充戍永宁卫"。籍为军户，有时可作为移民入闽的解释。例如，平阳陈氏的先祖本居浙江。明初之时，陈氏祖先因拒绝入仕，转归隐居。"明太祖忿其不仕，将公之三子福一公迫勒随军来闽，未几，遁归平阳，复将公之四子亚记公，勒伍入闽。"②

虽然明代福州户籍的详细数据并未保留下来，但何乔远估计有四分之一户籍以及三分之一的人口皆为军户，比例显然相当高。一个可能的解释是，籍为军户不仅可以充实海防卫所的力量，同时也是将人民分而治之的手段，如那些被认为可能会脱离国家掌控的疍民。政府官员自 7 世纪便设法掌握疍民和畲民。③ 明初地方

---

① 何乔远：《闽书》，卷 39，958 页。

② 《闽县乡土志》，232b 页。《南阳陈氏族谱》，卷 7，25b 页。《平阳陈氏族谱》，6a 页。

③ 参见第二章。在 11 世纪中期，蔡襄（《蔡襄集》，卷 21，369～371 页）便注意到船民卓越的航行技术，沿海舟师不可能将其置于控制之下。1099 年，在处理一起称是船民造成的多人谋杀案时，福州知府出具告示，提到："诸县多有船载客旅至偏僻滩障处，吓取财物及伺奸便杀并人命。"他督促每户船家必须向邻近有司登记注册，以便查缉。参见《三山志》，卷 39，7a～7b 页。

政府借由将疍民编入军户来化解他们的潜在威胁。因此，在 1383 年，一位广东官员接到命令，"籍广州蜑户万人为水军。时蜑人附海岛无定居，或为寇盗，故籍而用之"①。明代福建可能也有类似的政策，至少清代有之。例如，康熙初年，福建巡抚就同意"联渔艘"，招募三千"乡勇、澳民"加入水师。②

籍为军户不是说家中所有成员都是军人，而是说这户人家有义务供养一名士兵，并承担相关的各种责任，如为该名士兵的卫所提供装备和口粮。倘若军户之家未能供给一名健全的士兵，军中的清军御史便会前来调查缘由。15 世纪时，一封从仙游写给福建大参的信函中，提及了这些调查的情况：

> 去岁兵部勘合，有逃军十分为率，清出三分之例……郭绣衣按闽，欲立奇功，以微显擢。故将十年里老加以必死之刑。或妇翁丁尽，则报其女子，名曰"女婿军"。或籍前军，后则考其谱图，名曰"同姓军"。或买绝军田产，则受争田之人，首告名曰"得业军"。朝锻夕炼，务足三分……并里老之家，丁户俱尽，而根株尤未绝。③

一编入军户便是世袭，并且不得分户。这个制度在当时的环境下是合情合理的。如果一个有着多个儿子，负责供养一名士兵

---

① 《明太祖实录》，卷 143，2252 页。顾炎武（《天下郡国利病书》，册 27，11b～12a 页）有类似的记录，同样是在广东，时间是 1391 年之后若干年。
② 《闽县乡土志》，197a～197b 页。
③ 郑纪：《与庞大参书》，见《福建通志》，卷 49，21b～22a 页。参见 Ray Huang, *Taxation and Governmental Finance in Sixteen-Century Ming China*，p. 76；Charles Hucker，*The Censorial System of Ming China*，pp. 75-77.

的军户之家要分家，各子自立门户，难以想象每个儿子都要供养一名士兵，这将使军户负担倍增。但如果维持最初的军役义务不变，那么如何分配这些责任则是一个非常复杂的任务。清军御史如何决定由哪一子户承担军役呢？站在官方的立场看，禁止军户分家则容易得多。不管军户后代实际的生活居住如何安排，无论是举家合住，还是分成数个家庭经济单元，他们必须确保有人承担军役。

劳役雇佣化是明代经济货币化的重要面相，这也体现在军役方面，世袭军户日益为职业军人所取代。在正式的情况下，国家官员接受免除军役的纳钱，再用这些钱雇用职业兵。在非正式的情况下，军户自行雇用职业兵来承担自己的军役。[1] 涂之尧，1654年举人，记叙了晚明福清万安千户所的情况：

> 万安虽有千百户，其后惟涂、侯、可三姓为大。又其语音皆泉州，出城数里则福清语言。凡军户家始惟一人为军，其后子孙多，或有资财，以僮仆一人应军，余则执四业不为军。卫所辖谓之军余，军余与百户互结婚姻。[2]

郭柏苍的家族历史便能够说明，亲族团体如何发展出组织策略，以应付军户制度各方面的问题。他的先祖郭耀，据说在元代定居于福清的泽朗村。郭耀的孙子郭元显有份 1374 年的分家文

---

[1] 参见 Ray Huang，*Taxation and Governmental Finance in Sixteen-Century Ming China*，p. 33。关于最近明代军户的中文研究成果的概况，参见于志嘉：《试论族谱中所见的明代军户》，635 页，注释 1。

[2] 涂之尧：《故乡风物》，见俞达珠编：《玉融古趣》，225 页。

书，在数百年后被后人找到。其内容提及，明初时元显在当地官府登记为纳税户，并育有三子一女。他死后，家产分给三个儿子。① （图 3.1）

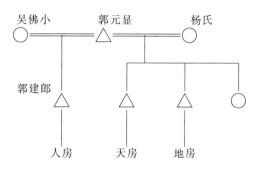

图 3.1　郭元显世系图

虽然这份分家的文书显示，元显的三个儿子已然各立门户，但他们并没有将分家之事禀告官府，而是维持原先元显登记的户籍状况。大约 20 年后，郭家卷入一起严重的案件。1395 年，一位驻扎泽朗的巡检杀害了福清县令。元显的儿子郭建郎卷入其中。作为惩罚，他的户籍被转为世袭军户。起初，郭建郎自行承担军役。他进入当地卫所充役，之后被远调西安。建郎此时已婚并育

① 这份文献可以让我们看到元末明初一般家庭的动态。这份阄书是在郭元显遗孀杨氏的要求下所立。郭元显与杨氏育有二男一女。当时元显经常来往内陆的建宁府经商，与当地女子吴佛小生下一男，名叫建郎。佛小去世后，元显带着建郎回到福清。因此，有三个儿子有权得元显的遗产。元显当时并无继承祖业田产，是长子贵卿将其妻之嫁妆变卖，使元显得以有外出经商之资本，而后始置产业。元显去世后，他的遗产包括一座房屋、四十两白银，以及每年有二十五石四斗租金的土地。首先拨出三石五斗还与贵卿当初的资本，其余作三份均分，编立字号，先后拈阄。处理房屋较为容易，分为三份，每个儿子拥有一份。白银则由次子子贵与建郎析分。参见《元显公妣杨氏阄书》，见《福州郭氏支谱》，卷 7，1a～2a 页。

有一子，他把儿子留在了福清。1405年，建郎身故，其家庭被要求派丁补役。

留存的略有矛盾的证据显示，此时建郎的儿子若非亡故便是肢体伤残，而他的孙子尚在襁褓之中。我们可以想见建郎家眷的反应，他们马上就会面临清军御史登门勾补。建郎的兄弟匆忙地处理补役的问题，以免被指控"逃军"。元显家中所有男丁聚集到一起，抽签决定应该由谁前去补役。一个叫郭尾的人不幸被抽中，他被送去西安顶替建郎的军役。他大概十分不情愿，根据资料记载，"合族嘉其义举，津贴以壮行色"。还有证据显示，他似乎也尝试掩饰其出身，以便在他年老时，可以减轻家中补役的责任。"尾公入伍后，擅改军名郭建[郎]为[郭?]贵轻。"

除了必须出丁承担军役外，军户之家还负责提供兵丁的盘缠旅费。1416年，郭尾从北方回来，并且试图讨回这些费用。尽管他在十年前接受军役时已获资助，然而借着此次返家，他敲诈了当时左右他命运的亲戚。最后他得到了五十两，但郭家"令尾公写立收约，再不复来祖家取讨盘缠"。郭尾遂携弟返回陕西。此后，福清的亲戚失去了二人的音讯。虽然他们子孙繁衍，但族谱中却少有记载。

一百多年后的1522年，郭尾的重孙郭彪与另两个士兵一起从陕西回到福建老家。这些年里，他在福清的亲戚又成为另一起勒索事件的受害者。一位负责掌管户籍的邻人，借口郭家并未履行军户义务而向他们勒索钱财。"雄公以西陕现有余丁，尤容行勾本籍，赴县呈明，给领执照。"这样一来，元显后人亏欠郭尾一脉的就更多了。正如元显的子孙并非全部都是军人，郭尾的后代也不是人人从军。郭彪的重孙是名商人。1575年，他前往建阳做生意，借此返回故里。可能是为了弥补之前的亏欠，也可能是为了预防再度被勒索，福清的亲戚们给了他十一两白银。四年之后，他再次回来，可能得到了更多的钱。①

最初籍为军户的余波一直持续到 17 世纪。此时流寇侵扰沿海，元显的后人纷纷撤离家乡，其中许多人躲进了相对安全的福州城。1603 年，北方来的族人士兵追查到他们在福州的踪迹，并索要钱财。郭氏第十一代后人郭志科，收集所有相关证据来阻止他们的勒索。"科搜考军由，使知所自军丁，不敢家猎户渔，详议家矩，使知所守户丁，不致偏甘独瘠。"②

自郭建郎身涉罪案，及后被改为军户，由此产生的后续影响已逾两百年。由于转为世袭军户，其父元显和他的子孙都受到影响，而被迫发展出对策。简言之，他们被迫组织起来。在这个组织的初始阶段，郭元显的后人不得不找出一种可行的方法，为刚去世的建郎寻得一位补役顶替者。这个办法最后是交由抽签决定，当然还包括筹款，以确保中签者肯切实履行义务。然而，事情并未因此结束，因为补役的兵丁一再回到福清向亲戚索求钱财。由于逃兵的后果是灾难性的，这些亲戚别无选择，只能维持某种组织来满足这些要求。此外，正如 1522 年那次事件所显示的，元显在福清的子孙也被迫组织起来，共同应付当地有势力者指控其没有履行世袭军户义务并敲诈的行为。即使元显大多数的子孙已经从福清逃到福州，世袭军户的后果仍然困扰着他们，迫使他们发展出将自身组织起来的策略。

另一个亲族团体组织起来应付世袭军户制度的例子，是来自

---

① 参见郭志科：《明志科公历叙军由》，见《福州郭氏支谱》，卷 10，6a～7a 页。

② 郭志科：《天房志科公第二次重修支谱序》，见《福州郭氏支谱》，卷 1，14a～14b 页。对此案例的其他讨论，参见郑振满：《明清福建家族组织与社会变迁》，244 页。

长乐县的筑堤林氏。此例颇为有趣，因为他们发展出包括入赘婚姻、改姓以及之后的复姓请求在内的各种策略。这些具体细节记录在筑堤林氏族谱中。遗憾的是，这些留存下来的抄本因为水浸和虫蛀，损害相当严重。可以解读的最早的谱序著于 1535 年，由南京工部尚书林廷选（1482 年进士）所撰。不过，目前的族谱版本可能完成于 16 世纪末或 17 世纪初。[①]

林廷选承认对家族远祖谱系的了解并不多。他将祖先追溯至传说中的第一次华北移民入闽大潮，声称其是一位定居泉州的晋代将军的后裔。这位将军的后人保持了相当显赫的地位，其中一支后来迁至长乐。不幸的是，由于"战争动荡"，所有的族谱均散佚。因此，廷选的族谱完全是根据祖龛的祖先牌位编纂的。他所清楚知道的第一位祖先是他的五世祖，生活于 1302 年到 1344年。据廷选的记载，这位先祖有三个儿子。其中幼子名叫林昊生，即廷选的高祖父。在 1492 年的一封复姓为"林"的申请中，廷选称林昊生娶了筑堤樊秀卿之女。昊生早亡，但育有两子，异良和光荣。因其岳父樊秀卿膝下无子，二子改姓为"樊"，并以继承人的身份登记在户籍册中。[②] 后来，樊秀卿又生育了自己的后嗣樊什良。

樊异良和樊光荣一定生活在元代末年。根据《竹田公复姓疏》这份 1570 年在族谱中重印的文件，这个家族在明朝初年已被转入军户：

---

① 除了林廷选的谱序，还有另一篇字迹模糊、不易辨读的谱序，但这篇谱序很可能来自后来编纂的族谱。1535 年的族谱版本可能不是最晚编纂的，因为其中收录了一份 1570 年的契约，并在其他地方提及 1579 年。目前所见的这些纪年可以说明福州地区的一般习惯，即大约每 60 年就会重新编修族谱。

② 参见樊廷选（即林廷选）：《复姓疏》，见《长乐筑堤林氏族谱》，卷 2。

洪武二十年(1387),为防倭事,抽充镇东卫梅花千户所军。二十七年(1394),改调永宁卫高浦千户所百户王安下军,一向出海。原籍分作八房,递年共贴银二两肆钱。至弘治十四年(1501),军弟樊仲继役。有叔廷选代赴丁海道,告免出海蒙准。在营充为旗甲,于正德元年(1506),叔廷选思见原籍弟侄贫难,自将俸余银,买得军田一十四亩坐产。五都、西亭□。其田内子粒递年扣除纳粮外,更有租银四两一钱,准为通家津贴军装盘缠。正德十一年(1516),樊仲病故,樊统替役,掌管收租。①

这份材料还说明廷选有意"复姓"。林昊生后代子孙的世系图并未保留下来,但通过族谱中的其他材料仍然可以重建一张简图(如图3.2)。尽管许多重要问题尚无答案,但基本情况仍是清楚的。当樊诸郎应征入伍时,他家的户籍仍是世袭军户,而他本人的户籍在曾祖父樊秀卿名下,亦为军户。因此,樊秀卿的子孙,包括廷选及其直系亲属,继承了负担一名兵丁的军役义务。秀卿的后人分为八房。他们中只有一人承担实际的军役责任,其他亲戚则出钱作为补偿。八房以每年轮流的方式,形成了管理筹措补偿金的组织。然而,这样的安排方式并不全然稳固。轮到的房支,可能不肯付出补贴。因此,风险总是存在。较富裕的族人尤其关心这点,因为他们常被期待来填补这一财务缺口。另外,充役的兵丁还有可能逃军,而清军御史会骤然造访,要求军户之家出丁补役。

---

① 《处戎公议》,见《长乐筑堤林氏族谱》,卷2。

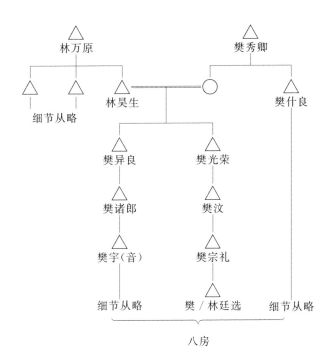

图 3.2　林廷选世系图

随着林廷选入宦出仕，他又碰到了其他问题。在役的兵丁向廷选施压，要求他从中介入，将其调去任轻省之职务。廷选应对之策有二。第一，设立永久性的田产，用于支付这笔津贴，并将这份产业的管理权交给兵丁。第二，他尝试"复姓"来隐藏或者否认其与世袭军役义务的关系。廷选的诉求可能并不完全真实。很显然，他的先辈林昊生是入赘到樊秀卿家的。他宣称樊秀卿强令林昊生的两个儿子改姓樊来掩饰其自愿入赘的事实，换言之，昊生在入赘时，便同意他的子嗣改从樊姓。因为秀卿的户籍已经转为军户，他的儿子樊什良理应继承军户。至于异良和光荣则是另属别籍，而且并非秀卿家的子嗣。况且异良和光荣的后人已经分担了世袭军役的义务，现在廷选还设立永久性的产业来处理这项负担，此后他的子孙便不会再被累及。因此，复姓是拒绝履行军役义务，否认其与军户之家存在亲属关系的策略。

廷选的请求通过了，他的姓氏也由"樊"改回"林"。然而，他并未完全成功地摆脱世袭军役义务，正如《处戎公议》中所言：

> 嘉靖十一年(1532)，有把总指挥徐着令照旧出海。回班来家称说，出海艰难，遂同通家弟侄相议，仍将□尝田拨出三亩七分五厘……计十五石，每石该族四十七斤，充贴继军之人出海盘缠。其田自拨之后，付与军管。业收租、粮□递年系继军之人认纳，与通家无干。其夫兵米八系祖家代纳，与军无干。如或侄樊统年重扰祖家，前后田亩共计一十七亩七分五厘，付与继军之人，轮流执掌，不许私自招卖。①

很明显，尽管林廷选努力断绝与最初以樊秀卿之名登记的军户劳役负担的联系，但补役丁仍然持续地刁难他，并向他的亲属勒索金钱。他们的索求不能置之不理，因此必须进一步将家庭义务制度化并固定下来。借由第二次财产转移，亲族关系的要求看似得到满足。林家最终摆脱了与樊家亲属联结的困扰。廷选编修族谱显然就是为了解释并合理化这种联系的断绝。

有明一代，福州地区籍为军户之家的后代，被迫组成父系亲属群体，以应付国家户籍制度的要求。一旦编入军户，如泽朗郭氏、筑堤林氏，便必须想出对策，来确保履行承担军役的集体义务。由此产生的世袭军户雇人代役的组织制度，便是广大策略趋

---

① 《处戎公议》，见《长乐筑堤林氏族谱》，卷2。

势的体现之一。在郭氏和林氏的例子中，二者均从家族内部雇人承担军役。因此，明代世袭军户的制度从以下两个方面影响了福州地区宗族实践的意义。一方面是与军户有关的法律规定，无论其实际生活安排如何，从祖先被籍为军户开始，其父系后代的个人或家庭均属同一户籍。另一方面，同样不管实际生活安排如何，这些个人和家庭都被迫组织起来，确保履行各种军役义务，从而避免官方来找麻烦。对元显的后人而言，这意味着第一步是将家族成员组织起来，从中选出代役者；而从更长远的角度来看，则是组织起来筹措资金，以资助应役的家族成员或其后代，或是其他代替者。这同时还需要维持清楚的族谱记载或其他记录，确保一旦将来产生争议，居住原籍的家族成员可以证明，整个宗族并未违背军役义务。对于林昊生的后人来说，这意味着要设立田产资本，从中获取收益以资助应役者的开销。后来，又出现了复杂的计策考量和宗族关系操作，为的是隐藏设立田产背后的集体义务。在这两个例子中，这样的亲属组织并非在受教育的知识精英要求下而形成，也不是为了效仿理学宗族组织的模式，而是普通民众为了回应强大但可协商的国家要求所发展而成的策略结晶。由此导致的组织化，并非围绕着官式祠堂的士绅式宗族，而是通过追溯世系而形成的扎根在草根中的宗族组织。

民　户

军户在明代户籍制度中的情况相当特别，但它对成千上万家庭制造的压力，以及从中发展出的组织性策略，却也渗透到了普通民众之中。明代赋役制度的基本理念，是以农民承担国家最主要的差役。不同户籍的家庭负担不同的劳役，并借由里甲制度摊派民户应承差役。其结果以及民众为应对此结果所发展出来的对策，可与前面讨论过的军户制度相比较。

洪武年间推行的里甲制，将人民划分到各"里"，每里110户。一里又划分为10"甲"，每甲10户。这十户轮流承担每年的劳役，满足国家其他的物料需求，十年一轮。各里中推丁粮多者十户，充任甲首。甲首也担任里长，同样十年一轮，负责监督劳役和其他义务的履行。这个体制相当的笨拙，黄仁宇曾经将它比作从深井中一滴一滴地取水，但它符合国家参与行政的意识形态目的，通过将行政负担转嫁到人民身上，节省了政府大量的费用。①

刘志伟关于广东的研究有一个重要论点，其认为里甲制是一种赋税摊派与征集的制度，而非后来许多学者认为的，试图对人口进行精确统计的方法。而且这项制度确实从来没有涵盖所有人口：

> 朱明王朝通过里甲系统，将一部分社会成员编制起来，向政府交纳赋税，供办差役，这些编户由此也获得了"良民"的身份，拥有种种合法的正统的权利。没有被编入或者脱离了里甲户籍的人民，不受王朝羁管，不供赋税，不服差役，但也没有合法地占有土地、参加科举一类的权利。②

在实践上，这个制度远比它背后的原则要复杂得多。明朝初年，户籍制度的里甲体系，被累加到县以下既有的复杂行政系统之上。这个"里"字让这项制度的名称变得更加容易混淆，因为这个字既可以指里甲赋役的行政单位，又可以指既有的县以下区域行政系

---

① 参见 Ray Huang, *Taxation and Governmental Finance in Sixteen-Century Ming China*, p. 36。

② 刘志伟：《在国家与社会之间：明清广东里甲赋役制度研究》，9页。

统的单位。① 福州郊区中三个县的不同管理实践让情况看起来更加复杂。② 对这三个县的地方官来说，县以下最主要的地理划分是"图"。明朝中期，闽县有 127 图，侯官有 68 图，怀安有 47 图。虽然图在原则上是地理单位，但实质上它也是税收登记单位。因此，从行政管理效率出发，当一图中的耕地和人口大致相适应，而非地理条件相同时，其运作效果最为理想。③ 虽然我们没有明代福州地区里甲登记的具体记录，不过似乎在这个制度创设之时，每个

---

① 当然，这是"里"作为常用长度单位外的其他用法，这意味着它在不同地方可以表示距离、面积和人口。

② 自明初至明中期，县的区域主要依据先前的行政单位划分。这三个县自宋代以来就被划分为乡。在明代，乡是地理区划而不具行政职能。正如卜正民对中国的普遍观察，明代的乡由于人口太多而无法作为县官治理的有效单位，乡以下的里与行政的关系遂变得更为密切。（参见 Timothy Brook, "The Spatial Structure of Ming Local Administration," p. 14。）宋代时里已划设，但其在明代的实际功能尚不清楚。1612 年的《永福县志》提到，当地的"里"已不复存在。[参见《永福县志》(1612)，转引自 Timothy Brook, "The Spatial Structure of Ming Local Administration," p. 15。]在闽县，里持续作为县下一级的行政单位。但在侯官与怀安，里则废置并为都所取代。都以数目而非命名计，主要出于土地登记的目的。明中叶侯官有三十六都，怀安有二十五都。1579 年，怀安并入侯官县，都也随之重新编订。[参见《福州府志》(1754)，卷 2，5a～5b 页。]考虑到各县的治理形式是由地方官员依据根本上的职责与问题所进行的不同规划，因此闽县的里和侯官的都，很可能就是承担赋役编派功能的基本单位。

③ "因此我们可以想到，至少华南地区的情况是，一'图'约有 1000 人口以及 3000～6000 亩耕地。"(Timothy Brook, "The Spacial Structure of Ming Local Administration," p. 25.)为了具体讨论此问题，应该考虑这些不同的制度如何在晚明的南台岛实施。南台岛西北部人口少，情况较为简单。岛的最西边属于侯官县，包含一个乡，领一都统九图。图对都的比例远高于平均，可能与明初洪塘的市镇快速发展有关。东、西隶属怀安县的移风乡，领二都统五图。进入人口密度较高的南台岛东南部，情况变得较为复杂，虽然皆隶属闽县。此地区由三个乡组成，其中两个为旧时宋代的乡。福州城南边为高盖南乡，包括商业化的仓山地区，横跨沼泽地至高盖山，山外便是义序。高盖南乡的东北方有部分属于安仁乡，东南方有部分则隶属开化西乡。高盖南乡分三里统十四图。安仁乡分处南台两岸。南台岛上的安仁乡分三里统十一图。林浦和城门即位于这些图内。开化西乡分三里统六图。其中有二里位于南台岛上，包括螺洲周边地区。至于第三里的确切位置，目前尚不清楚。

里甲百户与图的范围是一致的。这相当合理，因为图作为土地单位可指大约1000人的耕种面积，而里甲百户则是包含110户的人口单位。

自14世纪晚期里甲制度建立后，历明初到明中期，对里甲各户的索求持续增长，在16世纪到达高点。

> 里甲之役，其始催征钱粮、勾摄公事而已，后乃以支应官府诸费，若祭祀、乡饮、迎春等事，皆其措办，浸淫至于杂供、私馈无名百出，一纸下征，刻不容缓，加以里皂抑索其间，里甲动至破产。①

官方解决劳役摊派系统中各种问题的努力，最终在一条鞭法改革中达到高峰。同时，繁重的负担迫使人们逃离或努力摆脱里甲系统。因此，明代福州在册的户数和人口减少，而地方官试图合理化这一现象：

> 计自洪武二十四年(1391)至是(1483)九十二年，户减八千八百九十六，口减四万八千二百五十，是十亡其六七。夫何生息久，而反凋零乎？抑恐多其数，反为民累，任其脱漏，弗之计也。②

虽然沉重的苛索迫使民众想办法逃离里甲体系，不过还是有其他考虑让人们继续留在这个体制之中。就像何乔远所说：

---

① 《闽书》，卷39，962页。
② 《连江县志》，卷8，33b页。

> 今庶民之家，登册者名为官丁，不登册者名为私丁。官丁纳官钱约可三钱，私丁则里胥量其家之人口多寡、财力丰诎而取其资，以备衙门应役之用，亦其势也。①

拥有户籍很可能是相当有利的。因为户籍所包含的正规赋税和徭役责任，在某种程度上可以使其免受胥吏、里甲长们的盘剥。同样，尽管甲首肩负更繁重的差役责任，但他们可以合法地将之摊派给辖内的其他民户。刘志伟和片山刚关于珠江三角洲的研究显示，里甲户籍登记对于合法的土地所有权同样重要。②

由于里甲制是一种独占的制度，它后来还具有财政范畴以外的社会意涵，正如清代福建南部漳州的一则材料指出：

> 县中应里长者，皆丁多粮多之户，素已欺凌弱户。……里户老少皆称里长，目甲首为子户、为图民。甲户虽斑白垂老，见孩童里户，必称为叔行。甚至甲户没，故其遗下子女，里户径为主婚、买卖。③

理论上，里甲户的分配每十年要重新编审，里长的任命也要随着里户情况而改变。实际上，里甲系统中的户籍登记和里长职

---

① 《闽书》，卷 39，958 页。

② 参见刘志伟：《在国家与社会之间：明清广东里甲赋役制度研究》，8~10 页；片山刚：《清代広東省珠江デルタの図甲制について——税糧・戸籍・同族》，2~11 页。

③ 《合户始末》，见《漳州府志》，卷 14，20a 页。约翰·达第斯（John Dardess）认为，在明代，"官方的里甲户籍登记，对于只要能够争取到的家庭而言，是一种社会荣誉"（John Dardess, *A Ming Society：T'ai-ho County, Kiangsi, Fourteenth to Seventeenth Centuries*，pp. 75-76）。

务的承担日益固定，甚至变为世袭。其中原因不难窥测。既然国家编制里甲的真正目的在于稳固税基，官员关心的就不是纳税单位是否精确，而是这些"户"能否延续下去。这个词在英文中常常被翻译为 household，我在此也遵循这一惯例，但必须留意的是，这个"户"并不必然由拥有亲属关系或者同居同财者所组成。事实上在明清时期，户还是一个描述赋税征收单位的行政术语。由于户是劳役摊派的单位，同一户的后代子孙便不会想要别立户籍，因为这将造成整体以及个别劳役负担的增加。[①] 许多学者已经注意到，户籍册一旦编成，户及其组成的里、甲，就成为"官方话语中的……财政账户单位，而与实际人口关系不大"。因此，明末的何乔远才说："有司编审之时，率视米多寡，量注丁口，皆非实数矣。"[②]

一旦实际人口情况与里甲记录不相符合，同时又缺乏审慎的评估，那么按照既有记录持续摊派，并将之下放到地方社会让他们自行设法解决苛索，就成为保证赋税劳役输送的唯一办法。例如，16 世纪初期，福建官员在原有的土地税、人头税基础上增课附加税，地方社会便发展出自己的对策。福州以南的仙游人郑纪（1438—1513）在《新里甲目录序》中对此有相关记载：

> 予弟今年备名里正。因会集同事，澡神涤虑，议定供应

---

① 参见郑振满：《明清福建家族组织与社会变迁》，第五章。此情况稍微有些复杂，虽然原则上户是估量差役负担的单位，但实际上是按照里甲户的人丁事产评估的。因此，就差役而言的理想情况是，登记的丁多的家庭，能减轻家庭里个人的应役负担；而登记的丁少，则减轻家庭整体的差役负担。

② Timothy Brook，"The Spatial Structure of Ming Local Administration"，p. 35.《闽书》，卷 39，958 页。

事，日萃为一录。自圣寿祀饮而下，至于役夫什廪之征，量轻酌重，分条类目……岁计用银不满五百，每甲一岁出银不过三四两，视诸往年则七八分之一也。录成呈白县堂，随与里甲百四十户合盟以坚之，以为一岁共需之则。①

很明显，这是应付高税率的地方性回应。现任里甲长只是承担应纳的税额，亦即完成收税义务，而没有借由里甲制度摊派税额。

正如之前讨论过的世袭军籍一样，里甲体系的身份和义务带来的压力，也促使在同一户籍登记的父系子孙组织起来。南台东南部的唐峰李氏就是个好例子。② 李氏族谱将世系追溯至黄佑采，他在元代入赘到李家。他的长子和次子姓黄，第三子则改姓李。此后几百年里，这几个儿子的后人之间的关系并不清楚。一份明朝中期的文件，即由李衡楚撰写的《户籍纪事》，大致记录了黄佑采的李姓后人纳税的情况。前面提到，明代一图相当于里甲百户，有时候它们的名称也可以通用。李氏登记在闽县至德里的第二图第七甲。③ 李家还是第七甲十户人的甲首。此图中其余九甲还有八位甲首，皆由同一家族充任，即唐峰林氏。

明初里甲制的运作尚称良好。"风俗循良，人励廉耻。"在十年一轮的、负责征收和解运赋税的里长当值时，甲长"反值现年输纳粮色人人急公"。因为十甲户的赋役分配是根据习惯来订立的，甲首的负担也不重，至少一开始并不重：

---

① 郑纪：《新里甲目录序》，见《仙游县志》，卷48，8b页。
② 在上一章我们已经讨论过的李氏，是入赘婚姻所产生的亲属结构的异例。见第47页注释④。
③ 唐峰之后改隶于长乐县治下。

> 至我族人轮值现年之时不特难。其人即住宅亦无自稽查
> 矣。不特代其死亡者驮赔粮色，即其人屋俱存者火耗，顶头
> 亦代其赔补。是为我族值一年之现年费银七八十两。①

但随着时间的推移，赋役的分配变得日益困难。首先，前面提过，
整个福建里甲长的苛索持续增加。同时，一个更为严重的、纯粹
的地方问题也出现了。1583 年，唐峰林家的林材进士及第。② 他
的身份使他享有了免征劳役的特权。唐峰的林氏族人基于他的新
身份，也要求豁免里甲义务。换言之，他们不但要求直接减免个
人的劳役，还要求减轻家族全体的赋税负担。在此基础上，他们
宣称不再轮值里长义务。显而易见，没有人愿意承担这一责任，
考虑到林家每十年中有八年必须承担里长一职，这便不足为奇。
于是，这时每年的税役负担全落至李家，或部分由该图中另外那
一户的前任甲首承担，虽然我们并未看到相关记载。这意味着李
家的赋役责任将大幅增加：

> 我族值一年之现役计费去银八百两，尚有次年再三年征
> 之累。每限犹费数近。故九年农夫之畜积不足以值一年之现。
> 族多倾资辱身。此我族人为林姓入籍之苦累也。

李氏应对显著加重的赋役负担的对策，分为两个步骤。首先，其
宗族成员分为十段。十个人被命名为"正名"，负责十年中一年的

---

① 李衡楚：《户籍纪事》，见《黄李合谱》，119～121 页。
② 材料中说是 1523 年，但这明显有误。林材的名字于 1583 年出现在全国进士
榜上。

赋税征收。① 轮值时，这位正名必须支付整个里甲的税收。② 之后，正名将该年应当完纳的总额，摊派到与他值年相关的宗族的一段中。只要该段每户交纳他们当值之年的应缴额度，他们便能确信在下一次当值前，不会再面临其他盘剥。在稍后的 16 世纪，地方官在福建某些地方尝试推行类似的支付办法，即所谓"十段锦"改革。③ 但是李氏并未遵从官方的引导，他们发展出自身的组织结构来满足国家的苛索。

当李衡楚的高祖担任甲首一职时，他试图让十年一轮的正名制度更加适合地方的实际情况。他与李家三房的代表，同意每一房都推举出自己的正名，之后就由此人负责该房的赋税征缴。虽然族谱并未明言，但可以想见每一房将依次在其家族成员中建立某种轮值组织，以确保完成每年的赋役。"正是劳逸得均，甘苦同受也。"④正如世袭军户制度迫使郭氏父系的有关亲属组织起来，形成某种对策，来确保完成军户的相关义务，里甲户籍也让唐峰李家组织起来，履行相应的赋役责任。正是明代的赋役制度促成了这些亲属组织。

里甲制自晚明至清代发生了深刻变化。理论上，晚明的一条鞭法改革，通过将劳役合并至田赋，削弱并最终消解了里甲制度的功能。但这种情况并没有马上实现，许多证据显示，在清初的福建，至少赋税征收仍然是由当初里甲制的残留制度来实现的。⑤

---

① "正名"户首指涉的是一位实际的生命个体，还是一位已逝的祖先作为部分或所有子孙的代表，在族谱中并不清楚。

② 参见李衡楚：《户籍纪事》，见《黄李合谱》，119 页。

③ 参见 Ray Huang, *Taxation and Governmental Finance in Sixteen-Century Ming China*, p. 117。

④ 李衡楚：《户籍纪事》，见《黄李合谱》，121 页。

⑤ 参见《漳浦县志》，卷 20，1589～1591 页。由于耿精忠叛乱，册籍无从稽考。

国家为了征税而登记人口的办法，也因此继续影响着宗族团体的组织方式。大约 1690 年，闽浙总督兴永朝推行了"粮户归宗"或"归宗合户"的赋役改革。这项改革在康熙中期也在华南其他地区推行，它是为了解决甲中民户财富分布不均的老问题的一项新办法。所谓分布不均，是说劳役赋税的摊派，要么不公，要么不均。不公即各甲不管其自身情况，均派以相同数额的劳役；不均即各甲根据其富裕程度、收入课税，而且根据每年应役的实际情况浮动税率。兴总督的措施，是根据耕地面积来重新组织各甲。这包含变更以及清理每一登记户的状况。在福建，所有民户都必须追溯至明代祖先建立的户籍，以重新创建均役的甲。在施行中，这项改革推行的结果与官方推动者的目的落差甚大。当户籍清理完毕，富裕之家将被指定为里甲长，承担地方税收分派和征集的责任，实际上成为地方官的税收分包商。① 这项改革对地方社会组织的影响，可以从连江县辋川蓝氏族谱中窥知一二。这个有趣的案例结合了之前提到的好几个问题：族群、世系追溯和赋役登记。

现存辋川蓝氏族谱的抄本，于 19 世纪初初编，19 世纪 70 年代重编。据族谱的说法，其最早的祖先于隋代由广东迁到漳州，这是福建畲族的普遍说法。② 明代时，他们的祖先蓝耀冶与三个弟兄一道搬来连江的财岭。耀冶的家族从未在里甲系统中登记。这当然会造成一些隐忧，就像他的曾孙蓝朝参所说的那样：

> 吾未为后来子孙与试计，先为眼前儿女婚配等。人皆以

---

① 参见郑振满：《明清福建家族组织与社会变迁》，190～194 页。
② 参见《中国少数民族社会历史调查资料丛刊》福建省编辑组编：《畲族社会历史调查》，92～93 页。关于蓝氏的畲族起源的讨论见第二章。

> 我为漳泉人客户。羁儿婚配，每有语言不通之嫌……递传数
> 世，版图莫隶，产业何以得置，婚姻何以得遂？[1]

蓝朝参的话清楚地表明，户籍制度虽是出于税收目的而建立，但已产生法律及社会影响。法律影响是指，当有户籍者合法登记的产业遭受侵害，他可以前往衙门控告，而无籍者便不能享有这项保护。因此，户籍制度也可以说是一种国家保障登记户籍者的土地所有权的机制，作为交换，老百姓则要确保赋税的缴纳。此种隐性契约的结果是，户籍登记成为一种社会身份的标签，无籍就有可能遭受怀疑，影响婚配的可能和策略。因此，正如我们在第二章中所见，既然有强烈的理由让人们试图摆脱疍民、畲民的身份，当然也有充分的理由让人们争取里甲户籍。

蓝氏大概是17世纪中期最早想办法进入里甲体制的。据说当时有位吴朝羡向县令请求解除自己的户籍登记，因为他家"丁稀米少，徭役实在难支"。蓝氏希望顶替吴氏的户籍，但此举没有成功。最后使其获得户籍的，是清初兴永朝的赋役改革。在明清鼎革之际，该县的明代户籍簿册已经遗失。1692年，县令开始推行粮户归宗改革。但归宗合户的政策对蓝氏并不适用，因为他们祖先从来没有进入户籍登记系统。[2] 从蓝氏族谱中的一份契约来看，直到1708年，蓝家的情况仍不稳定，有时甚至可能有危险。那一年，有位里甲长曾明生组织包括蓝氏在内的十三姓人群，购买该甲中某一户籍。这一户很可能就是之前蓝氏想承顶户籍的吴家。

---

[1]　《第四世功祖朝参公朝明公朝荣公朝封公堂兄弟合传》，见《重修连江蓝氏族谱》。

[2]　他们也许曾经尝试附籍于某里甲户，但并未成功。这可能是因为他们的族群差异，或者是因为他们登记里甲所必须付出的代价太高。

这份文献传达的信息是，当原来的户主不能履行里甲义务，卖掉户籍便成为一种必要的选择。① 契约中的十三个名字即当地十三个宗族的始祖。这十三个宗族支付一小部分金钱给之前的户主，而大部分钱则上缴衙门。他们起草了一份契约，根据最初他们各自出资的份额，对户籍所有权进行划分。② 他们各自的义务体现在拥有多少"官丁"上。契约中共有 114 名官丁，共需 87 两银子，即每一名官丁的最初投资大概是 0.75 两。蓝氏买了 15 丁，每一丁都登记在始祖蓝耀冶及其兄弟的子孙名下。③ 户籍所伴随的赋役责任，无疑是按照每一姓所占有的份额摊派，但这点却并未在契约中提及。④

由此看来，官方的户籍登记就像是个法人团体（corporation），投资者借由出资获得所有权，股权份额的多寡则取决于他的投资在总投资中的占比。土地的集体持有在明清时期的大陆和台湾相当普遍，其中许多用于祖先祭祀。⑤ 如果我们将法人团体视为一种持有经济资本（如土地）的方式，这里的法人团体则是官方的户籍登记，也可说是另一种资本形式。遗憾的是，族谱和辋川的受访

---

① 族谱记载，有一位吴朝羡"呈请丁稀米少，徭役实在难支"（《第四世功祖朝参公朝明公朝荣公朝封公堂兄弟合传》，见《重修连江蓝氏族谱》）。吴乾长很有可能是原先登记于里甲户籍者的名字，而吴朝羡是他的后代，代表其他所有后代发声。

② 契约写道："皇清康熙叁拾壹年，蒙本邑尊张君讳云槎归户，至四十七年，户首曾明生置买下宫吴乾长图甲，用银二十两正，后呈官用银六十七两正。十三姓曾、郑、蔡、汪、吴、庄、邱、黄、陈、郭、周、洪、蓝等朋户，公起肉二肋，为曾明生谢劳，宜各尊诸。"[《合同（图甲）规约》（1836），见《重修连江蓝氏族谱》。]

③ 参见《合同（图甲）规约》（1836），见《重修连江蓝氏族谱》。

④ 这是户籍登记相关的额外费用，如与购买户籍有关的仪式表演费用的分派方式。此议题将在第六章讨论。

⑤ 清代台湾提供了最详尽的资料。相关讨论参见庄英章：《林圯埔：一个台湾市镇的社会经济发展史》，178～190 页。

者都未能提供更多信息，来说明户籍为蓝氏带来的好处。但正如第六章将谈到的，在他们取得户籍后不久，这十三姓建立了一座社坛，这是户籍拥有者才有的特权。

连江的契约资料，为经济、法律以及象征等不同资本的转换，提供了有趣的例子。虽然户籍的投资还附带着需要承担的义务，即户籍中相应比例的劳役，但其在法律和社会中的效益当使其成为具有价值的商品。晚清福州地区明显存在着户籍市场，调节了此项商品的供需关系。这个户籍市场的参与者，是那些将世系追溯至某个共同祖先的群体，在进入市场之时，他们组成了法人团体的投资者。促成这类组织的动机，不是儒家的观念或原则，也不是边疆地区的环境，而是当地人民在应对国家政策过程中衍生出的策略。因此，粮户归宗的政策，对于我们理解清代国家控制地方社会的本质颇有启发。明初里甲制度是基于对居住地的掌握，亦即属地管理原则。然而，这个制度带来的效果，促使不同的地方人群通过亲属与继嗣法则组织起来。随着粮户归宗政策的出台，清初官员实际上采用了社会本身重新组织的原则，并试图以更符合国家利益的方式进行自上而下的强化。这反过来又促使民间滋生出新的对策。

粮户归宗政策也促使地方的个人或群体，恢复或新建与其他拥有户籍的个人或群体的关系，尽管有时候二者相距甚远。1697年，闽南漳浦的县令抱怨自己难以收齐簿册上的丁税总额，原因如下：

> 浦邑之丁，其在附近各县者固多。远至福州之闽县、永福，泉州之南安，皆有浦丁在焉。其户长年年往收，倘未足其欲，辄呈请关拘。问其何时迁去，则或百余年，或二百年，

其近者又无论矣。①

这位县令不愿公开质疑这些说法，但他似乎暗示这些人并没有真正迁离漳浦，只不过借由追溯世系先祖来逃避地方赋税。当然，他们同样想逃避漳浦的一切赋税。由于漳浦的纳税者与福州的后裔之间并无关联，这个组织遂不符合华琛关于宗族存在的标准："拥有共同仪式、共同祖先和可证实世系的法人团体。"但这不应该让我们忽略此现象的重要性。为了应付赋税和户籍制度，明清时期的福州人民以不同的方式组成父系亲属组织。不管这些组织的程度如何，或者最后没有形成组织，所有这些策略都是亲属实践的不同表现形式。

组织化的其他原因：土地开垦和商业事业

之前的学者们注意到，捐置族田来维系祖先祭祀，在宗族组织发展过程中发挥了重要作用。明清地方经济的高度商业化和对冲积沙洲的开垦，成为促使形式上的组织依附于父系亲属的其他理由。已开垦的冲积沙洲的所有权，未开垦但可开垦的沿海、河边土地的所有权，以及商业事业的所有权，是宗族财产继承的重要组成部分。当一个家庭分家析产时，可以较为直接地分割普通土地所有权。② 但是，冲积沙洲和商业事业的所有权并不容易划分。因此，这些所有权往往成为最先开垦或创业祖先的后代所共

---

① 《漳浦县志》，卷20，1606～1607页。
② 魏达维（David Wakefield）《分家：清代和民国时期的户籍划分与继承》（*Fenjia: Household Division and Inheritance in Qing and Republican China*）的第三章，提供了对中国帝制晚期分家实践最详尽的研究。

同持有的财产。① 那些宣称是这位祖先的后人的人，就需要组织起来，分配他们对这一祖产的权利和义务。

生活在福州地区沿海与河岸的居民，有着长期以来开发河间沙洲以及滨海滩涂地的历史。② 数百年以来，土地开垦和灌溉技术几乎没有改变。③ 开垦土地，并不总是为了增加农耕土地。河床和海床如果不可能上升到水平面以上，那么利用沙洲和滩涂地从事贝类等水产的商业性养殖，仍是有利可图的。④ 因为在沙洲养殖贝

---

① 弗里德曼指出了复杂的灌溉工程与共同财产之间的联系："在某些情况下，劳动力的共同投资将使其投资的土地成为不可分割的土地财产。"（Maurice Freedman, *Chinese Lineage and Society：Fukien and Kwangtung*，p. 160.）

② 郑振满指出，明清时期福建农田水利事业的经费筹措与管理，日益成为民间关注的问题。福州地方最早的水利事业是由官方主导的，能够调动大量的人力和经费。（参见郑振满：《明清福建沿海农田水利制度与乡族组织》。关于福州的情况，参见《八闽通志》，卷21，444页；《侯官县乡土志》，卷1，14a页；《三山志》，卷16，1a～1b页。）从唐末到明代，数量大增的佛教寺院对地方经济越来越重要，在农田水利事业中扮演主要角色。在宋代，佛寺为许多地方事业提供资金、土地，以及人夫工役的招募、督导。这似乎是一种税收形式，因为寺田可以免纳赋税。（参见《三山志》，卷16，9b～10a页；黄敏枝：《福建路的寺田——以福州为中心》，318～336页；竺沙雅章：《中国佛教社会史研究》。）到了明代，地方官员和佛寺都无法维持对农田水利事业的管理。赋税的简化和货币化使得税收的流动性大为增加，因此更容易被上级官员挪取，使得地方县令变得贫困且无法动员人力。除了少数例子外，寺院财产因受到地方利益侵害而越来越少，而当国家试图将沿海防卫的费用转嫁至其身上时，它们对地方社会事业的义务责任仍保持不变甚至有所增加。参见 T'ien Ju-K'ang, "The Decadence of Buddhist Temples in Fu-chien in Late Ming and Early Ch'ing," pp. 92-100。

③ 沙洲的开垦是借由在河水浅流处插竹、堆石来加速泥沙的淤积。在这个阶段，贝类可以在被称为"蚬埕"的堆积层上养殖。当泥沙淤积超越高潮线，新的洲地便可以植草来加以巩固，收割后的草可以编成草席，而沙洲将继续养殖贝类。再经过数年的努力，洲地便可种植水稻或其他作物。参见《三山志》，卷6，3b～4a页；《闽县乡土志》，273b页；华东军政委员会土地改革委员会编：《华东农村经济资料》第3分册《福建省农村调查》，136页及以后。

④ 霞浦县的一个村子，"以海为田，网鱼种蛏，赡养二百余户。先时海水丰饶，泥埕产蛏鲜，有采割而鬻诸市"（《霞浦县志》，卷18，12b～13a页）。据说牡蛎的商业性养殖，早在15世纪便已开始。

类的潜在收入，对这些滩涂地和冲积沙洲的控制便成为一项重要的资产。在那些滨海村落宗族的族谱中，有许多宗族成员声称拥有滩涂地、河间沙洲所有权的例子，有时候他们还向官府登记备案。一旦登记当然就要缴税，但作为回报，向官府登记则保障了业主的所有权。因此，连江县筱江的邱氏族谱记载："自一世祖汝留公于明洪武年间，年为课粮长，将门首深浅海埕，南至北坎后，北至牛门三牙为界，历受课米七石五斗。"①

清初，为了切断对明代遗臣郑成功的援助，中国东南沿海的许多居民都被强行内迁，施坚雅称此为"焦土政策"。尽管现代学者怀疑这项政策是否得到了彻底执行，但毋庸置疑的是，这项政策确实在当地造成了巨大的混乱和伤害。② 迁界令于1662年推行到整个福建沿海地区，而后又在不同时期、不同地方被陆续废除。直到1680年，最后一批迁离者被允许返回家乡。当居民回到沿海地区，他们再次要求对于滨海滩涂地的所有权。因此，当1665年福宁州废除这项政策时，"流民给照，开界内港，复业采捕。时竹江、沙洽、洪江、砚江、青山、台湾等处，先后报垦给照矣"。连江很多族谱中都有这样的契约，描述清初复界后许多居民、宗族返回家乡，向官府登记滨海滩涂地并纳税的过程。此与明初的情

---

① 《课埕地界》，见《筱江邱氏族谱》，卷3，12b页。我并未在沿海的筱江村进行田野调查；我很好奇邱氏是否如同福州地区的其他宗族一样，在向官府登记户籍的过程中摆脱疍民的身份。

② 参见 G. William Skinner，"Presidential Address：The Structure of Chinese History," p. 278。关于沿海迁界尚未有充分详细的研究。可参见谢国桢以及最近张亨道的研究。17世纪有一段关于迁界结果的生动描述："令下即日，挈妻负子，载道露处。其居室放火焚烧，片石不留。民死过半，枕籍道涂。即一二能至内地者，俱无儋石之粮，饿殍已在目前……长乐二十四都，只剩四都。火焚二个月，惨不可言。"（海外散人：《榕城纪闻》，22页。）

况相当类似。①

　　明清时期，家庭中每一代分家析产是常见的习俗。有时候，年轻一辈会在父辈去世后分家析产；但父辈还健在之时就分家的例子其实也并不罕见。如果家产是普通土地或金钱，财产分割较为容易。每个儿子获得相同等份，有时候长子会多得一份。② 然而，当家产是冲积沙洲或可延展的滨海滩涂地时，实际上很难均等划分。沙洲和滩涂地的沉积并非就此不变，有时候会被春天的溪洪冲毁而出现在下游。③ 即便是那些相对稳定的洲地、洲田，如果用于养殖和捕捞小型贝类，要将此采收权划分，也是相当困难或不可能的。因此，这些财产通常归在公共财产名下，第一位登记所有权者的后人，都能持有份额。然后沙洲的收入是按贝类收成的比例分配。在福州，此一采收权通常会被拍卖，当公共费用扣除后，剩余部分被分配给持股的村民。例如，筱江邱氏在最初建立海滨祖业的先祖汝留公去世后，设立了以下规则来管理这片新生滩涂地："嗣后族人里人，或插扈，或做蒿，或窝缋，或张缣捕鱼鲎，俱于七月中旬受樸，其樸金上输国课，下供祀典，余贮为公帑，由来久矣。"④

　　由于洲地、洲田可能带来巨大的利益，它们的所有权又不明确，因此时常引发争执甚至械斗。清末民初时，尚干林氏和义序

---

①　参见朱维幹：《福建史稿》，下册，412页及以后；《霞浦县志》，卷3，17b页；《录七姓泥埕土埕合约》，见《拱头对门林氏族谱》。

②　参见 David Wakefield, *Fenjia：Household Division and Inheritance in Qing and Republican China*, chap. 3。当然，这里所呈现的类型可能更为复杂。

③　根据土地改革工作队调查，1947年洪水冲毁义序600余亩洲田，大约占该乡洲田总面积的30％。参见华东军政委员会土地改革委员会编：《华东农村经济资料》第3分册《福建省农村调查》，137页。

④　《课埕地界》，见《筱江邱氏族谱》，卷3，12b页。

黄氏皆以争夺他人的洲田而闻名。① 强势的尚干林家抢夺他人洲地的借口，通常是其族人原有的洲地被洪水冲走，后来在此处淤积形成新的洲地。1949 年以后，福州居民对土改工作队戏称尚干林家的洲地为"飞洲"。② 因此，共同占有洲地是有一定好处的，这有助于联合抵御他人的争夺。另外，人们也最倾向于共同占有这些争夺来的洲田。这可能会产生非常复杂的组织性协议，有时包括了多个宗族和姓氏。③ 筹措资金开垦新洲田，也会促使人们缔结联盟。例如，吴山的三和兴洲便是由三姓共同开垦和共同占有的。④父系亲属原则的组织形式，并不是占有洲地的唯一方式。在长乐县的一个村子，用来养殖竹蛏的沙洲由全村居民共同拥有，每户村民都能持有股份。⑤ 然而，福州地区大部分的洲田及洲地，多是由那些宣称是共同父系亲属的人群，亦即宗族占有。对此的基本解释不是出于筹资的需要，也不是为了防止争夺的问题，而是考

---

① 一份对 19 世纪尚干林氏的记载称他们的行为"残暴"，并将该乡视为"闽县最难管理的地方"。这样的声名至少有部分来自他们频繁地争夺洲地，这在许多地方传说、故事中皆可看到。参见周亮工：《闽小纪》，卷 3，43 页。（原出处查无相关记载，引文无法确认；周亮工为 17 世纪之人，此出处疑有误。——译者注）

② 参见华东军政委员会土地改革委员会编：《华东农村经济资料》第 3 分册《福建省农村调查》，140 页。

③ 三和兴洲的占有者即来自石步乡。他们惧怕尚干乡来争夺，遂联合螺洲、城门二乡对抗之。参见华东军政委员会土地改革委员会编：《华东农村经济资料》第 3 分册《福建省农村调查》，138 页。

④ 根据一份民国时期三姓签订的合约，"本洲为本乡林、赵、陈三姓所共有，按族之兴衰，配股之多寡，林姓族大，分配二百六十股，赵姓族较小，分配一百五十股，陈姓最小，分配四十股。共计四百五十股，每股一元（约折谷半担），股金共四百五十元，折谷约二百二十五担，陆续交付"（华东军政委员会土地改革委员会编：《华东农村经济资料》第 3 分册《福建省农村调查》，138 页）。

⑤ "五年阄分一次，照凭娶亲烟户，分给少子承父业，其余一人娶亲分埕一分，若入泮者、守节之嗣者、父母沦亡只存幼女者皆得一分。"[《长乐县志》(1763)，卷 10，29b～30a 页。]

虑到在分家析产时划分个人持有权的困难。

另一种在分家时不易划分的财产，是商业中的资本投资。在这种情况下，这些亲属组织被迫发展出处理所有权划分的方法。福州的文山黄氏即为例证。[①] 19 世纪下半叶，黄氏宗族中有许多人在商业上相当成功。黄永栋（1813—1871）曾任当地钱庄经理，后来创立德丰纸栈，经营纸张贸易。他的儿子黄述经则开设另一家纸业公司，并担任纸业集团的经纪。黄述经卒于 1899 年，1906年他的遗孀吕氏处理了他的遗产：

> 夫君兄弟三人，夫居长，次述钊，三述炎……就儒就贾，量才而位之。遂以夫弟述钊为经纪，未几夭殁。夫弟述炎有志就读，喜而从之。氏生四子……因夫弟述钊未出而卒，故以四男昆为嗣……时将遗言敦嘱男等，勤守生理，添创产业，克承父志，丕振家声也。而男等遗训善承，历年生理颇见顺遂……兹将所有产业生理，除提祭典、养膳外，均以五股匀分，而夫弟述炎应分一份，出继男昆应分一份，凡长男玑、次男荣、三男淇各应分一份，共计五股匀分。兹因生理与人联合未便分，提议将产业生理先按份匀定合立作公积堂公司，年间所有得息，概归公账。先行照口给粮，所立规章另录于下。[②]

尽管这份遗嘱中使用一般分家文书的措辞，但实际上所有权的划分并不影响家族事业的照常经营。然而，这一处置方式显然未尽

---

① 他们将其世系追溯至宋代的理学家黄榦，甚至是更早的虎邱黄氏的始祖黄敦。
② 《阄书》（1906），见《文山黄氏家谱》。

如人意，或许是因为持有股份的兄弟和堂兄弟不满意家族产业的管理方式，或者生活津贴的分配。因此，1920年他们又重新订立了一份公约：

> 兹经公议，凡公积堂公产，每年所得利益应由叔、元、亨、利、贞五房轮值管理。每房一年，周而复始。除由公产得息项下提出台伏二百元为值年房之利益外，其余则为备办春秋祭典及修置产业之用。[①]

此后，家族产业的经营才得以真正划分，由述经的各房后人按年轮值管理。这种管理方式不同于之前讨论的任何一种，因为这里的问题并非创设新的组织，而是调整既有的组织，即家族企业，以适应分家产生的问题。作为单一家族，文山黄氏组织运作良好；其最初的《阄书》便是为了在分家后继续维持家族形态。

所有这些例子都说明，地方社会中有各种各样的动机，促使亲族团体以不同的方式组织起来。商业活动和沙洲的开垦影响了部分福州居民，而赋役制度的义务则以不同的方式影响到所有人。在上述讨论中，我们并未看到知识精英介入组织化的过程中，至少在初始阶段如此。这些看似是宗族的组织，也不是由功名士绅因为对宗祠内拜祖先的儒家仪式的关注而建立的。然而，这些通过亲属关系来管理资源与义务的组织，仍然是具有重要的现实社会意义的父系亲属组织。它们同样是宗族。

---

① 《公积堂公产轮年公约》(1920)，见《文山黄氏家谱》。关于中国家族的多样化策略，参见 Ping-ti Ho, *The Ladder of Success in Imperial China：Aspect of Social Mobility，1368-1911*，pp. 73-86，267-318；Myron Cohen，*House United，House Divided：The Chinese Family in Taiwan*，pp. 120-130。

相反的倾向

上一节已说明，父系宗族群体可以在没有共同财产和知识精英领导的情况下组织起来，其目的也不是仿效理学的宗族组织模式。然而，这些群体是在追求个人或集体策略的情况下组织起来的，而这些策略则由亲属组织的观念，以及地方社会中的其他因素塑造而成。族谱中所描述的这些策略，可能经常与宗族的制度化相抵触，干扰了族产的设立或祖先崇祭的施行。南台下游、闽江口的琅岐陈氏便是例子。据说陈家的始迁祖司马公，于902年定居于福州。① 他的后人在南台岛的藤山开荒拓土，而族谱宣称藤山的名字实际上是陈山。② 陈勋的后人陈希满于1469年定居琅岐，并在官府登记了户籍。希满于大年初一下葬，因此他的坟茔也叫"初一墓"。陈氏购置了一块土地以维持每年忌日时对希满的祭祀，这块地被称为"初一垅"。族谱表明这块祭田并不大，但足以支付"祖户下有数两浮粮"，以及每年祭祀的开支。起初，这块祭田的收入还能应付国家的各项需索，但随着负担日益增加，陈氏便需要从希满的各房子孙中筹集资金，他们都登记在希满的户籍之下。希满的子孙是成功的农民，而且数目众多。"至八九世而下，宗族愈盛。"因此，他们被迫承担里长的职务，负责定期收缴在册者的赋税。③ 第一次征收时，他们就动用了祭田的收入，最后几无余款

---

① "虽非从王偕来，而实依王氏以定居址，为其立学教士。"（《颍川陈氏宗原》，见《琅山衙前陈氏宗谱》，26页。）关于颍川郡望，见第60页注释⑤。

② 这两个字的发音在福州方言中是相似的。

③ 这可能是里长负责的税收之一。虽然就族谱来看，关于这些钱是否真用于重修族谱，或者只是例行规费，并不清楚。

可留用于祭祀。"召数人登拜坟墓而已；由白水子粒操自攒造故也。"①为避免类似情况再次发生，随后几年，祭田收入的一部分预留补贴下次征收，其余则用于祭祀。这种祭田管理的办法一直沿用到 18 世纪初，当时一位宗族成员写道：

> 凡在十甲，人视此项为十甲己业。不特会当攒造者贪其利而欲得之，有数世未尝当一攒造，即数世未尝一沾其利者，亦欲得之。其贪昧不尤甚乎？

此处有个两个字的人名被从族谱中抠掉了，现在已经无从得知背后的原因和时间：

> 近因丈量浮粮，□□第审编年，有每图通知一二丁。时其丁多者不肯受，皆委祖户下支消。此粒虽云攒造之过，亦由尊长不能改正末俗。②

这段叙述令人困惑的原因在于，它并未区分国家加之于登记在希满户籍名下各房的赋税，以及宗族领导人对其宗族成员的需索。如果留意到这之间的区别，便能理解这份文书的重要性。宗族的成员因共同的户籍，集体承担纳税的义务。如何分配这些赋税，属于宗族内部事务。当群体承担的赋税增加时，这位名字被莫名地从族谱中删去的宗族成员，被要求负担增加的部分。这样一来，他想更新宗族"编年"记录。然而，族中最大、负担也最沉重的房

---

① 《颍川陈氏祠墓定规》，见《琅山衙前陈氏宗谱》，51 页。
② 《衙前陈氏居琅祖墓记》，见《琅山衙前陈氏宗谱》，37 页。

支，拒绝接受新的安排，争辩道，这些增加的资金应该从以始祖名义捐置的财产出具，这也是以往处理赋税增加的办法。最终，族长难以应付这一挑战，家族祭田的收入被全部用于履行纳税义务。因此，最初建立的组织化架构用以确保维持祭祀的功能已然失去，沦为单纯满足税收义务的保障。这并非琅岐陈氏族谱中的单一个案。1570 年的一份资料记载，祖先陈宣议的墓祭难以维持。尽管陈氏的坟茔壮观且令人印象深刻，但与此相关的祭田在 15 世纪末被卖掉，借以支应赋役的费用。由于缺乏维持祭祀的资金，坟茔遂年久失修。[①] 因此，通过祖先祭祀、维持共同财产和明清赋役系统的交互作用，可以清楚看到中国帝制晚期琅岐陈氏以及其他福州地区的宗族组织化了，我们难以确定哪项因素更具主导作用，并会产生何种结果。

结　论

明代赋役体系的性质，迫使福州地区的父系亲属群体组织起来，以确保在官方登记户籍的后代子孙能够完成纳税服役的义务。被籍为军户者多非自愿，然而一旦编为军户，其家族成员便被迫组织起来，以确保能够出丁服役，并且能筹集兵丁的费用。建立起家族成员轮流充役的制度是军户的一种策略。但对大多数人家而言，筹措资金并且出丁持续服役更具意义。当充役的族人去世后，则必须找人补役。如果兵丁被调往他处，那么族人便必须资助他，以免家族受到不履行军户责任的指控。所有这些措施都需要组织和金钱。为避免缺乏金钱，有些军户之家捐出财产，其收

①　参见《长箕岭宣议公墓记》，见《琅山衙前陈氏宗谱》，30～31 页。

入可以用来保障出丁充役的费用。因此，军户之家的后代子孙遂发展成宗族，宣称他们属于拥有共同父系亲属的群体，这样的父系关系声明别具社会意义。

籍为军户通常是被迫的，而选择登记为民户则往往涉及更复杂的考量。户籍登记显然是向上层社会流动的关键，因为只有拥有户籍者才具有参加科举考试的资格。然而，即便对于没有栽培出科举及第人才的家庭而言，户籍登记仍有重要意义。户籍登记就像是与国家签订纳税服役的契约。但未签此契约不代表免于赋税。反之，这为衙门皂隶以及里甲头人开启了征收额外规费的方便之门，换言之，那些登记户籍者还会遭受更多的苛索。随着明代里甲体系的崩解，其所必须承担的差役被雇佣劳役所取代，与之相关的义务亦逐渐折算为现金，而后摊入田赋与丁税。然而，明代里甲制度下的官丁登记仍然是清代税收记录的基础单位，因此明代亲属群体建立的、用以限制官方盘剥的合作机制仍然持续运作。因共同世系而登记在同一户籍下的亲属群体，借由创建组织和共同财产，确保与户籍相关的赋役义务得以完成。

历史学家经常将宗族组织的发展与知识精英的行动主义（activism）联系起来，在许多情况下确实是如此。然而，本章的论证说明，赋予宗族组织以特定的社会意义，并不必然与功名士绅和文人学者相关。确实，因为有功名的人可以免除致使一般人群组织起来的赋役义务，所以主动建立这些组织的人并非来自社会上层，而是来自社会底层。在福州地区，这些社会底层的人民组织起来，并不是因为他们生活在政府无控制权的边缘。相反，他们之所以这样做，是因为他们无可避免地必须与明、清国家以及地方政府互动。正如科大卫所指出的，如果只从精英作者的著作中分析宗族，我们往往倾向于传达出亲属组织的某种特定形象①，而从现代人类学田野调查的视角出发，其描述的国家与社会之关系又与明清时期大不相同，那么我们就很容易忽视历史脉络中宗族形成的深厚基础，并且过度简化中国宗族的复杂性和灵活性。

---

① 参见 David Faure，*The Structure of Chinese Rural Society：Lineage and Village in the Eastern New Territories*，*Hong Kong*，p. 179。

第四章 宗祠

南台传统习俗的复兴中，没有比重修祠堂更令人感到惊艳的了。从 20 世纪 90 年代初期开始，村民才将祠堂从之前的使用者手中要回。在这之前，宗祠被用作学校、仓库、工厂，在上街村甚至是一家夜店。此后，它们便被按照着老年幼时记忆中的壮观样式予以重建。族人为重建工作筹募了大量的资金，在重建碑记中经常可以看到来自包括中国香港、台湾地区，以及美国在内的各地捐款。然而，捐助者并非都是富人和海外华侨。碑记上的捐款人有数十人或数百人，最小额的捐款只有几元。其他祠堂和宗族组织所捐赠的纪念镜和艺术品，悬挂在尊贵的位置上，说明了背后更为广泛的地域联结与关系网络的复兴。①

重开宗祠是件大事。福州的亲戚们也会回来共襄盛举。乡镇政府官员前来致贺词，将社区繁荣与国家改革开放政策的成功联系起来。乡民请来戏班剧团演出，村里学校中的孩子也献上舞蹈和其他文化表演节目。全天活动由为这天专门返回的香港、台湾亲戚，以及一位聘请来的专业摄影师拍摄。这位所谓专业摄影师

---

① 对百余座重建家庙的描述，参见陈庆武主编：《福州十邑名祠大观》。

实际上只是一名当地的小企业家，拥有廉价的摄影机。当天活动的高潮就是设立祖先牌位——其中有的是新刻的，有的则是在过去动乱时期中被大胆地收藏起来的。设立祖先牌位的费用相当可观。众人纷纷议论，谁为祖先设立了牌位，谁又为自己身后预先设立了牌位。① 今日也可以为妇女设立牌位了。活动最后，穿着蓝色与绿色中山装的宗族长老们，与身着西装、拿着手机的年轻从商族人们共同宴饮。

前一章，我讨论了明清时期亲属群体组织起来的诸多原因。在亲属实践的制度化过程中，这些因素本身并未促使其采用特定的文化形式。然而，在明清时期的福州乡村社会中，宗祠形式，即今日福州人所熟知的"宗祠"或"祠堂"，已成为父系亲属组织最显见的象征。14 世纪时，地方的祠堂甚少。但是到 18 世纪，祠堂几乎无处不有，南台大多数村子都宣称至少有一间。通过对南台的凤岗、林浦、义序、螺洲四个村落祠堂历史的讨论，本章将说明福州地区祠堂的传布。本章将提出，在不同时期，福州居民如何回答以下问题：为何修建祠堂？谁有权修建祠堂？谁有权利在祠堂拜祖先？谁有权利设立牌位？稍后的第五章还将就祠堂中的仪式展演，探讨这些仪式如何进行和谁有权参与等问题。

历史学者往往认为，祠堂的传布是文化整合的过程。科大卫指出，官方样式的祠堂是从华南以外的地方传入广东社会的文化形式，而后才为当地人所仿效，标示其融入了中国文化。伊佩霞也注意到士人对祠堂仪式的论述中的文化整合问题。② 这些仿效及

---

① 据我的田野笔记，20 世纪 90 年代初，福州地区的这类费用为 50～500 元。

② 参见 David Faure，*The Structure of Chinese Rural Society：Lineage and Village in the Eastern New Territories*，*Hong Kong*，pp. 148-165；Patricia Ebrey，*Confucianism and Family Rituals in Imperial China*，*A Social History of Writing about Rites*，pp. 202-219.

整合方式，通常被视为地方精英意图巩固其地方社会权威的策略。如果撇开官方与精英的论述，转而深入乡村的亲属实践，我们将发现祠堂的普及是个十分复杂，不应被简化的过程。在不同的时间，祠堂出于不同原因得以被修建。祠堂的传布有时候是许多彼此矛盾的策略，以及包含不同的表述与意义之间竞争、协商的结果。

本章的观点基于伊佩霞对宋代以来，理学关于正确执行祭祖仪式的观念如何普及的讨论。虽然在这些仪式实践上，始终存在着许多不同与折中，但是精英群体更加坚持应有一共同的、正确的标准，尽管他们也承认有些差异无可避免。从宋末到明初，福州少数绅士建立起祠堂，并以朱熹《家礼》所提倡的方式祭祀直系祖先。但是直到明初，修建祠堂者只限于高级品官之家。这些祠堂为数不多，并在某种程度上被视为社会地位的标志，是具有排他性的物质展现。

福州地区建立祠堂的意义与重要性，自明中期开始发生变化。这种变化背后有诸多因素。首先是知识精英的地方社会转向。由于出仕任官的竞争日益激烈，机会愈趋减少，许多知识精英转而追求在地方社会中非正式的领导地位，以作为道德追求与责任义务的体现。在这些精英看来，商业化似乎正在腐蚀社会秩序。城市动乱的发生、乡村抗租事件以及遍布的倭患，都加深了他们的这种认知及地方主义倾向。此一倾向，加上周启荣称之为儒家礼教主义的思想运动，造成祠堂观念的重要转变。① 到了明代中期，祠堂开始体现出包容性而非排他性，成为创造和强化凝聚力，同时表现社群内部分化的努力的一部分。其次，随着祠堂日益普及，它们成为地方精英活动的一部分。地方社会有许多不同的精英类

---

① 参见 Kai-Wing Chow，*The Rise of Confusion Ritualism in Late Imperial China：Ethics，Classics，and Lineage Discourse*，pp. 86-97。

型，如商人与放贷者，他们并非以教育或官爵为基础而取得领导地位，而是凭恃财富支持的施善义举来要求权力。他们开始修建自己的祠堂，并取得其中的领导地位，改造相关的仪式，以获得更多的利益。

在这过程中，国家扮演什么角色？随着朱熹的《家礼》被确立为官方正统，官方逐步采取措施以促使人们遵守相关规范。然而，地方社会人群并非简单教条地接受官方的规定，而是在每一阶段采取官方认可的原则的同时，加以调整变通，以满足自身利益。这反过来又使其他人群在无尽的变化中，不断产生新的运用策略。尽管政府官员尝试引导这些协商和改变，但我认为他们总以一步之差落后于福州乡村的策略运作。

在本章最后一节，我将说明这些广泛的变化并非故事的全部。福州地区的祠堂发展，并非直线前进或无可避免的过程。村落中的祠堂修建并非持续地进行，而是受到当地社会、经济和政治环境的变化，以及个别行动者策略的影响。尽管对祖先祭祀的道德与社会价值的认可有程度上的不同，但行动者们仍然试图将祠堂转变为对个人有利的条件，将亲属及宗族制度与实践作为可利用的资源。宗族中积极分子的特定利益，有时可能会拖延甚至妨碍祠堂的修建。正如宗族实践的其他面相一样，祠堂的意义与重要性都是历史性的建构，受到意识形态与物质因素双方面的影响，并体现于无数的个人和群体发展出来的策略之中。

南宋至明初的祖先祭祀

在讨论明清时期的变化之前，对于更早时期的祖先祭祀有所理解是相当重要的。从现存的材料看，宋代福州关于祖先祭祀的实践存在着许多差异与折中。祭祖可以在祖先坟茔或佛寺，以及墓地、祖先故居，或地方其他各种形式的专祠开展。祖先则以画像和牌位表示。

12世纪，有些福州人在祖先墓地举行大规模的合族祭祀。根据《三山志》记载，福州城居民每年扫墓三次。第二次于农历三月进行：

> 州人寒食春祀，必拜坟下。富室大姓有赡茔田产，祭毕，合族多至数百人，少数十人，因是燕集，序列款昵，尊祖睦族之道也。①

宋代时，有些富裕人家的祖坟依附于佛教寺院。例如，朱熹女婿黄榦（1152—1221）的祖先，在福州东门外的住家附近捐造了一座僧寺，一旁即为祖墓，"春、秋合族飨祀"。根据埋骨于此的先人数量来看，黄榦认为祖先祭祀已历三百多年而"不绝"。对于当时的安排，他抱怨说："今日春秋拜扫墓下，布席之外殆无容身之地。"②如同方志记载，这条材料显示不只是直系家庭成员，而是合族参与祖先祭祀。

---

① 《三山志》，卷40，5a页。

② 在黄榦的时代，这座僧寺已为堂妹的家族所占有，当时黄榦的父亲借出一间屋子给他们作为住所。她及其家人为黄家在寺中祭祀带来诸多不便。多年来，这两家因为僧寺问题产生了许多纠纷和诉讼。（参见《与西外知宗诉同庆坟地并事目》，见黄榦：《勉斋集》，卷28，31b～34b页。）其他还有些例子，包括明代三溪潘氏族谱中的一条记载，称宋代时六世祖兴建一座僧寺"以祀其祖"。（参见林材：《祠记》，见《荥阳三溪潘氏族谱》，17b页。）今日许多地方宗族的口述传统中仍流传有佛教寺院的传说，它们即位于祖坟旁边，负责主持祭祀祖先的仪式。尚干当地人表示，他们始祖的墓地，即位于以前摆渡前往福州的渡口附近的枕峰山，宋代时便在该处捐置一座寺院。确实，宋太祖建隆元年（960）这里修建了一座枕峰庙。12世纪的方志中，这里是前往福州的"驿道往来候潮之所"。（参见《三山志》，卷33，33b页。）相关的制度研究，参见竺沙雅章：《宋代坟寺考》。

　　黄榦在福州不仅富有，也深具影响力，但是他的家庭却并未如方志所描述的那样，购置祭产以维持祖先祭祀。这点值得注意。"虽族人春秋醵金祭享，其间贫困者，亦颇以为苦。世代既远，人情易怠。自祭享之外，亦罕有至墓下者。"宋宁宗嘉定十四年（1221），黄榦决定设立祭田，以确保祭祀受到重视。他购买四亩土地作为祭田。部分租金收入充作祭祀花费、赋税以及不时支出，余资再增置田地。"俟十年以后，即以增置益厚，轮赡宗族贫乏者。"①因此，至少在某些家族中，族人埋葬于共同的坟地，这些坟地可能位于佛教寺院或与之相关的处所。他们的后人每年便来此祭祀祖先。由于祭祖仪式世代相沿，参与者便包括亲属关系甚远的族人。为确保祭祀延续并维持家族声望，有钱的族人有时会捐置族田，从中获得的收入便能支应祭祀费用。方志说明在墓地祭祀祖先是一般性的做法，而只有"富室大姓"才设立祭田。据此，我们可以合理得知关于墓祭的实际情形，其差别不在于家族有没有进行墓祭，而在于家族中有无捐置祭田的富裕族人。不过，设置祭田确实可能有助于合族祭祀的常态化运作。②

---

　　①　《始祖祭田关约》，见黄榦：《勉斋集》，卷34，14b页。此处之族长，应当如同后世所称，是指年长一辈族人中辈分最高者。

　　②　其他宋代福州的材料较为稀少，但在此可以用了荷生、郑振满于福州府南面兴化地区所搜集的重要碑刻材料加以补充。其中也包括克拉克研究中与方家有关的材料（见"The Fu of Miunan：A Local Clan in the Late Tang and Song China"和"Private Rituals and Public Priorities in Song Minnan：A Study of Fang Temples in Putian District"）。根据刘克庄在宋度宗咸淳元年（1265）的碑记，他声称之前的地方官记载，始祖后人曾在莆田广化寺中建造一座"精舍"，"合祭，六房之后各来瞻敬，集者几千人。自创院逾三百年，香火一日"（刘克庄：《荐福院方氏祠堂记》，见丁荷生、郑振满编：《福建宗教碑铭汇编·兴化府分册》，49页）。此时祖先以画像的形式接受祭拜。（参见《方氏族谱序》，见方大琮：《铁庵集》，卷31，2b页。）方演孙（1213—1276）尝试聚族合祭于祖坟。他在坟墓旁修建一座祠堂，并捐置一小块土地以维系祭祀费用。"田存则庵存，庵存则松楸百世无恙矣。"（《莆田方氏灵隐本庵记》，见林希逸：《竹溪鬳斋十一稿续集》，卷11，4a～6a页。）

　　宋末及元代的福建人，也在祖先故居或其附近的专祠祭祀。13 世纪，莆田的东里黄氏每年祭祀十三世远祖两次，并在新年及岁时节庆，聚族于祖先故居改建的享堂。这座堂所可以指"祠""家庙"及"影堂"，最后一个称呼说明祖先是以画像的形式呈现的。[①]宋代其他材料中常提到在"祠堂"祭祀，但这个词与后来描述的宗族祠堂大不相同。通常它指的是为崇祀乡贤而修建的祠堂，而未必与亲属组织有关，并且多由政府维系管理。[②]

　　宋代福州祭祖的差异和折中做法，在后世仍然在持续。[③] 真正改变的，是精英对这些祭祀实践的态度。自宋以降，知识精英逐渐认同有一种正确的祭祖方式，亦即正统。宗族实践的所有内容皆应与此正统相符合，而朱熹的《家礼》也已阐明此一正统的内容。朱熹将对远祖的祭祀，限定于"大宗"的"宗子"，亦即始祖以下各代的嫡长子。其他子孙则属"小宗"，只祀四代祖先。尽管朱熹认为祭祀应当在家中厅堂进行，但他的著作在清代福州乡村，经常

---

　　① 参见黄仲元：《黄氏族祠思敬堂记》，见丁荷生、郑振满编：《福建宗教碑铭汇编·兴化府分册》，51～52 页。

　　② 如祭祀福州陈古灵（1042 年进士）的祠堂。其友人刘彝（1017—1086）在一篇赞颂的文章中提及，这座祠堂即位于其任职的常州府学。（参见刘彝：《陈先生祠堂记》，见陈襄：《古灵集》，卷 25，27a～35b 页。）12 世纪，还兴建了一座祠堂纪念莆田的林光朝（1114—1178）。林曾任国子监祭酒，亦即中央教育单位负责人，同时是其乡里著名的教书先生。根据陈俊卿的祠记，林光朝去世后数年，新任兴化知府莅任，地方之士前去拜访并对林光朝表以缅怀之意。他们认为："人思其矩范，愿得立为祠宫，春秋荐以苾芬。"知府同意，并于城南挑选一块合适之地兴造。祠堂建成时，知府率领地方生员前往祭祀。"一郡之人莫不奔走瞻敬。"（陈俊卿：《艾轩祠堂记》，见丁荷生、郑振满编：《福建宗教碑铭汇编·兴化府分册》，29 页。）根据一篇 12 世纪后期黄灏的文章，"祭法有功烈于民者皆得祀，今之祠堂盖仿焉。或以功，或以德，或以名位，非有贵贱尊卑品节之限，凡人情所喜慕皆得为之"（黄灏：《兴化军名贤合祀记》，见《八闽通志》，卷 84，977 页）。另参见 Patricia Ebrey，"The Early Stages in the Development of Descent Group Organization，" p. 51。

　　③ 确实，宋代许多文献读起来更像晚近对华北地区祖先祭祀的描述。参见 Myron Cohen，"Lineage Organization in North China，" pp. 519-528。

被诠释为认可修建高大、单幢的祠堂。① 然而,《家礼》的影响日益扩大,并不意味着明清时期福州地区祖先祭祀的发展就是国家认可的理学宗族制度的胜利。对于宗族应该如何实践的不同表述,毋宁说是一种竞争,换言之,是一种关于什么才是宗族的竞争。理学规范与地方策略之间的紧张关系,清楚地体现于两位 14 世纪思想家的著作中。福州人吴海为祭祀父亲而修建了一座祠堂。他赞同朱熹的看法,只接受祠堂祭祀三代或四代祖先。② 他强调祭祖有助于凝聚亲属群体,并极力批判祭祀四代以外的远祖,呼吁湖北罗田林氏停止这样的做法。③ 另一位与吴海同时代的宋濂(1310—1381),则在莆田国清湖的祠堂记文中,支持以专祠祭祀远祖的看法,虽然在这个例子中林氏宗祠的很多祖先都仅有一块牌位。④

---

① 参见 Patricia Ebrey,*Confucianism and Family Rituals in Imperial China*,*A Social History of Writing about Rites*,pp. 160-162;trans.,*Chu Hsi's Family Rituals*,xxi-xxiv,pp. 8-10,167n. 43。关于祠堂,参见牧野野巽的《宗祠とその発達》和左云鹏的研究。

② 他这样称颂一座祠堂:"吴元育于其居室之东,辟一室以为祠舍。垣墉周严,门庭邃深,清闷静幽,宜神所居,祀其先由高祖而下至于祢揭以永思。"(吴海:《永思堂记》,见《闻过斋集》,卷 2,32～33 页。)

③ 实际上,为此进行祭祀毫无意义。倘若祭祀"尽礼而不过失焉,鬼岂有不享乎? 不然,则宫室虽修,服具虽美,丰盛粢洁,牲牖酒清,而孝不至焉,神或吐之矣"(吴海:《后记》,见《闻过斋集》,卷 2,28～29 页)。林家祠堂祭祀,由远祖而下共二十一世。吴海认为,虽然这些祭祀背后的情感令人激赏,但它本身已违反礼制,僭越了古代贵族才有的特权。平民只限于在家中祭祀直系先祖。吴海将过多的牌位掩埋,并绘制一张世系图,于冬至、正旦时陈列于祠堂之中,宗子率族人依序拜于堂下。(参见吴海:《宗会堂记》,见《闻过斋集》,卷 2,41～42 页。)

④ 在宋濂作祠记之前,林氏已建有"先祠"。其中供奉五块牌位,皆高四尺。居中的牌位奉祀宋代著名官员林元,及其父亲、祖父与三个儿子。其余则是唐代始祖三房子孙的牌位。"凡三房之后,其物故者辄升名其间。"宋末时,祠堂已捐置大量祭田,用以维持祠堂合祭,"故其烝尝之礼视他族为特丰"。宋濂作祠记是为纪念祠堂扩建,族人认为"祠之规制庳狭,不足以交神明"。(宋濂:《国清林氏重修先祠记》,见丁荷生、郑振满编:《福建宗教碑铭汇编·兴化府分册》,78～79 页。)另参见 Patricia Ebrey,"The Early Stages in the Development of Descent Group Organization,"p. 53。

明清南台岛之祠堂

本节通过考察南台几个村落祠堂的历史，借由对祠堂观念与实践的改变，来阐明宗族实践的变化。南台岛上现存最早的祠堂建于16世纪。当时修建单幢祠堂的少数福州精英，多采取以下一或两个理由来使其合理化。有的人声称他们有资格修建祠堂，是因为祖先的成就而获得官方允许。另一些人则声称由于他们自己身居高位，因此拥有相同权利。基于此种修建祠堂的论述，我将这类祠堂称为"官式祠堂"或"士绅祠堂"。这些早期的祠堂呈现出排他性而非包容性。它们并未成为知识精英和达官贵人后代与地方社会其他人的共有身份的特征，恰恰凸显了他们之间的区别。建立于明初至明中期的南台祠堂，是修建者对儒家正统的认同及其社会地位的显赫展现。在某种程度上，这是一种身份象征。明代南台有越来越多的个人与家庭，开始仿效早期的祠堂样式兴建自己的单幢祠堂。但多数情况皆不符合上述两种说法。相反，这些祠堂是作为建立地方关系网络，或仿效功名士绅行为模式的策略之一，并出于地方社会稳定与团结的需要而被合法化。基于加强父系亲属群体之间联系的明确目标，这些祠堂的建立颇具包容性，我称此为"民间祠堂"。明清时期南台岛的祠堂历史，大致上遵循着由官式祠堂到士绅祠堂再到民间祠堂的发展模式。这些类型区分对当时的福州人不具意义，同时，不同类型之间的界限应该视为流动的而非固定的。但就理想型来说，它们仍然有助于阐明发展模式。关注这一发展模式是重要的，因为它挑战了过度简化的研究取径，即认为祠堂是地方精英所建立的一成不变的社会组织，用来建立地方上的同盟网络，并标榜他们对国家正统文化的认同。

凤岗刘氏的官式祠堂

　　南台现存最早的祠堂，是位于西北方的凤岗刘氏的八贤祠。后来兴建的祠堂的建立者往往要通过索取纪念文章或碑记来寻求官方或士绅的认可，而凤岗祠堂获得了官方的鼓励，其部分经费由当地政府提供。这是我所称的官式祠堂的典型。

　　清光绪三十二年（1906）侯官县方志的《大姓》部分，将凤岗刘氏列为刘姓三大族之一。他们的始迁祖刘存，据说和王审知的军队一起来自固始。①　一千年来，凤岗刘氏在地方社会中始终地位显赫，有时甚至居主导地位，这也使其拥有丰富的宗族文献。②　不同于明清时期南台地方的其他望族，凤岗刘氏的家史几乎都有当时的材料作为支撑，并且可以一直追溯至第一代始迁祖，他的生平事迹记录在后唐明宗长兴四年（933）的墓志铭中。其中说明了刘存和他三个儿子、三个侄子如何跟随王潮、王审知入闽，最终定居福州。③

　　刘存的三个儿子中有两位为王审知战死，仅存的一位又育有三子。他们来到南台北部，成为当地最大的势力。这部分是因为

　　①　参见《侯官县乡土志》，339～340页。
　　②　正如下文所讨论的，明清时期福建的刘姓人群皆以刘存父亲作为共同祖先，来追溯彼此的谱系关系。因此，凤岗刘氏的许多记载也可见于其他地方的刘姓族谱，这可用来补充凤岗刘氏的族谱。刘存三代单传，直到四世刘文济，他育有八子。根据一份时间未知但不早于明代的材料，其中六子搬离凤岗，散居在福建或其他地方，例如，刘文济第三子的后人，据说有的迁至南台的洪塘和高湖，有的迁至福州城内，有的移居长乐、闽清等县，有的迁到兴化府。迁到闽清的后代为刘康，他是玉坂刘氏的始祖。这份材料似乎是后来的追溯，尝试串起不同世系之间的关系。参见《宗支分派考》，见《八贤刘氏桂枝房支谱》，卷1，87a～87b页。
　　③　参见陈保极（928年进士）：《唐处士淮叟公墓志铭》，见《八贤刘氏桂枝房支谱》，卷1，16a页。

他们的军事力量，这些儿子中有两位领导了地方民团。其中只有一位，即刘公输，活到娶妻生子。他身材魁梧，肤色黝黑。当时凤岗"盗贼蜂起，摽掠村落"。刘公输组织起一支地方武装，县令"闻其才干，以里分治"。① 军事力量对凤岗刘氏的重要性维持了数代，但其后世子孙在科举考试中也相当成功，官职越来越高。据族谱所载，这一变化开始于 10 世纪中叶。以长寿闻名的刘存，就亲眼见证了这一变迁，"睹三、四世孙，同登进士"②。

早期凤岗刘氏的祖先墓葬，并不是特别隆重地举办祭祖仪式的中心。刘公输自己的坟茔即用土石垒成，"不事文饰，古风尚朴也"。但这种风格逐渐改变。根据 12 世纪的记载，刘存曾孙刘文济的坟茔位于观音庙附近，建有供参拜者在内更衣的亭子和专供牺牲的祭坛。③ 刘氏还修建了专祠祭祀祖先。10 世纪时，刘文济在凤岗修建一座祠堂纪念刘存。这座祠堂被称为"祖祠"，文济欲以此作为"子孙元旦聚会行礼之所"④。一百年后，七世孙刘偁（1038 年进士）着手修建更为壮观的建筑，它被称为"祠堂""大宗祠"和"家庙"。他从古代宗法体系式微的角度，来说明为何修建祠堂。⑤ 他认为，宗族的声望需要祠堂。"刘氏已甲于诸族矣"，这样

---

① 无疑，这只是县令对既有事实予以官方的追认。参见《玉坂刘氏家谱》，卷 15，4b 页。也可参见 Johanna Meskill, *A Chinese Pioneer Family：The Lins of Wu-feng，Taiwan，1729-1895*，pp. 253-271。

② 《玉坂刘氏家谱》，卷 15，1a 页以后。

③ 参见刘纲：《迁闽事始》（1141），见《八贤刘氏桂枝房支谱》，卷 1，80a～80b 页。

④ 刘纲：《迁闽事始》（1141），见《八贤刘氏桂枝房支谱》，卷 1，106b 页。这座祠堂包含两座祠宇，中间有一井，并至少在 19 世纪初期玉坂刘氏编修族谱时尚存在。参见《玉坂刘氏家谱》，卷 12，1a～1b 页。

⑤ "古者因族以立宗，敬宗而尊祀。其祀先也有庙，其合族也以姓……夫立宗之道废，合族之法坏，为子孙而不知其所从出者多矣。"刘偁也为维系祠堂祭祀而设立祭田。参见刘偁：《族谱序》，见《八贤刘氏桂枝房支谱》，卷 1，78a～79a 页。

图 4.1　纪念凤岗刘氏祠堂建立的碑记(宋怡明摄)

的宗族理当需要有彰显其成功的符号。① 因此，相关资料也说明，最初刘氏在祭礼活动的安排上与莆田、福州等地的著姓如出一辙。他们在墓地或其他地方都修建了祠堂，以便合族祭祀。

明代时，刘氏修建了一座更为宏伟的祠堂。直至今日，它仍十分醒目地矗立在南台北边的茂密林木中。在这表象背后，是刘姓一批后人越来越积极地参与理学文化运动，并致力于将这些人的谱系追溯至刘存。这座祠堂后来成为之后南台祠堂发展的典范。

刘存侄子的后人中，有三兄弟在 11 世纪高中进士。刘彝就是其中之一。他的侄子刘康夫则在宋哲宗元祐三年(1088)考中进士。半

---

① 　一个世纪以后，祠堂显然成为合族祭祀祖先之所。当时，族人在参加完 12 世纪 30 年代的科举考试后返乡，便参加祭祀，而后和族内"弟辈"宴饮。我们对当时在祠堂举行的祭祀一无所知，但是我们确定祠堂中供奉有祖先牌位，因为之后刘氏族谱的谱序透露了关于牌位的信息。参见刘藻：《续修族谱志》，见《八贤刘氏桂枝房支谱》，卷1，81a 页。

个世纪后，刘存的直系子孙也获得了名声。刘藻（1135 年进士）师从罗从彦（1072—1135），后者是二程到朱熹理学谱系中的环节之一。① 很快地，刘存后人的学问传统发展得相当出色，不过这只能灵活地追溯。根据族谱记载，刘存的五世侄孙入赘陈家，他的所有子嗣都改姓"陈"。四代以后，他的子孙嘉誉"复还本宗"，恢复刘姓。刘嘉誉的两个孙子刘砥、刘砺有神童之名，曾追随朱熹学习。②

因此，在 11 世纪中期到 12 世纪后期，有几位将祖源追溯至刘存的人，与当地最重要的学者、文人有交往联系。虽然这些凤岗人未曾引起关注，但就事后来看，他们当时正处于重要思想运动——

----

① 前面已经提过刘彝，他是陈古灵祠堂纪文的作者。见第 112 页注释②。刘彝和刘康夫是 11 世纪后半叶，在思想史上小有名气的人物。刘彝是胡瑗（993—1059）的学生，胡是"宋学兴起的先驱"之一。刘彝的仕途颇为成功，著有许多哲学和施政之作。绍兴初年，其名气已足以入祀府学的"五贤祠"。参见黄宗羲：《宋元学案》，17 页；《八闽通志》，卷 62，457～458 页；刘树勋主编：《闽学源流》，85 页及以后。刘康夫从学周希孟，虽然从未入仕，不过在福州地区长期从事教育事业，是颇有名气的教书先生。（参见《八闽通志》，卷 62，459 页。）据真德秀（1178—1235）的说法，从二程到朱熹的学统传承，始于罗从彦的老师杨时（1053—1135）。当杨时返回福建时，程颢欣慰地说："吾道南矣。"杨时将学问传给罗从彦和李延平（1093—1163）。族谱记载，刘藻因为孝道而受到官府注意。据说他曾为《易经》《礼记》作解。朱熹曾评论其为"福州前辈明礼者"三人之一。参见《八闽通志》，卷 62，459 页；《闽侯县志》，卷 70，2a 页；黄宗羲：《闽学源流》，卷 48，846 页。

② 参见《八贤刘氏桂枝房支谱》，卷 1，109a 页。刘嘉誉的儿子刘世南则为林之奇的学生，林是福州地区另一著名的理学家。刘砥似乎较弟刘砺更为出色。一则逸闻传说，他在阅读佛、道之书后，叹息："此不足习。"随后他便投身科举考试，但很快又得出同样的结论。他放弃做官的理想成为朱熹的学生，朱熹对他的才华颇为欣赏。刘砺也是朱熹的学生，并与黄榦交好。清代的材料记载，刘砥兄弟皆于宋孝宗乾道二年（1166）中进士，但明代材料对此并未提及，他们的名字甚至没有出现在宋代方志中。刘砥据说著有两类作品，一类是王朝礼编，另一类为《论语》解、《孟子》解，但皆未出版。参见《福州府志》（1754），卷 58，3b 页；《八闽通志》，卷 62，461～462 页。刘子玠的父亲可能是刘砥或刘砺，不同的资料说法不一。他也是一位神童。父亲去世后他才出生，由娘家抚养长大。六岁时，"哭其叔父，如成人"，及其长大，从学于黄榦，律己甚严。"非名士不交，非义理之书不存。"他还颇有能力，留给子侄数百亩田地。（《八闽通志》，卷 62，461～462 页。）

闽学，亦即朱熹的学术传统——的外围。有鉴于此，明初时他们的后人请求官方认可，修建了一座壮观的祠堂，即今日的凤岗刘氏八贤祠。

　　有两份材料讨论了这座祠堂的某些细节。其一是祠堂内的一通碑刻，于万历七年(1579)由总督漕运马森(1506—1580)撰写(见图4.1、图4.2)。其二是晚明大儒、内阁首辅大臣叶向高(1559—1627)于万历三十四年(1606)撰写的祠记，他最为人所知的事迹是资助耶稣会士艾儒略(Giulio Aleni)。这两份材料的记载有许多不同，遂使得祠堂历史的基本问题都难以厘清。马森的碑记提到，祠堂始建于15世纪初，但并未说明为何或在何种情况下修建。叶向高的祠记则说明，其最初是刘砥、刘砺讲学之所，"后因祠而祀之，并列祖孙诸贤为荐馨地"。包括这两份文献以及方志在内的许多材料指出，最初祠堂只祭祀五个人——刘彝、刘康夫、刘藻、刘砥、刘砺，而刘嘉誉、其子和刘子羽是后来才加入的。[①] 16世纪中期以前祠堂的管理或礼仪，已难稽考，但在某个时候，三位并不出自刘氏家族的地方绅士，向地方官申请将在刘氏祠堂里举行的祭祀列入地方祀典。这项请愿后来获准。从万历二年(1574)开始，每年春、秋二祭官方皆派员参与祭祀。刘氏后人也为祠堂设置祭田，后来因"族众有不类者"将其卖掉，遂使"先贤几不血食"。所幸此事引起地方官的注意，经过数年复杂的协商，刘氏最后终于讨回祭田并且恢复祭祀。叶向高的祠记则言明，"付贤裔掌祭"。[②] 作

----

　　① 这个变化反映在祠堂名称由"贤祠"改为"诸贤祠"。这可能发生在16世纪，因为马森提及这是当时的情况。

　　② 马森：《刘氏诸贤祠碑文》(1579)，见《八贤刘氏桂枝房支谱》，卷1，1a～2a页。这三位外来者必定颇受推崇，才能直接向官府提出请求。他们可能是成就并不足以使其名留方志的地方之士。根据叶向高的祠记，其中一位镌刻牌匾挂于祠堂，并捐置祭田。参见叶向高：《八贤祠题记》，见《八贤刘氏桂枝房支谱》，卷1，5a～5b页。

为祭祀堂所，凤岗祠堂显然超出了朱熹对于祭祀祖先的规定，因为诸贤皆是远祖。马森则试图淡化祠堂此一面相。他认为祠中受祭者"皆贤人也，而并生于一门，世岂有盛于此者哉？是宜祠而祀之"①。

凤岗刘氏祠堂是我所称的官式祠堂的示例。不同于后来的祠堂，八贤祠的建立并非基于子孙祭祖的理念，而在于人们信奉那些为地方乡里或社会做出特别贡献者都应该受到祭祀的原则。如果他们在自己乡里接受祭祀，那么有家族子孙参与当然合理。但这样的祭祀并不仅仅是私人事务，更大的社会和国家皆参与其中。

图 4.2　凤岗刘氏历代显祖牌位

祖先名字已于"文化大革命"期间被抹去(宋怡明摄)

---

①　凤岗刘氏祠堂可能仿效了 15 世纪后期建阳刘氏祭祀五位贤达的祠堂。一份明孝宗弘治三年(1490)所撰的关于这座祠堂的文献中，清楚提及了祭祀远祖的问题："前此五公未尝有祠，且以世远不得与四代之祭。夫有祖宗如此，子孙乃听之泯然，不得血食，于心独无愧乎？佑姊婿太学生刘公泽鉻之十三世孙也，以弘治乙酉十月，构堂于屏山祠右，设主而奠焉。……盖崇先德，启后坤，而阐世泽于无穷，其用意深且远矣。"[刘佑：《建阳刘氏源氏序》(1490)，见《八贤刘氏桂枝房支谱》，卷1，3b～4a 页。]

林浦林氏的士绅祠堂

　　明代福州的第二类祠堂，就是我所称的士绅祠堂，可以林浦林氏祠堂为代表。士绅祠堂的修建，主要是基于位居高级品官者有权利在单幢祠堂中祭祀远祖。

　　我们关于林浦历史的认识，主要来自林氏族谱。族谱由林元美(1401—1469)于明英宗天顺六年(1462)首次编纂，后来又经过数次重修。目前的版本为民国三年(1914)重修。① 关于明初之前的记载，多不可考。15世纪初期开始，族谱中对某些族人参与科举考试和商业活动的记录逐渐增多，并且参与者多来自同一家庭，形成多元化经营策略。② 生活于15世纪中期的林观，其后人取得的成就最为显著。林观的数个直系子孙迅速蹿升为举国闻名的人物。一则17世纪颂扬家族崛起的逸事，提到林观卑微的出身，点出了他与显赫子孙间的文化背景落差。林氏祖墓位于林浦外的小山上。据说林观选择此地后，一位风水师便预言后人将飞黄腾达。他回答道："吾田野人，敢望此乎？"而后将"族人火葬者二十四瓮"

---

　　① 根据林元美的谱序，他的父亲声称之前原有的族谱可以追溯至始祖，但后来毁于元明鼎革的动乱。因此，当元美始编纂族谱时，只留有片段残存的材料。诚然，他所知甚详的祖先是第十一世。这一世有三位成员，他们之间的关系并不清楚，只能用序数称呼。他们这一代共有四个儿子，但仅知其姓名。下一代又有六个儿子，分别是当时林浦林氏六房的始祖。此一发展过程与义序黄氏房支极为类似，说明林浦林氏可能也是由数个宗族结合而成的。

　　② 例如，林本由宾贡任广东司训。他的孙子林潮(1517—1589)起初业儒，后来转而贩盐，久之致富。商业上的成就也能转换至其他领域，他在明穆宗隆庆四年(1570)府城士绅举办的乡饮酒礼上被尊为上宾。他的儿子回归举业，并在仕途取得成功，使其足以获得恩封。参见《濂江林氏家谱》，"传"，1a、7a～8a页。

皆埋葬其中。① 换言之，林观的直系祖先实行的是佛教的丧葬仪式，而非《家礼》宣扬的儒家丧礼。

风水师的预言很快应验。林观的儿子林元美于永乐十九年（1421）高中进士，并历任一系列官职。② 他娶了黄山附近的郑氏女，并育有五子。其次子林瀚（1434—1519）于明宪宗成化二年（1466）进士登第，并在朝廷担任要职，官至南京兵部尚书。③ 家族的成功延续至下一代。林瀚有九个儿子，其中两个也考中进士。林庭㭿（1472—1541）官拜工部尚书，他的弟弟林庭机（1506—1581）也担任过此职，并曾任南京国子监祭酒及礼部尚书。其他七子也分别担任其他官职，诸如军官和品阶较低的文官。再下一代，林庭机四子中有两位克绍箕裘。长子林燫（1534—1580）任职国子监祭酒与礼部尚书，次子林烃（1540—1616）任职南京工部尚书。因此，林元美的直系子孙已然闻名海内，人称"三代五尚书""三世祭酒"及"七科八进士"。④

当这几位林氏族人在南京、北京光耀门楣时，还有其他族人活跃于地方乡里。为了加强宗族团结，他们主要强化了两类管理：编修族谱和救济族人。林元美、林瀚、林庭㭿、林庭机与林烃皆编修过族谱，除了初修本"藏于家"，其余皆出版。他们编修的族谱谱序中，都表明了合族的用意。林瀚在正德十三年（1518）的谱序中扼要说明，族谱有助于凝聚、团结族人："吾宗子姓，世德相承，以衍无疆之庆。富贫穷达，随寓而安。远近亲疏，敦睦无间。

---

① 《闽都记》，卷13，5a页。在林浦林氏族谱中，林观甚至没有一篇简略的传记。

② 林元美先后担任知县、知州和知府。明天顺四年（1460）他告老还乡时，友人评价他知道何时知足，称其为"四知"之人。元美以此命名他退休后修建的住所。

③ 林瀚因反对当权宦官刘瑾而被贬。刘瑾倒台后林瀚起复原职，但他选择退休。

④ 参见张廷玉：《明史》，卷163，4428～4431页；《尚书里》；《濂江林氏家谱》，"传"。

此则作谱合族之深意也。"①林瀚认为，族谱可以加强父系亲属之间的联系。这可作为其家族崛起所导致的宗族疏远分化的弥补办法。② 救济族人是另一种凝聚亲属的策略。林瀚墓的一通神道碑记载，其"待宗族最厚，孤贫者周之，子女鬻于他姓者，为之赎归，俾婚嫁得所"③。

林瀚及其后人也修建了一座祠堂。然而，这并非为了加强其在地方上的领导力或是团结宗族。相反，这是为了彰显官方特权，以区别其与其他村民、族人的社会身份。正德二年（1507），林瀚回到林浦便着手修建家庙（图 4.3）。据我所知，这是南台岛上第二座祠堂，第一座为凤岗刘氏祠堂。林瀚去世后，族人请方濠（活动于 1506—1521 年）撰写了一篇庙记。其用朱子《家礼》的话语写道，林瀚以其积攒余俸"建祠堂于祖居之东"。这座家庙保留至今仍然规模宏敞，包括五个房间与两侧厢房。中间的祀堂有五个神龛。居中的神龛上供奉着十三世六位祖先的牌位，是所有林浦林姓居民声称的六位共同祖先。其余四个神龛，则供奉"本支四代卑幼之

① 林瀚：《正德戊寅重修序》，见《濂江林氏家谱》，"序"，5b 页。

② 这些想法体现在其儿子和孙子的谱序中。在嘉靖十九年（1540）的谱序中，林庭棉说明之前的族谱毁于两年前的大火。他为此甚为烦忧，令其子收集残存材料以编撰新谱。"作谱，合族之盛心，敦行孝弟，无分穷达，和睦宗族，无间亲疏。"他强调他的家族比其他各房要富裕，遂警告子孙勿恃强凌弱、损人利己。林庭机在万历五年（1577）的谱序中也说了同样的话："谱也者，所以合族也。"［林庭棉：《嘉靖庚子重修序》（1540），见《濂江林氏家谱》，"序"，7a 页。林庭机：《万历丁丑重修序》（1577），见《濂江林氏家谱》，"序"，8b 页。］

③ 杨廷和：《太子太保吏兵二部尚书谥文安林公神道碑铭》，见《濂江林氏家谱》，"碑"，66a 页。林浦林氏精英族人的慈善义举超出了他们房支的范围，扩及更广泛的宗族人群。林庭机的孙子林世吉（1547—1616）因为恩荫入太学，而后累官至户部员外郎。辞官后返归故里，与福州士人组成诗社。他合众鸠资，修葺连接南台与福州城的主要大桥，"迄今行道颂德"。他还在饥荒之年施粥赈济。林烃也以乐善好施著称。他会在晚上漫步于福州街头，在他听到家中传出悲惨之声的门口留下钱财，不留姓名。参见《濂江林氏家谱》，"传"，39a 页。

图 4.3 林瀚家庙(宋怡明摄)

主，各以昭穆而祔焉"。由此看来，林瀚的家庙基本上遵循朱熹调整、传承的古礼祭祀，即祭祀近世四代祖先，但又在增祀远祖这一点上与朱熹相悖。方濠的庙记对增祀的适当性提出质疑，但最终又将其与祖先祭祀的本质意义相调和。①

林瀚并非长子，更遑论始祖一脉承嗣的嫡长子，他费尽心思地说明自己并未僭越宗子的权利。当他最初在祠堂设立牌位并向祖先祭告祠堂落成时，他宣称："大宗之祀，俟长支有力，听其建祠举行。"他接着说：

---

① 方濠的《林氏家庙记》载："夫祭生于心，礼起于义。惟贤者能勿丧其心，故惟贤者能尽祭之义。夫祭必四代已也。吾始迁之祖，吾何忍忘？吾不忍忘吾始迁之祖，而忍令吾族之人忘之乎？吾族始迁之祖众，安能各祠之。故合而祠之，合而祀之。而吾尊祖亲族之心尽矣。"[方濠：《林氏家庙记》(1518)，见《濂江林氏家谱》，"记"，87b～88a 页。]

> 夫大宗诚不可废也。必俟大宗有力建祠而后祭，则吾无
> 祭期矣。故吾建吾祠，姑以尽吾心云尔。而大宗固有待也。
> 是皆不泥于礼，而自合乎礼，起于义，而生于心者也。

尽管方濠的庙记提到，每年春分"合族以祀"祖先，但这些祭典仅由林瀚一家单独进行。如果其他房的族人来祭祀林瀚的四代祖先便不得体，因为那些先人并非他们的祖先。正如方濠的庙记所说，林氏家庙介于朱熹所规范的祭祀四代祖先的祠堂，与明末及清代祭祀远祖的祠堂之间。方濠也表明，修建祠堂是件公开的大事，声誉将随之而来。"宗族交欢，乡邦称快，盖八闽一盛事也。"[1]然而，此地并非知识精英率领族众在祭祀礼仪上维护道德秩序之所；相反，这仅是少数五服内的亲属人群进行私人祭祀，以及公开彰显财富与声誉的场合。[2]

16世纪，林瀚其他直系亲属也修建了祠堂。"世忠祠"便是其中之一。它当初是为祭祀林瀚的儿子林庭机及其长子林燫而建，他们在万历八年(1580)至九年(1581)的16个月内相继去世。这座祠堂最初建立的时间，可能在万历九年(1581)林庭机的次子林烃丁忧守丧，至万历二十四年(1596)起复入仕之间。在此期间，王世懋为世忠祠撰写了一篇祠记。正如此前他的祖父、父亲、叔父和胞弟一样，林烃也曾任尚书官职。他去世后，牌位被供奉在世

---

① 方濠：《林氏家庙记》(1518)，见《濂江林氏家谱》，"记"，87a页。
② 关于林瀚修建的祠堂的祭祀经费情况如何，并无材料可资讨论，但是从其为闽南宗族所撰写的祭田记文可略窥其看法。文中一开始便强调设立祭产以保障经年举行祭祀的重要性。此宗族捐置50亩地，以维持坟茔与祠堂祭祀。多数的墓祭较以往受限许多，形式较为简单。"列祖之墓久近，隆杀为礼，不能无异。"祠堂礼仪必须符合《家礼》。参见《晋江庄氏祭田记》，见林瀚：《林文安公文集》，卷15，2b～4a页。

忠祠；按察使陈奎撰写了第二篇祠记。①

最初提议修建祠堂时，林氏子孙设法寻求官方的许可。根据王世懋的祠记，在林庭机及其子去世后，"乡人以为无愧于二，易名者请于中丞赵公、代巡龚公而祠之"②。陈奎的祠记略述了官方允许修建祠堂的理由："祭义曰法施于民则祀之。五公之得祀，其以是乎！"在陈述林瀚及其儿子林庭棉、林庭机，孙子林燫、林烃等人的社会功绩后，陈奎说明后人要求建祠祭祀以表达纪念，此正如凤岗祠堂。巡抚衙门僚属批准了此一请求，并派员讨论选址及修建祠堂事宜。祠堂竣工后，官员也参与到对这五位乡贤的年度祭祀中。陈奎在祠记最后，对修建祠堂有何益处有一段有趣的省思：

> 呜呼！士习之弊久矣。竞进周利，猬集蝇营，可忍言哉？诚使缙绅士夫睹是祠而景其行，幸进之途塞，贪饕之风息。则是祠之建，匪以私于林氏，其所关于世道人心，非浅鲜也。③

修建祠堂之目的不仅在于彰显家族的社会地位，同时也为其他地方精英树立榜样，促其端正品行。

16世纪至17世纪初期，林浦至少建有六座祠堂。其中有五座保留至今，并于近期重新修葺。图4.4为这些祠堂及其崇祀者。除了林瀚，林元美其余三子均有各自的祠堂。而世忠堂、见泉祠即为林

---

① 陈奎或许并不知道，又或者忽视了该祠堂的发展历经前后两阶段。祠堂最初为林烃和林世吉所建，在林烃去世后祠堂也设立了他的牌位。陈奎将林烃列入祠堂最初兴建时要供奉的祖先之中，但显然当时林烃还不是祖先。

② 王世懋：《世忠祠记》，见《濂江林氏家谱》，"记"，82a页。

③ 陈奎：《世忠祠后记》，见《濂江林氏家谱》，"记"，84b页。万历四十一年(1613)的府志简单提到了这座祠堂，证实官方参与了祭祀。参见《福州府志》(1613)，卷17，7a～7b页。

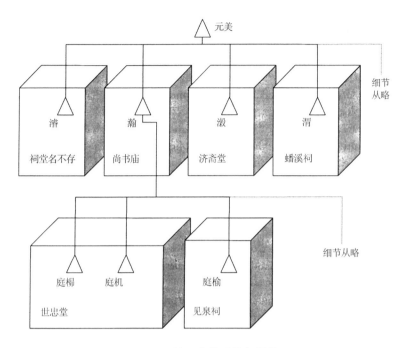

图 4.4　林元美的后代与祠堂

瀚第六子林庭榆(1495—1545)所建。[①] 建于这一时期的一座祠堂的祖先牌位，仍保存至今。济斋堂以林元美第三子林澂（1437—1507)命名，济斋是他的号。林澂未曾任官，但应该颇有财富，因为他捐得了荣誉头衔。祠堂内有三座神龛、十块牌位，分别祭祀林元美、林澂、林澂没有子嗣的后人、林澂的独子林庭模，以及林庭模八个儿子中的七位。[②] 从这些牌位来看，济斋堂很可能是林

---

　　① 林庭榆的生平并不出众，乡民们也好奇如此平庸者却能拥有自己的单幢祠堂。当时乡民认为，他之所以认为他自己有资格建有祠堂，是因为他是尚书的胞兄。
　　② 诸子的发展不大相同。其中两位为举人，官至同知。还有两位是生员，其中一者是捐得。另有一子尚不知为何没有牌位。

127

图 4.5 济斋堂中的祖先牌位（宋怡明摄）

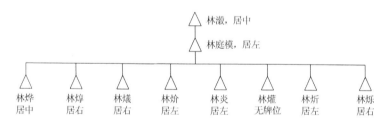

图 4.6 济斋堂中的祖先牌位

庭模后人于 16 世纪末或 17 世纪初期修建的。（见图 4.5 和图 4.6）

16 世纪至 17 世纪初期，由林浦林氏族人所建立的宗族组织有些共通点，除了在关于供奉几代先祖牌位这一问题上有分歧外，他们都遵照了《家礼》的规定。这些祠堂皆由知识精英个人或其子孙所建。在林瀚修建的祠堂中还祭祀了远代祖先，尽管此点受到了些许质疑。然而，其他祠堂的建造者意识到，祭祀远祖是宗子的专利，因此并未僭越。

祠堂中祭祀几代祖先，有显著的社会组织方面的意涵。如果林氏祠堂仅祭祀四代祖先，祠堂便不可能成为像林浦林氏这样的大姓的祭祀中心。那么，是什么促使如林瀚或其子林庭榆这些人耗费大量时间、金钱，修建不止一座，而是六座祠堂呢？为何一座祠堂仍然不够，或者真正的问题是，为何这些祠堂是必要的？从其他地方的士绅所撰写的祠记中可以看到，明中期的祠堂是家族声望的展现以及对理学的宣示，因此，这也是一种象征资本。这一宣示不仅面向更广大的社会整体，而且正如陈奎所指出的，也面向其他的士大夫。

济斋堂修建后大约经过了一百年，其间由于明清鼎革而受到影响，而后才有其他林浦人任职高官并新建或重修祠堂。① 后来成为整个地区修建祠堂重要模范的宗族组织和宗族活动的高峰期，至此已告结束。正如我们将看到的，下一阶段的宗族组织采取了截然不同的形式。祠堂仍然是象征资本的展现，但形式上则不同以往。这些变化的部分原因，即在于地方社会与经济环境的改变。

晚明的经济、社会变迁

这些变化只能在更大历史脉络的细节中探求。正如第一章所

---

① 16 世纪末以前，南台尚有两座祠堂。一是螺洲吴氏祠堂，他们声称是吴德光的后人。吴德光在北宋年间自河南迁来长乐，之后入赘到螺洲。如同入赘婚姻的一般发展，大多数吴德光的后人都改从女方姓氏。吴复是德光的第八世孙，是该世的族长，他的后人组成今日吴氏宗族的七房。他在明初历任官职，直到天顺七年（1463）退休回到螺洲。一个世纪后的嘉靖朝，螺洲村中心的一座寺庙毁于官方打击淫祠的运动，吴德光当官的直系子孙将其买下，改建为祠堂来纪念他。吴德光的传记，见《福建通志》（1938），卷 34，18、22a～22b 页；《闽侯县志》，卷 66，4b 页。亦参见《螺洲志》，卷 1，6b、32a 页及其后。显然吴氏祠堂如同林浦林氏祠堂一样，是由高官的直系子孙以其享有的特权修建，因此也是社会地位的展现及对理学正统的认同。（另一座祠堂为南湖郑氏祠堂，详见后文第 135～137 页。——编辑注）

讨论的，16 世纪福州地方经济发生巨大变化，农业开发、生产与贸易都有了长足发展。农业日趋专业化，而包括南台岛在内的福州城郊，在经济上越来越依赖于商业化农业和手工业生产。大量白银流入，也加速了经济货币化。而后，明代的经济发展则受到秩序动乱的影响。首先是长达半个世纪的盗寇骚扰，其次是明、清政权易代，最后是清初的迁界与海禁，但基本的经济发展并未因此倒退。

国内与海外的贸易活动，是此地区长期以来农业经济的重要替代选项。[1] 16 世纪上半叶，在包括福州在内的福建沿海，海洋贸易迅速崛起。[2] 福州地区商品的数量、品类以及贸易模式的复杂度，皆让 16 世纪后期的观察者为之一惊：

> 凡福之绸丝，漳之纱绢，泉之蓝，福延之铁，福漳之橘，福兴之荔枝，泉漳之糖，顺昌之纸，无日不走分水岭及浦城小关下吴越，如流水，其航大海而去者，尤不可计。[3]

---

[1] 正如福建巡抚在 16 世纪后期所陈述的："闽省土窄人稠，五谷稀少。故边海之民皆以船为家，以海为田，以贩番为命。"(《明神宗实录》，卷 262，万历二十一年七月二十三日乙亥条，4864 页。)

[2] 17 世纪初，董应举(1598 年进士)这样记述生活在闽江口的居民："前通倭，今又通红夷矣……贪小物三倍利之多，莫不碗毡绒袜、青袄皮兜，叉手坐食，耻则耕钓。其黠者，装作船主；客银落手，浪用花撑。"(《谕嘉登里文》，见董应举：《崇相集选录》，51 页。)这说明贸易发展出复杂的分工，商人付费将其货物交托给船长。明代洪塘是海外贸易最重要的港口，据说王审知庙即邻近洪塘，"航海者多乞灵焉"(《闽都记》，卷 19，4b 页)。

[3] 《闽部疏》，22a 页。许孚远关于豁免特定商税的文书中，提到了 16 世纪在福州从事下列贸易的商人：黑糖出水商、杉木火板出水商、生猪商、棉布商、三篷等船牙、青靛倒地牙人、黄白丝牙、棉花过水牙、机绢牙、茶菜硬油出水商、白糖出水牙、绵竹箅首书粗毛边各纸出水牙、苎牙、生熟铁钢铁牙、毛边纸倒地牙、黑糖入水商、瓷器牙人、水口盐牙、青靛出水商、南台牛船牙、杉木船牙、生丝牙人。参见许孚远：《酌免商税行福州府》，见《敬和堂集》，卷 9，43b 页及以后。

　　傅衣凌认为，土地所有权高度集中是明代经济活动另一重要发展；士大夫利用其身份地位夺取佃农的土地。[①]由于功名士绅得以豁免赋税差役，而地方势豪又善于逃赋，许多农民便将土地托庇于他们名下，成为其佃户。农民负债进一步加剧了土地的集中。债主阻碍佃农将其土地赎回，或收购其所有权，将土地转为己有。福州及其近郊的富裕地主逐渐拥有闽县、侯官大部分土地，甚至还拥有其他更远县份的土地。[②]

　　此一变化对社会造成了什么影响？谢肇淛（1567—1624）详细描述了晚明此地区的奢侈与炫耀性消费。其记载福州地区曰："吾郡缙绅多以盐荚起家，虽致政家居，犹亲估客之事。"对谢而言，即便这些倚赖商贸而发迹者披上了文化精英的外衣，却仍然掩饰

---

　　① 参见傅衣凌：《闽清民间佃约零拾》。谢肇淛也给出了支持性的证据："闽中田赋亦轻，而米价稍为适中，故仕宦富室相竞畜田，贪官势族有畛隰遍于邻境者，至于连疆之产，罗而取之，无主之业，嘱而丐之，寺观香火之奉，强而寇之……故富者日富而贫者日贫矣。"（谢肇淛：《五杂俎》，卷4，36b～37a页。）有关谢肇淛对土地所有权材料的分析，参见片冈芝子：《福建の一田两主制について》，42～49页。明代中期，有许多士绅夺取寺院土地的例子。最著名者是孤山寺，遭当地地主窃夺2500余亩土地。寺院住持状告违法者，不过事实证明他们是如此顽强，以致官司缠讼数年而未决，最后这些土地"捐"给了地方书院。许多僧人无以为生，被迫离开寺院。参见碑刻《福州府四学新立学田记》；《乌石山志》，卷5，10b～11a页。

　　② 在闽清，"农民之佃人田者，每呼业主曰势头……相传明季辽饷迫逼，一年两纳，民间有田者半多贱售于贵显，愿为之耕作"（《闽清县志》，卷8《杂录》，8a～8b页）。周之夔（1586年生）记载，村民常常被迫向地方粮商借谷过冬以及借粮种为来春耕作，待秋收后再连本带利偿还。小农进而负债，佃农无法偿还租金，则又向放贷者借钱。（参见周之夔：《广积谷以固闽圉议》，见《弃草文集》，卷5，10a～17b页。）一地方知县观察，"今夫富人之于农也，善行假贷之法……敛则收其息，而后贷之。一岁科倍，再岁利倍。崔积十余岁而广田宅，富子孙"（《仙游县志》，卷20，1b～2a页）。明代闽清地方有个小市村，离福州商业中心不远，有小南台之称，因为许多南台区的富户地主在那里建屋收存租谷。周之夔同样证实了这点："旧主及有力家城居者，仓廒既设外乡，或设他县，每年不过计家口所食谷几何，量运入城，余尽就庄所变粜，即乡居大户亦然。"参见《闽清县志》，卷8《杂录》，8a页；周之夔：《广积谷以固闽圉议》，见《弃草文集》，卷5，11a～11b页；周之夔：《条陈福州府致荒缘繇县议》，见《弃草文集》，卷5，22b页。

不了其卑微的出身。谢肇淛担心社会地位似乎越来越不取决于传统上科举功名的文化认可，而仅仅依靠财富。"今世流品可谓混淆之极，婚娶之家惟论财势耳。有起自奴隶骤得富贵，无不结姻高门缔眷华胄者。"①

　　商业化与土地所有权模式的不断改变，也造成社会关系的紧张。如同中国其他地方一样，此处也爆发了佃户抗租事件，甚至是武装动乱。16 世纪末，福建巡抚许孚远（1535—1604）提到，侯官、闽县两地的抗租情形日益严峻，因为地主按照最有利于自己的方式收租。谷价低时，要求以现钱交租；谷价高抬，则要求以实物交租。② 在城里，当地米粟匮乏，难以支应粮食消耗，遂造成严重的紧张局势。③ 经常性的米粮短缺和物价暴涨，有时也会导致动乱发生。④ 万历二十二年（1594），商人违反官定粮价，引发福州

---

　　① 谢肇淛记载，一位本地人通过科举考试，官至知府，积累了许多财富，并建造了福州最好的宅邸。不过，这位官员及其妻子尚未享受这座府第便去世了，他们的后人为争夺遗产最后将这座府第卖了。葬礼上的铺张浪费，尤其是墓穴的风水，让谢肇淛很看不惯："有富贵之家得地本善，而恐有缺陷不为观美。筑土为山，开田为陂，围垣引水，造桥筑台。费逾万缗，工动十载……未能求福，反以速祸。悲夫。"（谢肇淛：《五杂组》卷 15，51b 页；卷 3，41a～41b 页；卷 6，18b 页；卷 14，32a 页。）关于奢侈消费，亦参见周之夔：《条陈福州府致荒缘縣议》，见《弃草文集》，卷 5，22b 页。

　　② "一到田所，威吓抽索，十科得六，希图积粟高抬。稍不如意，百计挟害，诬以盗拨及刁难，送仓乡农畏威，莫敢谁何，等情到院……又访有等刁泼佃户，结党激赖，不顾理法。遇分收则先盗拨，议纳粟又多插沙。或负银租，经年不纳，甚至轻生图赖。"（许孚远：《照俗收租行八府一州》，见《敬和堂集》，卷 9，21b～22a 页。）

　　③ 参见董应举：《与南二太公祖书》《米禁》，见《崇相集选录》，34～35、41 页；周之夔：《条陈福州府致荒缘縣议》，见《弃草文集》，卷 5，18a～21b 页。另参见王业键关于稍后时期粮食供应的讨论。

　　④ 动乱事件，参见傅衣凌：《明万历二十二年福州的抢米风潮》，140～147 页。他注意到，16 世纪的官员将福州动乱的发生归咎于环境因素。不过，这并非令人满意的答案。抗租和抢米风潮的发生皆须回到具体的历史背景中来考察。人口过量、土地过于集中，以及长期的粮食短缺，都是 16 世纪经济问题的一部分，这些变化普遍见于当时福州人的著作中。

大规模的粮米骚动。当时一位米商拒绝以较低的官定粮价将粮米卖给人民，遂与买家争吵至相互斗殴。这名商人"素饶，饿民乘机尽掠之"。许孚远派本地学生前往评理、调解，但未见成效。城内数十家店遭到抢劫，并有多处地方发生暴动。暴动者甚至烧毁了考场。巡城的地方军队沿街巡逻，悬吊劫犯，用了三天才恢复秩序。①

16世纪中叶至17世纪初期的倭患，也给福州地方社会带来了灾难性后果。族谱记载大量人口逃离乡里，迁往福州城内避难。乡村中的精英最有可能成为倭寇摽掠的对象，也是最有能力的逃离者。② 对那些仍然留在乡村的绅士而言，领导地方防卫就成为重要的活动。明亡后，顾炎武游历至此，便注意到福建沿海地方的防御体系。③ 地方精英主导了当地的防御组织。④ 南台下游的塘

①　万历二十二年(1594)，作物歉收，城里米价上涨。由于担心官员和士兵粮米是否足额，迟钝的福州知府在接获上级命令以前拒绝发放备赈粮米。有官员提出鼓励商人进口粮米，但此时海盗猖獗加剧了海上运输的风险，这个办法难以奏效。同样地，囤积的问题依然存在。许孚远注意到："闽省地窄人稠，粮食往往取给他处。比年荒旱频仍，民益艰食。海上谷船自浙之温、台，广之高、惠、潮而来，又被豪牙奢户一网包籴，因而闭粜，价值一时腾贵，贫民难买升斗之粮。"(周之夔：《广积谷以固闽围议》，见《弃草文集》，卷5，10a～17b页。许孚远：《颁正俗编行各属》，见《敬和堂集》，卷8，15b页。)关于抢米风潮，参见《福州府志》(1613)，卷75，15a～15b页；傅衣凌：《明万历二十二年福州的抢米风潮》，140页。

②　族谱中对人口迁移的记载，见第五章有关《福州郭氏支谱》的讨论。莆田朱淛的书信指出，地方精英特别容易受到倭寇攻击，后者得到了当地人士的协助。"暮夜一来，谁能御之？故数家平日以富名者，各搬移入城。"(朱淛：《天马山房遗稿》，卷5，12b～13a页。)另一例子参见《闽县乡土志》，107a～107b页。

③　他提到漳州自"嘉靖辛酉年以来，寇贼生发，民间团筑土围土楼日众，沿海尤多"(顾炎武：《天下郡国利病书》，卷26，114b页)。据福州北部福宁府的清代方志记载，自16世纪中期至后期，为应对倭寇入侵，地方兴建土堡约二十处。参见林爱民：《赤岸堡记》，见《福宁府志》，卷39，6a页。

④　在某些具战略意义之地，国家会出资协助修建土堡。例如，在重要的海口港，嘉靖三十四年(1555)倭寇来袭，镇民死亡半数。巡按御史发帑金赈恤，镇民用以筑城从而成功抵挡后续的倭患。参见《闽都记》，卷27，7b页。

头，于嘉靖年间修建土堡以应付倭患。倡修土堡者来自贫困之家，后来做牙商学徒而逐渐致富。他捐出必要的资金，带领乡里修建土堡。"倡筑土堡，一乡赖之。"①对这样的人而言，地方防御便意味着保卫自己的族亲。他们将族人组织起来筑土堡、练乡兵，这样的领导方式很快延伸至其他地区。寇乱后地方精英回归乡里，也承担起重建被焚毁的祠堂的责任，正如林庭机为其父亲林瀚所做的那样。②

许多历史学者认为，明中期的知识精英为他们肩负的道德责任与有限的实现手段之间的矛盾而日益感到困扰。原则上，有自觉的士人会通过科举考试进入仕途，而后勤勉不懈地为其任职地方的道德与社会进步而努力。但任官的机会跟不上功名士绅的数量增长，再加上商业化扩大了地方精英的规模，使得个人实际能获得官职的机会急遽减少。很多人通过在家乡或别的地方从事学术事业或书院教育来实现其道德情怀。然而，许多乡绅注意到，在缺少行使权力的正式机遇的条件下，要践行他们在乡里社会的身份和使命，是相当困难的。③ 16 世纪中期开始，福州士绅借由地方领导地位与组织，积极地解决此一难题。

父系亲属制度与实践，普遍被视为发挥领导力的有效方式。

---

① 此人在地方事务上也很活跃。他设立义仓，春秋二季出借稻谷，丰收偿还时亦不取利息。此外，他还资助无法负担丧葬婚嫁费用的族人。参见《闽都记》，卷 13，6b 页；《闽县乡土志》，108b 页。

② 参见《闽都记》，卷 13，5a 页。

③ 正如卜正民所言："简单地说，明代中叶士绅的困境在于，他们必须明白在地方社会缺乏承办公共活动的正式机会的情况下，他们的角色是什么。在与皇帝的关系上，他们是忠诚的仆人，言行必须符合儒家准则。但在地方上，他们并无正式特权。他们的社会流动性带给他们一种非正式的权力，但就儒家对地方县令所代表的国家秩序表现出遵从与义务的理想而言，这很难将其合理化。"(Timothy Brook，*The Confusions of Pleasure*，p. 140.)

例如，郭德音于康熙十八年(1679)提到，他通过编撰《福州郭氏支谱》来改善族人在道德方面的不足：

> 今吾族人散处他方者，无论在会城，犹有有服者、无服者，不过五六十人。老者、壮者、长者、少者，或士、或工、或商、或贾，智、愚，贤、不肖，不一其人……各挟其私，各怀其诈，以致昭穆失序，少长交凌。甚至争斗讦告，骨肉相残。无礼无义，寡廉鲜耻者，比比然也。[①]

对祠堂功能的认识，也随着这些观念的转变而发生变化。祠堂逐渐从强调官爵的排他性来彰显身份差异的制度，变为通过宗族礼仪进行社会教化的工具。这种新形态的领导机制，成为地方士绅践行义务的方式。

南湖郑氏的包容性祠堂

这些态度的转变，清楚地反映在南湖郑氏的相关文献中。南湖郑氏是 16 世纪南台岛上修建祠堂的两个宗族之一。[②] 郑氏聚族于高湖、江边二村，与西边的林浦邻近。他们的始祖于宋代迁至高湖，并长期受祀于专祠，另有"附祠，以无享者祔食"。[③] 16 世纪初，有族人欲图建立祠堂。他们皆属同一房支，但并非长房，而且缺乏功名和官职。当时郑氏族中最显赫者便是郑善夫(1485—

---

① 郭德音：《天房德音公第三次重修支谱记》，见《福州郭氏支谱》，卷 1，15b 页。

② 另一个 16 世纪的祠堂，是之前讨论的螺洲吴氏祠堂，见第 129 页注释①。

③ 郑善夫：《少谷集》，卷 9，5a～6a 页。"南湖"一词并非出自南台地方的任何地理特征，而是因为该宗族宣称自己是莆田南湖郑氏(宋代当地最显赫的家族之一)的后代。

1524)，弘治十八年(1505)进士，官至礼部员外郎。他在给该房的家书中表明，祠堂应该致力于凝聚、团结族人。他指出："(三房)子孙能自顾其田宅之盛，财帛之赡，皆曰祖宗之泽也。"这说明该房修建祠堂所凭借的，不是官绅地位，而是经济能力。然而，郑善夫认为祠堂应当更具包容性而非排他性：

> 第不知堂成之后，亦许各房子孙入门而拜乎？冬至之日，各房子孙亦得陪祭于始生之祖乎？如此，则祖宗地下必喜曰：吾三房子孙富而能义，义而能公。他族闻之，固歆吾大家之和之美也。若但支分汝我，任气而行之，祖宗恐亦不享乎。①

换言之，郑善夫恳请修建祠堂的三房族人应该让祠堂成为合族祭祀的场所，而非仅限三房独祀。②

尽管南湖郑氏祠堂与稍后的林浦林氏祠堂大致处于同一时代，但前者代表着未来祠堂发展的方向。自 16 世纪始，祠堂日渐失去作为地方精英排他性标志的地位，而是融入地方社会，并且在社群的仪式生活中扮演领导角色。知识精英逐渐将礼仪视为建立稳定的道德社会秩序的办法，而其在祠堂仪式中的主导地位，则成为他们履行社会责任的方式。周启荣称此为礼仪主义的地方社会

---

① 郑善夫：《少谷集》，卷 17，8b～10a 页。可惜的是，我并未获得同意去查阅南湖郑氏族谱，因此无法梳理郑善夫与三房之间的亲属关系。

② 19 世纪，郑善夫已被视为祠堂背后的主要推动者，这或许是因为他是族中唯一久负盛名者。道光六年(1826)，族人郑炳文为祠堂设立祭田，但它后来遭到不肖族人侵占。郑炳文的朋友林则徐为其撰写记文："南湖郑氏之有祭田也，自明吏部少谷始。公捐资倡建祠堂，又割己田为祀典。十世孙炳文，官江南淮安府同知，积俸所入，复而完之。"[林则徐：《南湖郑氏祭田记》(1827)，碑文。]

转向。[1] 在福州地区，这样的转向由多种原因促成，包括商业化与倭患。前者被视为败坏社会风气的深远因素；后者则是出于联合防御目的，进而将地方士绅与乡里更加紧密地联结起来。祠堂逐渐成为地方宗族合族祭祀祖先的礼仪场所，其背后寄托着众多的目的，诸如建立更具向心力的地方社群，重振乡村社会萎靡的道德风气等。

义序黄氏的民间祠堂

对于观察福州地区的社会、经济变化对宗族发展的复杂影响，义序黄氏提供了一个绝佳的研究视角。黄氏很早便发展出某种程度的法人组织（corporate organization）。族谱中较早的文献提到了族房长，以及洲地形式的共同财产。第二章已讨论过，闽江中的蚬埕归于黄氏始祖黄之复名下，当蚬埕的采收权被卖出时，黄之复的每位后嗣均能从中分得股份。[2] 我们将看到，宗族领袖也试图以族规约束全体族人的行为。然而，在明代大部分时期，义序黄氏似乎不认为祠堂是将族人关系制度化的适当办法。尽管有些祠堂修建于明中期，但这些多属私人性质，更多是为了彰显排他性，而非包容性。直到明末，由于商业化的影响与倭患危及地方社会，族人才把祠堂当作建构宗族团结的主要工具。

族谱显示，明初时黄氏宗族中便存在一富裕阶层。例如，生活在元明之际的黄伯震"佐以张氏妣，勤俭始进家业，造房屋。公

---

① 参见 Kai-Wing Chow，*The Rise of Confucian Ritualism in Late Imperial China：Ethics，Classics，and Lineage Discourse*，pp. 86-97。
② 参见黄辅极：《宗祠志》(1734)，见《虎邱义山黄氏世谱》，卷 1，18a～18b 页。

卒，姚亲率婢仆提督工役，造小山冈顶坟"①。又如，黄文泽有才学，外出至其他省份担任官员幕宾。他因此变得相当富有。当他最后返乡之时，他购置了许多田产并修建了新宅。其后人被称为"新厝房"。黄文泽还修建了四所仓厝，用来储存租谷。后来他将财产分给四个儿子，每人都分得一所仓厝，以及预先营造的寿穴。②

倭寇猖獗的一个世纪对义序居民造成了直接影响。族谱中一篇有趣的传记认为，义序人既是倭患的煽动者也是受害者，事实也通常确实如此。明初时人黄复，"身矮短，有权略。号曰'黄矮'，族里皆惮焉，后子孙日盛矣"。族谱中也说明了海寇带来的恶果。黄伦有六个孙子，其中五位皆无子嗣，"相传为海寇所逐，溺死于龙潭角也"。③

明代黄氏族人中唯一担任文官者，是黄伯震的孙子黄麟子（生于1344年）。他有贤才之名，在四十岁时获得举荐入仕。族中还有几位武官与一位生员，后者通过其妹夫——一位著名将军的帮

---

① 《虎邱义山黄氏世谱》，卷1，30a页。又如，黄侍公生于永乐朝，"多权略，人畏其威力……先娶吴山何氏，妆奁甚厚。继娶西峡张氏，生天锡。又娶南台邓氏，妆奁亦多，因此致富"（《虎邱义山黄氏世谱》，卷1，34a页）。

② 文泽的父亲也为其遗孀留下了一些田产。田租收入则分属两个儿子。据传兄弟分居而爨，轮流供养母亲。母亲虽然二处轮膳，但住宿则在兄长文泽之家。一日天将大雨，母亲用晚膳于弟弟文敬处所。弟恐大雨，催促厨房提早供饭，以便送母亲回兄长住所。母亲以居所近而推辞相送。文泽以为母亲必留宿于文敬之家，遂不令家人伺候开门。结果，大雨不止，母亲死于门外。兄弟被胞叔控告因而破家，文泽出走。由于文泽有才学，外出担任幕宾，反以致富。参见《虎邱义山黄氏世谱》，卷1，35a～35b页。

③ 《虎邱义山黄氏世谱》，卷1，33b页。16世纪的动乱影响，清楚地反映在族谱中男丁未能成年、结婚、生子的高比例上。另一事证即为族谱编纂者努力梳理经常发生的各种收养事件。然而，这只在名义上维持了绝嗣族人的祭祀，因为他们或他们的子孙皆成为倭患的受害者。

助而获得低阶职位。① 因此，不难理解从明初到明中期，为何没有
修建祠堂的记录。如前所述，福州当时修建祠堂的权利只限于上
层精英，而义序人尚未位列其中。而后晚明的义序黄氏已有知识
精英，尽管仅有最低层次的功名，遂开始修建小型祠堂。16 世纪
中期的黄廷举，是幕宾黄文泽的孙子，同他的祖父和父亲一样，
都是生员。根据清代的祠志记载，他修建支祠以祭祀祖父黄文泽。
但并未有记录说明有其他祖先供奉其中。当它倾颓毁坏时，似乎
没有重建的意义，因为基址过于窄小。而这便是符合朱熹规范的
祠堂：私人而小型，同时只祭祀近世祖先。时间推移至 18 世纪中
叶，黄文泽的其他后人也开始修建祠堂。乾隆二十二年（1757），
一群拥有生员功名的族人决定择址捐地，出资重新修建更大的祠
堂，此即所谓新厝房"支祠"。②

　　尽管 17 世纪中期偶尔有席卷福州城郊的骚动，但黄氏仍两次
修建更具包容性的祠堂，作为祭祀祖先与团结宗族的努力。首先
是黄麟子四子后人修建的四房"家庙"。黄麟子在外为官时，其妻、
妾共同操理家业，之后分给各个儿子。③ 黄麟子及其儿子当时皆未
修建祠堂。17 世纪中叶，这成为子孙关心的议题。正如族人所说：
"吾族旧未有宗祠，知义者恒引以为愧。但所费不赀，而子姓又未
蕃也。"④顺治八年（1651），在清政府征服福州残余的明遗民后不
久，有些族人认为是时候修建祠堂了。当中的关键人物，是顺治

---

　　① 正如其传记所说，当时地方精英的社会流动较后来更为容易。"永乐时，武臣
颇重，以生员充吏到部，人呼为侯。"（《虎邱义山黄氏世谱》，卷 1，29b 页。）
　　② 参见黄祥愷：《新厝房支祠志》(1867)，见《虎邱义山黄氏世谱》，卷 1，22b 页。
这座祠堂于同治六年(1867)、民国七年(1918)重修，但并未保存下来。
　　③ 参见《虎邱义山黄氏世谱》，卷 1，30a 页。
　　④ 《四房支祠志》，见《虎邱义山黄氏世谱》，卷 1，21b 页。

九年（1652）的生员黄葆光，他是明末清初地方知识精英的典范。黄葆光"隐居不仕"①，但积极参与地方事务。其先建社学、祀孔子，又编修族谱，率众修建祠堂，祭祀远祖黄麟子。②

后来的祠记强调黄麟子及其儿子在仕途上的成功，以合理化他们建祠祭祀的行为："世德宦声，为称于时。"另外还需要合理化的部分是，黄麟子并非宗子，换言之，他并非始祖的嫡系长子。祠记的作者巧妙地以《礼记》来解决此问题：

> 礼记大传：别子为祖，继别为宗。祭秩贵贱，虽有差等，而斯义无间古今。故春秋修其宗庙，合族荐馨者，所以表慈孙孝子之心，示木本水源之谊也。③

借由申论庶子应当建立自己的世系，作者有效地消除了大、小宗之间的区别。依此逻辑，则任何人皆可不僭礼地祭祀远祖。

为了修建祠堂，黄葆光征得黄麟子四房后人中长者的同意。接着，他向"房内绅富"募集资金，共"鸠七十二分"。④祠堂内奉祀始祖黄之复、"本房显祖"以及支祖（很可能是黄麟子或其父），尽管当时并没有设置祭产来支应相关费用。祠堂修建时，72位出资者形成了一个法人组织。按照当时修建祠堂的出资份额，每人享有一定权益。这些权益包括身为祠堂成员的名誉，以及参与祭祀活动的权利。康熙年间，为了设置祠堂祭产，又纠资于"房中有志报本者"。他们"置业征租，营工立制，备极辛苦，无不尽心，规

---

① 《虎邱义山黄氏世谱》，卷1，14b页。
② 参见《虎邱义山黄氏世谱》，卷1，33a页。
③ 黄尊杰：《拓建四房平甫公家庙记》（1932），见《虎邱义山黄氏世谱》，卷1，22a页。
④ 这些资金仍不足以修建祠堂，因此黄葆光补齐了捐款总额。

模既定"。祭产设立后，遂建立起轮流管理制度，所有祠堂成员皆可按年轮流收取租金；祭祀所余资金，则留作此后公用。[1]

四房支祠属于祠堂的过渡形态，介于明初至明中期较具排他性的士绅祠堂与清代较具包容性的宗族祠堂之间。这是个不对称分房（asymmetrical segmentation）的例子，这些父系人群借由强调共同祖先，将他们自身视为更大宗族内的亚群体。[2] 尽管祠堂内供奉黄之复的牌位，但其并不是为这位义序始祖的所有子孙而修建的。祭祀仪式的核心是黄麟子，只有他的后人才有资格捐资。与此同时，虽然林浦的祠堂也是个人或家庭私有，但四房支祠属于更大的群体，他们之间的亲属关系也较为远缘。随着时间的推移，祠堂的股份所有权成为最初投资者后代得以继承拥有的财产形式，因此拥有祠堂股份的人数将会越来越多。尽管四房支祠原本可能就是社会地位较高的标志，但这种地位并不会普遍地分享给支祖的所有子孙，而只给最初修建或后来重修祠堂时出资的族人。事实上 17 世纪中叶时，这个更大的宗族人群似乎尚未出现群体认同或凝聚力。[3]

这不是说像黄葆光这样的积极者，无意在 17 世纪中叶的世系基础上，将黄之复的所有后代团结起来，而是他们并未将祠堂视为凝聚族人的根本基础。相反，他们将重点放在道德劝谕上，周启荣称此为宗族组织的教化功能。[4] 黄葆光编订一系列祖训，试图

---

[1]　《四房支祠志》，见《虎邱义山黄氏世谱》，卷 1，21b 页。林耀华于 1935 年在义序进行研究时，四房支祠刚刚重修四年，拥有祭田 66 亩。每年祭用可收一千余元，一部分用于祠堂开销，剩余归轮值者。参见林耀华：《义序的宗族研究》，32、35 页。

[2]　参见 Rubie Watson, *Inequality Among Brothers：Class and Kinship in South China*, chap. 2。

[3]　别忘了黄辅极族人的话，他并不清楚宗族各房之间的世系亲疏关系。见第 42 页注释①。

[4]　参见 Kai-Wing Chow, *The Rise of Confucian Ritualism in Late Imperial China：Ethics, Classics, and Lineage Discourse*, p. 14。

规范全体族人的行为，祖训共有十条：尊祖、孝亲、敬长、教子孙、均财、睦族、勤业、节用、惩忿、防非。① 然而，他的祖训恐怕难以对义序族人产生实际影响。由于缺乏执行机制、惩罚措施，祖训充其量只是模糊的道德规劝罢了。即便如此，它们确实传达出了地方精英的某些忧虑。这个时期更广泛的社会、经济变化，使得财富和社会地位的分化日益加深，尤为重要的是不要让这些力量撕裂社会。道德劝喻就是实现这一目的的办法之一。

17 世纪后期，对抗此一潮流的主要策略发生了改变。地方精英尝试通过修建黄之复所有后人皆能参与祭祀的更具包容性的祠堂，以提高更大宗族内部成员的凝聚力。此一工程耗费了将近一百年的时间。雍正十二年（1734），黄辅极在祠志中以常见的话语解释道，虽然先人为官数代，但他们都十分清廉，以至退休时囊空如洗，同时宗族人丁未旺、财力有限，故未能修建祠堂。康熙元年（1662），四位族人试图纠资修建祠堂，并于乡里中置地。然而，正要动工时，旧地契的持有者前来索取赔补。在被拒绝后，他将地契交给一位官员的家丁，从而开启了一场长期的诉讼，也耗尽了四位倡议者中三人的资金。康熙二十三年（1684），六名族人重启修建祠堂的计划，并且监督修造、雕刻神龛及设立祖先牌位（见图4.7）。不过仍有其他问题存在。康熙六十一年（1722），五位族人提议重整祠堂。为了筹措必要资金，黄辅极的父亲与族房长商议，希望能向族人筹募经费。据估计，共需银 150 余两。有别于之前乡

---

① 每一条后面都有一段简短的内容说明。例如，"均财"一条的说明，一开始便指出充足的财富是个人维持生计所需，之后引用了孔子的话："不患寡而患不均。"具体而言，这意味着不应侵并他人的田土，分家时不应多取。其他祖训则更为模糊。例如，祖训推崇古人十世或数世同居的做法。尽管这不可能，但背后的精神仍然存在。"凡我族人须喜怀庆，忧相恤。毋以智诳愚，毋以贵凌贱，毋以富弃贫，毋以勇苦怯，毋以众暴寡。"（黄葆光：《祖训》，见《虎邱义山黄氏世谱》，卷 1，19a～19b 页。）

图 4.7　义序黄氏祠堂中的祖先牌位（宋怡明摄）

中修建祠堂的传统，此次修祠费用主要是以人头税的方式向所有黄
姓男丁收取。此时，族人已逾千丁，每丁要求出一钱。黄辅极的父
亲也捐献了一大笔金额，加上蚬埕的集体派租收入，一并投入修祠
款项。[1] 但即便经过此次扩建，祠堂规模仍然不尽如人意。雍正十
一年(1733)，黄氏又在宗族内纠资加以扩建。最终于来年(1734)，
黄辅极撰写祠志纪念祠堂圆满落成。[2] 自此，义序黄氏方有始祖所
有子孙均可参与祭祀活动的祠堂。[3]

----

[1]　在新祠堂的上梁典礼上，黄氏修建祠堂过程中所遭遇困难的秘密被揭开。祠堂
梁上发现一个符咒，是以铜钱压着两张红纸。一位年长的工匠解释，这是之前工匠所作
之魇。

[2]　参见黄辅极：《宗祠志》(1734)，见《虎邱义山黄氏世谱》，卷 1，18a～18b 页。

[3]　1935 年林耀华造访义序时，记录下当时祠堂中有大约 20 排祖先牌位，每排 27
块，共约 540 块。这显然说明，只有一小部分追溯至始祖黄之复的宗族祖先得以入祀祠
堂。但很可惜，并没有关于牌位入祀祠堂之标准的相关材料。此外，这些牌位可能在同
治五年(1866)大修后才入祀祠堂。我们也无从知道，祠堂首次兴建时有多少牌位。参见
林耀华：《义序宗族的研究》，32 页、46 页注释 11。

义序黄氏祠堂的建成，反映出宗族意义与宗族组织的进一步发展。它的前身，新厝房支祠和四房支祠，皆可说是排他性组织——成员有严格的限制。而新祠堂则对始祖的所有后人开放，且实际上就是为凝聚全体族人而建。祠堂的修建由地方精英发起，且正如下一章要讨论的，他们在仪式活动中保留了某些特权。

明末清初的知识精英，并未舍弃用教谕的方式来处理社会秩序瓦解的问题。大约与新祠堂修建同时期，武生员黄元斌为族人制定了更具实质性的行为规范。如同先前的祖训一样，每一条族规由一个口号与一段解释文字组成。与此前不同的是，解释文字不仅对个人行为做出明确规定，并说明了违犯这些规定时所实施的惩罚。这些规条足以说明精英理想中的宗族如何赋予他们在地方基层的权力，同时又支持国家势力的渗入。① 祠堂的管理者也借

---

① 第一条为"讲圣谕"，是指康熙皇帝颁布的圣谕十六条。其中一条是要求族人严禁泼赖，"无赖之人，但知有利而不知有理"，其危害在于他们的不法行为可能会引来地保或监督地方的保甲的注意，从而使全族陷入麻烦。因此，宗族组织变得与两个县级以下的国家控制机制——乡约和保甲系统密不可分。另一条族规是严禁族人向官府呈控其他族人。族人必须先向族长提请判决，而族长有权力做出裁判，甚至予以惩处。如果犯罪方不遵守，则族长将亲自提请官府问罪，这可能会大大强化原告的呈控。这条族规旨在减少诉讼，因其"大则破家荡产，小则亏体辱亲"。罗威廉（William Rowe）指出，在 18 世纪中期，陈宏谋试图通过授予祠堂族长权力，来强化宗族的司法权威，以此作为县衙公堂正式机制下的审判主体。（参见 William Rowe，"Ancestral Rites and Political Authority in Late Imperial China，" pp. 387-397。）不过黄氏族规并未提及官方对于祠堂管理者的认可。另有一项规定是禁止妇人投祠，无视此一规定的丈夫或儿子，都将受到重罚。那些不孝者亦然。因此，族规也巩固了父权制家庭。其他族规则更直接，试图扭转影响地方社会的不良风气。例如，禁止族人在殓葬期间饮酒，禁赌博，并呼吁在言行上尊崇文士，因为"士乃四民之首"。第三条为"崇睦姻"，说明黄元斌担忧贪婪与自私会使地方社会秩序恶化，传统束缚崩解。主因是土地所有权的频繁转移。最后一条则表明，当社会秩序日趋崩坏时，最终的手段将是诉诸暴力：严禁无正当理由击鸣祠鼓。族谱中并未说明原因，但义序的耆老迅即明白寓意为何。祠鼓是唯有械斗发生时，作为集结号召族人之用。参见黄元斌：《家庙十规》，见《虎邱义山黄氏世谱》，卷1，20b～21b页。

着保护村庄风水的名义，来主张对私有财产的监管权利，进一步扩大其对于宗族成员的权威。大约在 18 世纪 40 年代，同样由黄辅极撰写的《山川风水志》，便提供了这类例子。玉榴山为义序乡之屏障。大概四十年前，有人擅伐山上的林木，结果爆发了几场灾难性的大火和疾病。因此，宗族领导者便禁止在山上砍伐任何树木，无论是私人的还是集体的。违者将被罚钱，以雇用戏班在祠堂内演出一台戏；冥顽屡犯者则禀报族房长加以惩罚。黄辅极称赞这是极具效用的做法，因为实施以后，乡里中火灾、瘟疾俱除，族人的科举事业也蓬勃发展。[1] 这些规定可视为宗族领导者对于新权力的确立，包括处置族人的私有田产，以及限制外来者的定居权。[2] 然而，显然义序的知识精英不再将道德教谕与规章视为维持社会秩序的主要办法。包容性的祠堂已成为达成这一目标的主要途径。

螺洲陈氏祠堂和晚明、清代民间祠堂的普及

义序黄氏的例子说明了，明代中叶，精英如何通过宗族组织加强对地方社会的控制。在此过程中，曾经是士大夫排他性象征的祠堂变得越来越有包容性。这故事或许到此就结束了，若不是那些变化——如商业化及货币化的发展——的剧烈冲击，使知识精英得以先确立权力，而士绅模式的祠堂声望也日益提升的话。由于此模式被广为仿效，祠堂于明末清初迅速在福州乡村中普及

---

① 另一例子与金鲤山有关，它同样有重要的风水意义。无知先人在山上私种果园，随后出现了纷争，遂于山上筑墙以区分畛域，"使鱼不得活"。山上一侧斜坡，被游家建造为坟。这同样破坏了金鲤山的风水。因此，宗族严禁进一步的施工与砍伐。参见黄辅极：《山川风水志》，见《虎邱义山黄氏世谱》，卷 1，26a～26b 页。

② 关于定居权，参见 David Faure, *The Structure of Chinese Rural Society：Lineage and Village in the Eastern New Territories*，*Hong Kong*，chap. 3。

并且发生显著转变。① 这些新祠堂与明初至明中期的官式、士绅祠堂大不相同。这些新祠堂，如黄氏祠堂便是较早的例子，可以称之为"民间祠堂"，因为它们是由不同阶层的族人共同捐造的，而且其中大多数族人不具有功名。

螺洲陈氏的历史便是观察清初福州祠堂意义转变的一个好例证。在第二章中，我们谈到陈氏努力摆脱受到歧视的疍民身份。螺洲陈氏早期的群体活动，似乎都与坟茔祭祀和丧葬有关。直到 18 世纪，螺洲陈氏才尝试修建祠堂。他们的祠堂，与凤岗的官式祠堂及林浦的士绅祠堂极为不同。其目的在于促进始祖所有后人的凝聚与团结。它的经营和管理也反映出，这些地方精英比早期的祠堂修建者在地方事务上有更全面的参与及投入。富裕的族人捐资修建祠堂，他们坚称其贡献应该在祠堂的礼仪祭祀与管理上获得认可。

陈氏最早的上岸者可能出现在明初，其当时或许是该地区最重要的吴氏宗族之佃户。② 正如第二章的讨论所言，在 16 世纪或

---

① 南台岛上今日尚存的祠堂，其修建年代可与文献材料相验证，其中有些例子足以阐明这段时期内祠堂的传布。城门的林氏祠堂，根据光绪十一年(1885)的重修碑记，始建于 300 年前。一通现代的重修碑记也宣称这座祠堂最早建于明洪武十三年(1380)，毁于嘉靖十四年(1535)的倭寇，又于万历十一年(1583)重建。不过，城门林氏在明代并不是特别引人注目的宗族，很有可能在嘉靖十四年(1535)被毁坏的是一间用于祭祀的祖屋，而不是建于万历十一年(1583)，又于光绪十一年(1885)重修的单幢祠堂。凤山郑氏在万历年间将一座佛寺改建为祠堂。另一座南台祠堂为清初阳岐严氏于康熙三十年(1691)修建，晚清名流、翻译家严复即出自此家族。参见无题碑(1885)；碑刻《重建后楼林氏宗祠主捐题名记》；《凤塘古迹》，见《带草堂凤山郑氏族谱》；碑刻《重建严氏宗祠碑记》。

② 明初至明中叶，岛上居民以吴、林二姓最多。林氏声称他们的始祖是林文茂，莆田人。据说他于宋宁宗庆元元年(1195)自广东的低阶官职退休后，便迁到妻子的家乡螺洲。林文茂出现在晚清县志的始祖名单上，当然，这些信息是由林氏自己提供给方志编纂者的。螺洲第一座祠堂由吴氏修建，这必这巩固了他们镇上第一家族的地位。参见《闽县乡土志》，231b 页；《闽都记》，卷 14，13b 页。

17世纪时，仍然有少许陈氏族人必须交纳与疍民相关的渔课。但并非所有族人都如此，因为在15世纪中叶，已经有螺洲的陈姓人士出现在科举的榜单上。其中出现最早的是天顺三年（1459）的举人陈晔。他的曾孙陈淮于嘉靖十七年（1538）高中进士，是清代以前获此殊荣的三位螺洲人之一。①

陈氏早期的群体活动与坟茔有关。嘉靖二十九年（1550），螺洲陈氏始祖与祖姙的坟墓获得修治。② 墓碑专门称赞了"皇明敕封文林郎五世孙鑅等"重修祖坟之事。陈鑅是陈晔的孙子、陈淮的父亲，其因为儿子的成就而获得封赠的荣衔。③ 依山精心修建坟墓，也许有助于抹去他们疍民身份残留的痕迹，因为即使在今天，人们还认为不修坟埋葬是疍民与非疍民的区别。在螺洲陈氏的文献中，"等"是最早的关于群体活动的暗示。

16世纪，坟茔仍是陈氏任何形式的法人组织关注的焦点。自陈晔那一代开始，族谱将陈氏始祖的子孙分为五房，这与今天宗族的情况相吻合。这种分房方式，是基于兄弟与堂兄弟拥有共同祖先的血缘谱系，与孔迈隆所说的谱系中的联合亲属（associational kinship）相呼应，这在南台宗族中相当普遍。④ 族谱中并未提及宗

① 在取得科举考试的成功后，陈晔在华北地方儒学担任不起眼的学正一职。林瀚是16世纪初期最著名的福州人，他撰写了一篇赞扬性的传记，提到了陈晔的学术成就，却未提及其家世出身。这在明代传记中并不寻常，然而，如果陈晔的直系祖先是疍民，这就不令人吃惊了。陈晔的曾孙陈淮的画像，如今还挂在螺洲陈氏祠堂之中，画中人物身形瘦削、面色苍白，同时留着醒目的胡须，神情肃然。陈淮为官时间不长，因为直到他93岁去世之前，他享受了43年的退休生活。参见林瀚：《陈孝廉叔明先生传》（1513），郑人达：《螺江陈先生传》，见《螺江陈氏家谱》，"传"，1a～1b、2a～2b页。
② 这位祖先的身份，据村里口传的说法，就是陈友谅，见第二章的讨论。
③ 此通碑文收录于《螺江陈氏家谱》前部分。
④ 参见 Myron Cohen, "Lineage Organization in North China," pp. 511-512。另参见 Maurice Freedman, *Lineage Organization in Southeastern China*, chap. 6。

族分房的时间和原因，今日螺洲居民也不得而知。但是根据墓地
修建的记录，可以推测是第五或第六世的族人以这样的方式组织
宗族，而经济分化可能也是背后的因素。首次编纂族谱时记载，
第三世的五位祖先中，两位"附葬父坟"，而其他三位的坟墓则已
失落。第四世的情况也类似。而后，自第五世开始，长房恭房数
代族人均埋葬于"峻边"，即位于绵延南台岛的高低起伏的高盖山
的小丘之上。此房的族人似乎足够富裕，能以在峻边修建坟地的
方式设置共同的财产管理制度，当然或许还有其他的资产支持坟
地的开支。这些坟地的所有权最初归于捐置的某人或群体及其后
代子孙，并因而发展出群体认同。

自第四世起，恭房又进而分为三房，即仙湾派、富厚邨派与
南瀛派(图 4.8)。族谱记载，此一分房发生于恭房始祖曾孙还健在

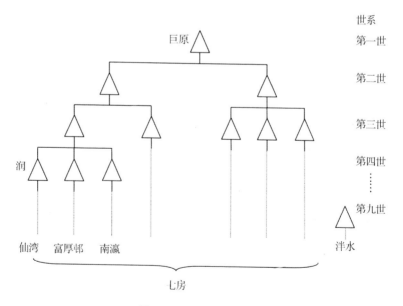

图 4.8　螺洲陈氏的分支

的时候。这或许是另一种建立在田产上的不对称分房的例子。仙湾派始祖是陈润。他的次子陈良栩（1528—1585）是个有钱人，在高盖山拥有许多土地。自明万历至清中叶期间，仙湾派有许多族人及其妻妾先后葬于高盖山，共筑有八台坟墓。这一状况维持到民国时期，当时的族人团结起来，向县知事控告其他外族在高盖山非法占葬。陈润的第四子是位县庠生，虽有娶亲但并未留下子嗣。他应当也是个有钱人。族谱记载，其"治命不立继嗣，以遗赀充父之蒸尝"①。这些遗产可以购买面积超过四十亩的橘园，并转租给佃户，凭着这些收入，"仙湾派子孙合支岁时集祭焉"。②

16世纪中叶和17世纪是螺洲陈氏的困难期。原因首先是倭患，继而是明清鼎革的动乱。然而，在地方社会完全恢复之前，陈氏已着手修建祠堂。虽然族谱中较早的文献记载都围绕着坟茔与田产展开，但后来的文献则皆与祠堂有关。族谱中收录的《本宗家庙鸠金赎地记》提供了许多细节，是由18世纪初期第十二世的著名族人陈衣德所撰。该文开篇便援引《礼记》来强调修建祠堂的重要性："将营宫室，宗庙为先。"陈衣德并未解释为何当时尚未修建祠堂，而其他族谱则明确指出，17世纪时，没有祠堂确是让人蒙羞的事。修建祠堂也可能进一步掩饰了他们受到鄙视的疍民身份，尽管族谱中对此并未提及。祠堂修建由陈昇（1601—1659）发

---

① 在此，个人与宗族之间清楚地展现出紧张关系。遗产执行人们（因为真正处置遗产的可能是群体而非个人）必须在以下两者之间做出选择：一是将遗产作为吸引养子来继承的诱因，这能确保家中神龛祭祀的延续；二是利用遗产建立对所有人均有好处的共同基金，因为每人都能从其中的收入中分得各自的股份，且它有助于提高所有人的声望。无论亡者意欲为何，遗产执行人都将选择后者。

② 至19世纪，当时祭田的收入仅足以支付所有子孙每年集会宴饮的费用。此一年度合食的传统，据说延续了三百年。（参见《允德公祭产原始及其管理说略》，见《螺江陈氏家谱》。）村中的耆老，仍然记得1949年以前合食的情形。

起。他看上一块风水条件良好的土地，且位于村子中心，是个修建祠堂的理想位置。有24名族人响应他的捐款计划，共集资120两，买下这块地。捐资者多来自同一房，即仙湾派。尽管记录此一过程者是陈衣德，他是清初考中进士的三位族人之一，但捐款者之中并未有担任官职者。正如表4.1所示，25人中有3人是生员，其余则是生员、廪生等人的儿孙，他们中没有人获得官职或官饷。然而，他们均相当富裕，得以做出实质贡献来协助祠堂的修建。他们很可能是地主、放贷者和商人。① 相较于明初与之前，晚明及清代积极投入宗族活动、加强亲属联系者，不仅止于那些位居地方社会上层的人士，更包括尝试借由宗族事务向上流动的人群。祠堂修建便是此一目标的积极表现。康熙十六年（1677），祠堂在陈昇选定的地址上开工，"以妥先灵"。康熙二十六年（1687）又增置两扇大门，依时启闭。三十年后，祠堂又重新修缮。最终，一座焕然一新、雄伟壮观的宗祠落成了，所有陈氏族人皆

---

① 参见陈衣德：《本宗家庙鸠金赎地记》，见《螺江陈氏家谱》。可惜族谱中并无这24人之传记。不过，我们可以获知在宗族形成过程中，其他推动者的事迹。一是陈建功，他是捐款者之一的儿子，也是最后一位葬于高盖山者。他以慈善救济闻名，族谱中的传记称赞他的各种善行义举，如救济穷人，免除困苦佃户的田租，照顾族人，捐置祭田，以及设立义渡等。建功及其直系祖先均未曾担任官职。他可能是位成功的商人，通过救济与社会公益等文化施助，来提高社会地位。当时科举考试竞争相当激烈，而建功的七个儿子均为县学生。18世纪初，上游的闽清士人为修建文庙、学宫而来到福州。他们拜访建功，并承诺如若他愿意捐款200两，便为他的儿子安排入籍闽清；这或许是因为闽清的学额竞争不若建功所居的闽县激烈。建功的儿子陈盖山遂入籍成为闽清武生，于康熙五十九年（1720）通过武举考试，并于三年后以武举人入官场。同时期的另一类似者是陈彤轩，他从螺洲迁入福州城。"先世初无遗产，以经营积累，遂成素封之家。"族谱传记也称赞他"举数十年力积厚赀"，并与其兄均分。陈彤轩的财富无疑来自贸易和放贷，因为族谱中还提到他从苏州沿海岸线搭船归来时遇到暴风的事，并称颂他将无力偿还者的契券焚毁。在福州，彤轩以接济亲属族人而闻名："在家隆师重友，不吝囊金。于亲戚族党中尤切恤睦之谊，凡有婚姻卒葬者，加意佽助。"（《螺江陈氏家谱》，"传"，9a～10a，50a～50b页。）诸如建功与彤轩这样的人物，几乎不见于志书，即便是当地的方志。但记录在族谱中的这些生平细节显示，他们才是当时真正的宗族建构者。

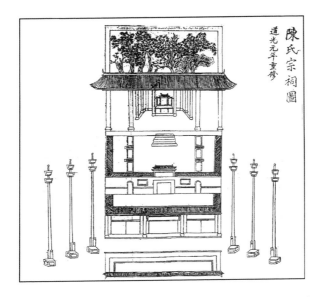

图 4.9　螺洲陈氏祠堂(图片来源:《螺江陈氏家谱》,1933)

引以为荣。①

祠堂落成五十年后,族中二位在官者呼吁应该编修族谱。② 修成时,他们撰写的其中一篇谱序中,清楚显现了精英对于宗族建设的关注焦点的转移:"或贫富相凌,强弱相轧,匪特为邻族所笑,亦皆祖宗罪人。"③显然,修建祠堂已不再是将自身与成就较低

---

① 在经过这些努力后,关于祠堂的最后外观的详细记录如下:"计祠之地广可六丈许,袤三十丈。祠之制为堂三间,夹以两翼。堂之下为庭院,为东西厢房。前为仪门,门三,出入由左右。仪门之外为前院,为东西回廊。榭屋又前为大门,三楹达于路。堂后对榭二间,为祭祀庖湢之所。隔墙为园,园余地之半,杂植果实,岁收其入,以备祠中不时之需。由前达后,缭以周垣,虽积日累月,久而后成。而祠之气象从容,规模宏敞。榱桷巍然,羹墙如见,亦可为子孙无疆之休矣。"(陈衣德:《本宗家庙鸠金赎地记》,见《螺江陈氏家谱》。)

② 这项计划已在第二章讨论。

③ 陈芳楷:《乾隆癸未新修家谱序》(1763),见《螺江陈氏家谱》,卷1,1b页。

的亲属区隔开来的办法。相反，它成为一种加强凝聚力的方式，将宣称拥有共同祖先的父系继嗣人群联结起来。包容性与团结族人，最终取代了排他性与官员身份的特权，成为修建祠堂与编纂族谱的理由（见表 4.1）。

表 4.1　螺洲陈氏祠堂捐款者身份

姓　　名	身份	父亲身份	祖父身份
陈衣德	进士	贡生	——
陈东白	生员	生员	生员
陈发良	——	——	——
陈尔恺		生员	
陈尔祥	生员	——	
陈日永	——	生员	生员
陈子明	——	——	生员
陈永常	——	——	——
陈子绅	——	——	——
陈君伟		廪生	
陈永兼	——	——	——
陈永稷	——	——	——
陈永赞	——	——	——
陈永端	——	——	——
陈尔开	——	——	——
陈聚五	生员（长乐）		
陈尔肇	——	——	——
陈永规	——	——	——
陈永誉	——	——	——
陈永推	——	——	——

续表

姓　名	身份	父亲身份	祖父身份
陈永定	——	——	——
陈尔畿	——	生员	生员
陈永镐	——	——	生员
陈仲华	——	——	——
陈希江	——	——	——

祠堂经营与牌位设立

晚明与清代新修的祠堂，如义序、螺洲祠堂，不是只由士大夫单独建造，它们的建设者由个体组成，包括商人、放贷者，以及大地主等不具功名的广义上的地方精英。① 他们试图让自己的贡献被认可，而这改变了祠堂的运作。两个议题特别能说明宗族实践的协商变化与多重立场：（1）谁有权在祠堂内供奉祖先牌位？（2）谁来管理祠堂？对这两个问题的回答，可从另一角度阐释明清时期的民间祠堂与早期官式、士绅祠堂之间的不同。

祖先牌位进主祠堂的标准为何，是祠堂管理最重要的问题之一。供奉在家中神龛的祖先牌位，在几代后终将被请出。② 相较之

---

① 参见周锡瑞与冉枚烁对不同类型精英之间关系的极具帮助的讨论。

② 这不仅与朱熹的规范相符，而且正如卢公明所注意到的，也是对空间运用的实际考虑的结果。"三五代之后，他们的牌位会被取下，并埋葬在牌位主的坟墓或附近，或者烧掉。至少它们必须被从神龛上请出来，以为即将设立的牌位腾出空间。"（Justus Doolittle, *Social Life of the Chinese：With Some Account of Their Religious，Governmental，Educational and Business Customs and Opinions，with Special but Not Exclusive Reference to Fuhchau*，vol. 1，pp. 222-223.）

下，永久安奉在祠堂的牌位，得以确保祖先祭祀的延续性。供奉在祠堂的牌位将与祠堂的生命相始终，因此，祖先可在祠堂中接受全族定期供奉的祭品。在宗祠中立一个神祖牌位，也意味着分享家庙的所有权，赋予他的后人诸如提供部分祭品、分享祭田收入等权利。尽管清初祠堂已经成为团结父系亲属的建制，但祠堂中的牌位仍是社会上声誉、卓越形象的象征来源。而此一与设置牌位相联系的名声，则似乎为供奉牌位者的后代所继承，至少在最初几代是如此。因此，清代南台岛上修建的祠堂，对于设置牌位都有严格的规定。卢公明注意到了这点：

> 　　修建祠堂时，经营者会对有意设立祖先牌位，或是通过捐献一笔费用给祠堂以添设新牌位者订立规定。这些章程规定相当明确与严格，并且被严厉执行，否则祠堂不过数代，便将容纳不下这些牌位。①

螺洲陈氏祠堂并未对此制定严格的章程。② 然而幸运的是，有清一代，陈氏族人在地方甚至全国都有杰出表现，陈氏祠堂被其他宗族视为修建的典范，且这些宗族时常以借鉴陈氏祠堂来合理化其作为。三山叶氏便是这样的宗族，其族谱为清代宗族如何在祠堂

---

　　① Justus Doolittle, *Social Life of the Chinese：With Some Account of Their Religious, Governmental, Educational and Business Customs and Opinions, with Special but Not Exclusive Reference to Fuhchau*, vol. 1, p. 226.

　　② 祠堂在毁于"文化大革命"之前，并未存有祖先牌位的完整名单，这个问题困扰着 20 世纪 90 年代时重修祠堂的委员会。通过此一名单，或许可以还原设立牌位的规定。最后，重建委员会放弃复原之前祠堂中所有牌位的想法，并且制定了一条设立新牌位的规定。只要支付一定费用，族人皆能设立牌位，随后有数百人设立牌位，而那些管理者意识到这与之前宗族的做法并不相同。

设立祖先牌位提供了清楚的例证。①

　　叶观国是叶氏宗族中最早踏入仕途者。他于乾隆十六年（1751）考中进士，随后多次担任考官。他的七个儿子中有六位考取举人，一位考中进士。尽管他的儿子并未取得像他一样的成就，但其中仍然不乏富裕、杰出者。② 叶观国的儿子分为七房，他的二十五个孙子又进而分为二十五房。19 世纪 80 年代，七房族人共同决定在福州修建祠堂，以叶观国为主要祭祀之祖。族谱对于祠堂如何设立牌位有大量细节记载。叶观国及其七个儿子、二十五个孙子皆设有牌位，此"无待议"。然而，四代以后子孙繁衍，人数日益增加，如若"一概置主，龛位既虑难容，盛典亦邻于亵"。因此，进一步为设置祖先牌位制定准则，便显得极为重要。这里叶氏族谱的编纂者转而参考螺洲陈氏与南台西部另一著姓上街林氏的办法："查侯官林氏、螺江陈氏两祠，凡族人之得设主入祀者，均以膺官爵、登科甲为断，所以昭限制、示鼓励也。"③族谱进而胪

---

　　① 根据清代闽县方志的《大姓》记载，叶氏于"国初，自福清迁本境。至乾嘉间，观国官詹事，子姓益蕃衍，传至今八九代"。身为福州始祖的曾孙，叶观国是家族族谱（1791 年编成）的首位编撰者。在谱序中他追溯祖先的早期历史，其所采纳的说法在今日大家已相当熟悉。祖先最早来自河南固始，而后跟随王审知来到福建，在现在的厦门附近定居。由于"世远地隔，系次莫得而详"。12 世纪，一位祖先由闽南迁至福清，观国认为此人便是他们宗族的"始迁之祖"。参见《闽县乡土志》，239a 页；叶观国：《族谱原序》(1791)，见《三山叶氏祠录》，卷 1，1a 页。

　　② 叶申蔼，叶观国第四子，是一位以慈善事业闻名的大藏书家。他的儿子叶仪昌（1828 年举人）据说继承了数千亩土地。由于这些地多瘠薄，佃农总是积欠租谷。仪昌知道他们无力偿还，遂将契券焚毁。他还设立义冢，收葬穷人数百。参见《闽侯县志》，卷 68，3b～6b 页。

　　③ 《入祀条例》，见《三山叶氏祠录》，卷 4，4a 页。同样的话出现在 19 世纪福州的其他数本族谱中，说明若非这些家族聘请同一位族谱编纂者协助编修族谱，则更有可能的是，19 世纪后期的这些编者都采用当地通行的印刷模板，或其他制式、非制式的模板。例如，可参见《进主条例》，见《平阳陈氏族谱·家矩》，1a 页。

列出具体的入祀条例，据此条例筛选可以在祠堂设立牌位的人。那些在科举考试中取得功名的人，或是在官僚系统中获得品阶的人，当之无愧地在祠堂中立有牌位。考中进士，继而取得高级官衔的人，不仅其自身入祀，其父亲、祖父、曾祖父亦并祀于祠堂。如若只取得科举考试最低一级的生员身份或捐纳得来，则仅能使自身及父亲入祀。此是"遵朝典封赠一代、二代、三代之例"。

除了官爵，叶氏族人尚有两种渠道可以入祀祠堂。首先，族内年寿百岁得以请建牌坊的长老，也可以入祀。其次，为祠堂捐置大笔钱财者，也能受此殊荣：

> 捐置祭产、祭田银数至壹千两以上者，不论官爵、科第、议功入祀；贰千两以上者，本身并其父入祀；叁千两以上者，本身并其祖父入祀。但捐数虽多，不得逾祖、父二代，以昭限制。其愿将本身祀典追祀先世者，听其自主。①

在福州许多族谱中，可以找到相似的、允许没有科举功名者入祀祠堂的规定。② 这些材料清楚表明，到了清代，仅仅通过财富便足以取得在祠堂设置牌位的权利与声望。拥有科举功名者能在祠堂设立牌位，没有功名的地方精英也可以。

---

① 《入祀条例》，见《三山叶氏祠录》，卷4，4a~4b页。

② 如《进主条例》，见《平阳陈氏族谱·家矩》，1a页；《金堂王氏支祠规制》，见《金堂王氏支谱》，卷2。正如多数时候一般，卢公明再次被证明是福州习俗的精确观察者："有些规定是捐献一大笔钱给祠堂，便能取得设立牌位的权利。或者获得举人功名，或是担任一定品级以上的官职等，才可免费在祠堂设立牌位。"（Justus Doolittle, *Social Life of the Chinese: With Some Account of Their Religious, Governmental, Educational and Business Customs and Opinions, with Special but Not Exclusive Reference to Fuhchau*, vol. 1, p. 226.）

　　清代福州祠堂修建者所面临的第二个问题，在于如何管理祠堂与祭产。在福建许多地方，祠堂事务是由族内的主要房支轮流管理。① 在福州，大量的祭田与祭产都必须得到更周密、妥善的处置。例如，在叶氏祠堂修竣之前，托于始祖名下的祠产，是交由子孙七房按年轮流管理。祠堂修建时，祠产持续扩增，包括购置福州城内的几处店屋，以及 26 块耕地，每年能够收取大约 5000 斤租谷。祠堂于光绪十三年（1887）竣工，取消了轮值的管理制度。祠堂全年的花费约 12 万文钱，另外还聘用了一些需要加以监管的"祠丁"。因此，管理祠堂事务便需兼具精打细算与值得信赖。根据叶氏族谱中对于挑选祠堂管理者的规定，此人将是富裕者：

　　　　本祠总经理，宜选择端正、族房（长）、祠绅随时公举，惟孝悌、慈爱并殷殖者克膺其任。……孝悌者则不忍觊觎祠银，慈爱者则不敢妄耗祠银，殷殖者则不至吞噬祠银。经举者不得推诿。②

---

　　① 因此，19 世纪的县令陈盛韶记载："建阳士民，皆有轮祭租。小宗派下，或五、六年轮一次；大宗派下，有五、六、十年始轮一次者。轮祭之年，完额粮、修祠宇，春、秋供祭品，分胙肉，余即为轮值者承收。"（陈盛韶：《问俗录》，60 页。）

　　② 《支祠条例》，见《三山叶氏祠录》，卷 4，1a～1b 页。林耀华记录了 20 世纪初期，叶氏祠堂管理的部分细节。他列出了祠堂管理委员会 43 名成员的姓名、年龄以及资历，他们的平均年龄接近 60 岁。其中 15 位是各自房支的房长。进入委员会的第二种资格是教育或者官职。有 2 人拥有清代的低阶功名，1 人为胥史，另外 4 人从现代新式学堂毕业，还有 1 名留学生。还有 4 人被记录为"儒"。剩下的委员大部分是靠财富、土地获得资格的。有 11 位成员被记录为"富商"、地主，或者二者兼具。其中有 1 位钱庄老板、1 位盐商、1 位木材商，还有 1 位被称为劝业会（可能是村级商会）主席。此外，2 名酒厂经理、1 名富农、1 名地主也在名单上。还有 1 位被记录为富农，他能进委员会是因为他的兄弟是海军军官。林耀华指出，这是一份非正式的名单，但有实权管理宗族事务者即在此委员会中。显然，20 世纪初的祠堂管理，相较 18 世纪甫修建时已然不同，但是那些管理的基本原则并未完全改变。参见林耀华：《义序宗族的研究》，46 页，注释 11。

祠堂安置祖先牌位标准的改变，要求经营者具备财富与精打细算的能力，而那些为祠堂贡献金钱者，则必须更积极地参与祠堂事务，这些都反映出商业财富对祠堂的制度化管理的重要性。这与明初至明中叶的情况相当不同，当时祠堂仅高级品官及其直系亲属才能修建。时至清中期，地方上的富人仅凭财富基础便扮演起领导角色和取得社会地位，这确实说明了福州地区持续的商业化对地方社会组织造成的影响。自此以后，族人已不再需要将商业财富转换成科举学衔及官爵来获取在宗族中的权威了。①

不连续性和反例

研究福州乡村祠堂传布的历史学者，自然会被规模宏伟的祠堂吸引。族谱及碑刻上对这些祠堂的描述，多是称颂、彰显成就的。这些成功的故事，容易使人推导出更宏大的历史图像，但通过这些故事而推出结论，很容易把历史真实状况过于简单化。首先，仔细阅读文献便经常会发现，修建祠堂从提议、募资到竣工，很少是一蹴可及的，大多要经历漫长且曲折的过程。其次，这让人忽略掉了那些没有建成的祠堂，有一些宗族的策略最终不是建立祠堂，而是其他形式的宗族实践。福州人民开始修建民间祠堂后，这两方面的问题尤为突出。这些分歧清楚说明，宗族与宗族实践的意义在中国社会中并非全然一致，而是由不断变化的表述所构成的网络，这源自个人和群体的多重策略。

琅岐陈氏支祠可以阐明宗族发展的另一条道路。在三个不同

---

① 这对理学观念而言，是个不可避免的挑战。有学者认为，这为更具包容性的社会关系愿景，创造了更多的可能性。

的时刻，陈氏族人觉得他们获得的直接利益并不值得继续维系宗族组织，遂决议解散。16 世纪后期，陈氏修建民间祠堂，让始祖所有子孙皆能参与祭祀。这座祠堂自始便命运多舛。它最初因失火而焚毁，重建后又于顺治十年（1653）遭到"寇焚"，这可能是郑成功的军队所为。在稍后的顺治十八年（1661），琅岐因迁界而被弃置。族谱编纂者略带讽刺地提到："犹幸是祠未建，若建又经一兴废耳。"直到 17 世纪末地方社会才恢复平静，当时族人先搭建了一座茅草棚作为祠堂，后来才改建得更加坚固。①

　　大约与祠堂初次修建同时，宗族内一房修建了他们自己的支祠，专祀该房的著名族人。嘉靖年间，陈九峰因抵抗倭寇而卒。或许他亡于海上，因为他的遗体并未保留下来，也没有坟墓，"当春、秋祭扫时，公独不享祭"。我们无从得知修建支祠的经费从何而来，是九峰自己的遗产或是由他的亲族捐赠，但他的亲属决定修建祠堂以纪念他。这座支祠在顺治十年（1653）的动乱中也遭到焚毁。但在九峰名下还有十余亩祭田。自顺治十年（1653）至顺治十八年（1661），这些祭田的租金被累积起来用以重建支祠。不过在迁海期间，租金却遭到"主事者"侵吞。复界以后，耕地还需花费数年休养生息。福建许多地方在复界以后都得以蠲免田赋。但九峰的土地在恢复生产收获以前，便已经过了蠲免期。拥有土地权的那些后代子孙，没有人愿意交纳赋税，"因召原主还之"。② 此时，当这些后代被衙役与里甲执事逼迫交纳赋税时，他们声称这些土地并非他们所有，而是归于土地册籍上的名字。因此，九峰的祭产只剩下旧有的祠地，以及邻近的些许空地。其中一部分空

① 参见陈康洵：《衙前陈氏宗祠记》（1714），见《琅山衙前陈氏宗谱》，28～29 页。
② 这或许意味着，陈九峰族人购买土地并未向官府登记。

地被用来重建村内的社庙，族人每年借此挣取少许地租。然而，这些租金并未积攒以作重建九峰祠堂之用，族内主要的两房径自对分取去。[1] 因此，持有九峰祭产的族人认为，祭产所得的直接利益，并不值得继续维系宗族组织。宗族组织特别是早期阶段的宗族组织需要不断刻意地更新；在缺乏持续更新的情况下，即使具备了组织的物质基础，宗族也难以维系。

琅岐的例子也说明大历史背景对于地方宗族组织的重要性。在福州，16 世纪的倭乱、清初迁界以及 17 世纪后期的高额税赋，都对祠堂发展产生了深远影响。除了琅岐陈氏，福州不少地方宗族也不乏祠堂毁于倭患或清初时期的故事。[2] 清初福州郊区繁重的田赋，使得土地拥有者，或至少是册籍上的土地拥有者，对田土感到意兴阑珊。[3] 他们没有能力或无意承担这些土地纳税义务，导致这类田地被抛荒，遂使原本持有土地的宗族受到威胁。[4]

地方政治有时也会对祠堂的修建与维护造成阻碍。壶屿杨氏在明代尚未修建祠堂。康熙时期，曾经任官的族人的玄孙倡议，以祖先故居修建祠堂。不过，该宅邸已经为数位族人所拥有，其

---

[1] 参见陈康洵：《衙前陈氏支祠记》(1714)，见《琅山衙前陈氏宗谱》，29～30 页。

[2] 参见无题碑(1885)，以及碑刻《重建后楼林氏宗祠主捐题名记》，二者均在城门林氏宗祠之中；亦参见《义溪乡土志》，卷 1，9a～9b 页。

[3] 对于当时的情况有一段记载："有兄弟两人，家富田多。数年，各处兵乱，子粒无收，赔粮甚苦。一日，弟死，其弟妇欲改嫁。兄曰：嫁由汝，只要将二千银田带去。不然，嫁不成。"(海外散人：《榕城纪闻》，25 页。)

[4] 义序黄氏宗族史上有好几个例子。在高盖山上，两位祖先坟墓周围皆植荔枝。"后因兵荒式微，树被人砍，其地亦被墓佃盗卖与下渡杨家造坟。"另一例子，则是百亩土地因为赋税沉重而被抛弃。"清初差重谷贱，不甚爱惜。相传声远公托婿江佩书代掌，后为所吞。族人视为公物，无肯出力料理，今佃户土名，俱无从查矣。"(黄辅极：《坟山志》，见《虎邱义山黄氏世谱》，卷 1，25b 页。)

中一位将其份额转卖给了叶氏。在经历繁复的过程后杨氏终于将土地赎回，并于康熙二十五年(1686)修建祠堂，"追远报本，得展如在之诚"。六十年后，祠堂需要重新修缮，但杨氏又与叶氏发生新的争执。叶氏仍控制部分的基墙，遂使重修工作无法进行。此一争执或可称作世仇，延续近三十年，最终演变成杨氏、叶氏之间的械斗。后来地方精英介入调解，并将基墙归与杨氏。直到乾隆五十二年(1787)，祠堂"破坏较前尤甚"，族人才又纠资重修。①

　　另一个在组织、修建祠堂上经历了漫长复杂过程的例子，是君山任氏。他们于16世纪中期开始为祠堂捐置资金，当时任汝源设立祭田以支应祭祀父亲之用。祭产由任汝源的六个儿子按年轮流管理。大约同时，他们还捐置了其他一些规模较小的祭产。隆庆四年(1570)，族人提议将分散的祭产集结至共同的户名下。虽然族谱并未提及，但这个建议显然说明，如果这样做，对以其名义捐赠祭产的个别祖先的祭祀将被中止。这笔资金用来放贷生息，为修建祠堂筹集经费。然而"厥后，心法稍懈，董银、董数不无遗议，多事辈生心，此银积而不息"。尽管他们在万历十五年(1587)开始修建祠堂，但经费很快便耗尽。包括族长在内的九名族人发起募资以完成修建，但是成效不彰。他们的努力"先后朝菌"，而他们的捐银就像"无纲之纲"。万历二十九年(1601)，宗孙(即始祖的嫡长孙)任敬美主持发起第三次募资。祭田的耕种权年年进行拍卖，得标者须于拍卖时支付部分金额。任敬美将这笔所得用来放贷生息，称为"花契"。在敬美汲汲营营筹措资金的努力下，祠堂于万历三十五年(1607)完工。然而，祠堂修竣后汝源的直系子孙要求取回其捐献的土地，因而削减了祠堂的共有产业。崇祯十年

---

①　参见杨舟：《壶屿杨氏祠堂记》，见《闽邑壶屿杨氏亭岐房谱牒》，29a～30a页。

（1637）一篇赞颂任氏祠堂落成的记文，极富洞见地指出福州宗族组织所面临的难题："蕃者，盛也；息者，生也。不息不繁，不能举宗庙之事。大矣哉，繁息之功。然众权难操，众心难一，积累之功难成，久远之规难定。"①

在每个讨论过的例子中，热心于宗族事务者所面临的困难，都说明宗族发展并非自然、直接的过程，其不仅是物质或文化因素的自动回应，还强调了个人与群体策略的重要性。明代中期开始，福州地区许多亲属群体发现，以特定的方式重新组织自身对其相当有利。然而，个体领袖的能力对于宗族建设的成功至关重要，而领导者的动机则受因时而异的诸多因素影响。明初时，高级品官修建祠堂，以利于在乡村社会中将自己与他人区别开来；时至晚明，许多人出于相反的目的修建祠堂，他们借由祠堂来提升以自身为中心的乡村社会的凝聚力。没有科举功名的富户仿效知识精英投入宗族建设，在这过程中微妙地改变了祠堂的意义。

除了宗族建设的领导者，其他村民的策略也同样重要。为修建及维护祠堂运作所募集的资金，虽然是名义上的共同财产，但也可以用于其他目的。当一定数量的族人希望将经费转作其他用途，如交纳赋税或筹办教育时，祠堂修建便可能中止。宗族凝聚力未必会因此瓦解，但宗族发展将会走上不同道路。有些时候，也有宗族对修建祠堂失去热忱或信心，遂将募集的经费重新发还。此外，当最初募集的经费均由一个人捐献时，他的直系子孙可能会要求归还这笔财富，遂缩减了修建宗祠所需的大量资金。

---

① 任敬实等：《蕃息记》，见《君山任氏族谱》，卷2，126a页。

结　论

　　宋代福州地区的祭祖仪式具备弹性、折中的特点，并且在礼仪形式上寻求符合当时社会的需要，并与古礼规范一致。尽管当时的文献作者似乎有以宗族组织凝聚族人的意识，但是这样的组织在特定条件下才能形成，而且祠堂似乎未被视作巩固或扩张宗族组织的适当基础。此类折中的做法在实践中从未真正消失，但在原则上未获得宋以后知识精英的认同。祠堂逐渐成为祖先祭祀的正统、标准模式。明初士绅修建祠堂以祭祀祖先，若非取得地方官员的认可，便是宣称基于他们的官阶，他们有权修建。然而，这些早期修建的祠堂并未发挥聚族的功能；相反，它们将修建者与其他社会地位较低的人群区分开来，无论是否为亲属。明中期的剧烈变化，特别是加剧的商业化和倭患，致使地方士绅忧虑传统社会秩序的崩坏，因而探索重建的办法，并寻求结盟以守护乡里。许多地方精英将宗族建设作为实现这些目标的策略之一。借由修建乡民皆能参与祭祀的祠堂，以及制定具有强制性的族规，晚明及清代福州的地方精英力图控制地方社会。因此，这段时期主张采纳理学正统的精英文本，与试图控制地方的知识精英策略之间，也持续存在着紧张关系。换言之，这种紧张关系是宗族组织所采取之形式的竞争性表述。

　　国家不止一次参与这样的竞争。官方多次发布关于祠堂的经典文本——朱子《家礼》。嘉靖十五年（1536），夏言（1482—1548）上疏建议国家放宽对于官、民祭祀远祖的限制。[1] 伊佩霞继左云

---

[1]　参见秦蕙田：《五礼通考》，卷 115，27a～29b 页。

鹏、牧野巽等前人研究之后，认为明代律法被修改，以允许夏言的建议；郑振满则认为，尽管提起此建议的奏折确实呈给过皇帝，但却从未得到官方的许可，因此没有成为法律。[①] 无论如何，此一事情并未出现在关于福州祠堂修建的地方文献中，也并未看到祭祖活动在此时的明显转变。然而，官方对宗族制度的关注，与地方宗族团体的实际活动之间确实存在罅隙。国家律法或许已做出修订，以适应不断变化的社会实践，然而，在祠堂领域，地方社会没有明显地去适应法律的修正。

祠堂建设或许始于功名士绅，但地方社会的其他人群并不情愿接受他们的领导。地方商业阶层渗透到宗族组织的领导阶层，并在其中巧妙地施予变化。明初，在福州多数宗族中，只有位居高级品官者及其直系亲属始能在祠堂设置牌位、接受祭祀；时至清代，只要捐献一定金额，便能获得此项权利。由于祠堂逐渐为持股者所拥有，善于理财者遂成为祠堂经营者。然而，这并不意味着两群精英之间的竞争，因为学术精英与商业精英有密切的联系，在许多情况下他们甚至是同一群人。相反，这是有关祠堂以何面貌出现、应该如何管理的竞争。在这新的阶段，修建祠堂关键在于族人想要满足何种策略性目的。换言之，宗族组织是亲属人群策略的汇集。如果宗族内一定数量的族人另有所图，则以祠堂为中心的宗族建设便无法进行。这些策略性目的是由文化和物质因素共同决定的，也受到持续变化的地方语境的深刻影响。

---

① 参见左云鹏：《祠堂族长族权的形式及其作用试说》，103 页；牧野巽：《宗祠とその発达》，193 页；Patricia Ebrey, *Confucianism and Family Rituals in Imperial China*, *A Social History of Writing about Rites*, p. 152；郑振满：《明清福建家族组织与社会变迁》，228～229 页。周启荣称之为"为现实做法寻求官方认可"（Kai-Wing Chow, *The Rise of Confucian Ritualism in Late Imperial China: Ethics, Classics, and Lineage Discourse*, p. 108），但并未讨论此一疏言是否得到批准。

第五章　祠堂礼仪：新年与元宵节

　　南台近来重修的祠堂大多显得寂静而昏暗，平日里大门深锁。它们通常只在重大的年节祭祀时打开，其中最重要者大概就是农历新年后的元宵节。20 世纪 80 年代中期以来，元宵节前后几天，在南台的道路、小径及周边乡村，各种轻型卡车和"摩的"都忙于载送村民往返于他们亲戚的住所，以便参与当地方言中所谓"陪盲"仪式①。1993 年和 1994 年，我在几个村庄参与观察此一仪式展演，其中之一是镜上村，位于尚干南方数千米处。镜上约有两千人，其中约一半，即三百余户姓陈。镜上陈氏存有一部手抄本族谱，可能编纂于 20 世纪初，其中记载始于开基始祖，他的坟茔至今仍在。据载，始祖大约于三百年前从长乐的玉溪迁来。② 在

---

　　① 　出于简便，全书皆使用"陪盲"一词，因为这是村民描述此仪式的最常见的词语。他们偶尔也会使用"伴夜"，指在夜晚陈列供品。方言用语在书写上也有些不同，包括拜夜、伴夜、排盲、排晡和排亖。参见 Michael Szonyi，"Village Rituals in Fuzhou in the Late Imperial and Republican Periods，" p. 85 n. 10。

　　② 　该族谱保存在一位族人家中，他生于光绪三十二年（1906），是第十二世子孙。

1949 年以前，陈氏还是个贫弱的宗族。他们多数是尚干林氏富有地主的佃农，这些村民在林氏底下有许多遭受苛刻对待的故事。陈氏未曾拥有祠堂，尽管现在他们正积极谋划纠资兴建。由于没有祠堂，陪盲仪式遂于村庄和村委办公楼之间的空地举行。1993 年邀请我参加仪式的是螺洲当地人，也是帮助我最多的受访者之一。他对仪式进行的地点以及整个仪式展演都持嘲讽态度，但这并不妨碍他参与其中。虽然 1949 年以后禁止群体仪式时他年纪尚幼，但他确信镜上陈氏并没有真正的陪盲仪式传统。他问我："没有祠堂，何来陪盲？"他怀疑镜上人仿效当地其他宗族的仪式复兴，发明了自己的陪盲。

雇请来的戏班剧团，在一旁空地搭建起戏台，村民们看戏或与访客在附近村委办公室的会客室聊天，消磨一整个下午。有意参加晚上仪式活动的人，必须向宗族协会登记并缴交 20 元，协会在办公室设有工作台。这笔登记费称作"买蜡烛"，但其实许多"买蜡烛"的人自己便准备了蜡烛。那天约有 1200 人买蜡烛，主要是镜上村民。下午稍晚时候，桌子长列排开。最前面一桌摆放着螺洲陈淮、陈若霖画像的照片，还有一张红纸写着"镜上陈氏历代祖先香位"。日暮时，男士们在村办前的空地宴饮，妇女们则忙于将牲礼、祭品摆放上桌。镜上陈氏每房都有各自供放牲礼的桌位。1994 年共有 15 个团体参与，其中 8 个是镜上宗族的房分，其余则是其他村庄来的代表团，每个团体有 10～30 人。夜幕低垂，成年男女、孩童等参与者，都聚集在各自的桌位旁。当年轻人燃放了大量的鞭炮，年长的男女皆从各自的桌位往前，来到头桌向照片与红纸祭拜、焚香。当所有人都拜完后，司仪大声行令，所有人举起蜡烛，开始走上村庄的主要道路。每到达一巷口，居住在邻近的村民便离开队伍回到各自家中，将点燃的蜡烛放在家中的祖龛前。来自其他村庄的参与者，带着蜡烛来到村中拥有庭院的一间新屋。他们将蜡烛放置在庭院的祖龛前。之后，村民和访客陆续回到仪式现场看戏，直到深夜。①

　　上一章讨论了福州地区祠堂的传布，及相关观念的变化。当祠堂修建后，便必须设计一套相应的礼仪并且施行。礼仪被视为确保祠堂发挥它所需要且应该具备的功能的关键。本章将重点考察祠堂礼仪的发展，特别是农历新年正月十五日元宵节的仪式展演。下文将从三个层面分析。首先，是由族谱和方志材料考察仪式在不同时期的演变。这表明，元宵节这天我们所见的许多不同的仪式类型，是建立在早期的仪式基础之上的。其次，借由对南台不同村落仪式展演的观察，讨论空间上的差异。这说明，尽管福州的文献并未指出其间的关系，许多祠堂的仪式展演实际上与更古老的，并且由妇女进行的祭祀地方生育之神的仪式有关。最后，概要说明这些礼仪如何同时具有凝聚与分化的功能，并将这些功能与更宏观的历史过程相联结。陪盲仪式即明清时期亲属实践策略与新观念的体现。凯瑟琳·贝尔（Catherine Bell）认为，正

---

①　尚干林氏的仪式展演，被记录在当地道士在数十年时间里所撰写的宗族历史中："古时尚干由正月十二日起，林氏各房长次先后程序，逐日排盲。其中插有神节等，视各房蕃衍传世，衰旺贫富，强弱情况。现因条件不足，顾今后先独占一日。每年这日可备太平（鸡蛋）、线面等，委本房代表进入祠，点烛、焚香、鸣炮，向祖宗致意，逐年不辍，以示占晡。待条件具备时，这日正式做锅边、演戏或透夜盲（四本）。各房分肉、分蜡等，这要根据祭业多少。迁居外乡，每年这日都能主动归来，聚亲祭祖，表示孝心。晚餐罢，本房进入祠堂。按长次排户或排丁，点烛焚香，向祖宗致孝后，各自顺序请烛出祠堂。沿途鸣炮，各归其家，把烛供在公婆（'公婆'本指父母，但在福州和其他福建方言中指祖先牌位）前。外乡可请回本房公婆厅，或至本碣弄中，将烛花了（暗）便可入祠堂看戏。"（林义东：《尚干乡史记》，20b～21a 页。）原作者不愿接受访谈，但我在 1993 年参与了尚干的仪式展演。关于尚干的"碣"，见第 191 页注释①。

式化(formalization)与传统化(traditionalization)是仪式与仪式性活动的重要特征。礼仪是正式的，相较于非正式或临时性的活动，它使用一套限定的语法和手势；同时它是传统的，因为它优先考虑或模仿早期的仪式实践。尽管礼仪是创造出来的，但它总被视为固定不变的。① 下文的讨论将证明，陪盲仪式的发展，是改造早期仪式以适应新环境、新观念和新策略的结果，也是这些结果的仪礼化与传统化。因此，本章将进一步证明，亲属实践并非抽象或随意的表达，而是由它所处社会的历史所塑造而成。

早期的礼仪传统

　　农历新年后的元宵节，在祠堂出现之前便是福州重要的民俗节庆。当宗族建设者试图将岁时节庆礼仪带入新建的祠堂，带入明清时期亲属实践的传统中，他们无法抹除和忽视这些早期的仪式实践。因此，为了理解因祠堂而发展出的新传统，我们必须了解更古老的传统。现今福州人复兴的"陪盲"仪式活动，实际上就是早期礼仪与和亲属礼仪相关的新观念二者结合下产生的。

---

　　① 参见 Catherine Bell，*Ritual*：*Perspectives and Dimensions*，p. 76。何伟亚(James Hevia)批判东方主义研究，它对中国礼仪采取社会学的研究方法，将其视为"古代的或前现代社会的典型特色"，因此"欠缺充分自觉的理性"。他也反对在文献中对礼仪进行功能—工具性分析，他认为这样的看法宣称"知识……更胜于中国历史中民众对礼仪的认识"。(James Hevia，*Cherishing Guests from Afar*，pp. 19-20.)何伟亚反对将礼仪对应传统社会特征、理性对应现代社会特征的二分法，确有其根据。他借鉴贝尔的观点，将礼仪作为策略性的实践，也对本章有所启发。不过，他对礼仪视为工具的批判，似乎夸大了。族谱和方志材料说明，福州人充分认知到礼仪的功能性，且实际上此一认知对于他们策略性地运用礼仪至关重要。而探讨此一工具性的作用，未必就会宣称自己对礼仪的认识，更胜于福州人对其所创造并参与其中的礼仪的认识。

　　重建中国民间礼仪实践的历史演变，是一项极具挑战性的任务。所有能够取得的材料均不无问题，这些不同类型的文本均有特定的修辞习惯。① 然而，仔细阅读这些文献并且审慎结合当代的田野工作，便确实可能在地方脉络中，对此岁时仪式的历史进行初步分析。在福州，新年向来是年度最重要的岁时节庆之一。宋代时，家家户户以祭拜家中祖龛开始这一天。随后，家中成员依序相互致贺，后辈们向长辈致敬、祝寿。人们也拜访、问候邻居及亲友。有些人还参与一种团拜的仪式。宋代方志记载，身份等级正是通过这些细致的礼仪实践来传达与维持。实际上，方志描述的意旨，即对近来身份等级之显著差异的式微表示哀叹。②

　　在明代，新年始于祭祀祖先与神明，而后按家户内的尊卑等级，依序庆贺致敬。弘治四年（1491）的福建方志称此为"序拜"："闽俗最重元日，黎明各盛服，缋祀毕，序拜称觞，祝尊者寿，然后出拜亲族邻里，往返更谒，尽节假乃止。"③

---

　　① 例如，方志中一直有关于岁时的记载，尤其强调特定活动的日期与名称的长远由来，借此将古代文献和当代生活联结起来，并认为这是中国各地共同的习惯。12世纪方志作者对福州节庆的记载，一开始便说明了普遍文化模式中的地方特色："岁时，古有之。四方习俗，不能无异。"韩书瑞（Susan Naquin）指出："岁时类型，甚至不能被看作一种来自田野考察的人类学解释。它也不仅仅是作者选取与删除、剪裁事实，来满足读者及其想法。这种类型本身抹平了差异，遮蔽了疏漏，强调其所共享，掩饰变化，否认发展，并促成过去与现在的结合。"（《三山志》，卷40，1a页。Susan Naquin，"The Annual Festivals of Peking，" p. 873.）

　　② 参见《三山志》，卷40，1a～2a页。正如前一章所提到的，最繁复的祭祖仪式不是家庭祭祀，而是寒食节的坟茔祭祖。

　　③ 方志还提到，正月初二、初三，"华门巨姓，率携长幼拜扫坟茔"（《八闽通志》，卷3，40～41页）。约莫一百年后，福州文献也描述了类似的扫墓祭祖活动："闽俗重岁首，民间不开正户，庆节后即相率拜墓。"（《闽部疏》，6a～6b页。）

至少从唐代开始，中国许多地方皆于正月十五庆祝元宵节。①根据宋代方志记载，福州最早的元宵节始于 8 世纪初期。宋代元宵节包括三项活动：(1)在城中的衙门和寺庙悬挂装饰精美、写着不同内容的大灯笼；(2)举办吸引许多当地娼妓的庙会活动；(3)知府为其僚属举办酒宴，伴以灯烛、歌女及各种杂技表演，并向着悬挂灯笼的佛寺游行。"纵士民观赏。朱门华族，设看位东西衙廊外，通衢大路，比屋临观。"元宵节主要在城内庆祝，但是"远乡下邑，来者通夕不绝"。②一则记载于方志与其他文献的宋代福州故事说明，元宵节的民俗庆祝活动是由地方官府推动，甚至规定举办的。在 11 世纪后期，地方知府下令家家户户必须购买灯笼，并且悬挂十个灯笼，借以形成壮观场面。一位地方士人对此项加诸贫户的负担深感同情，遂在他公开悬挂的大灯笼上题写了一首讽刺诗。③

---

① 据载，唐中宗景龙四年(710)，唐中宗李显放宫女数千人看灯。(参见刘昫：《旧唐书》，卷 7，149 页。)中村乔为宋代流行的元宵节的起源提供了两种说法。一者将节庆追溯到汉代的祭祀，艾伯华将其与生育联系起来。另一者将起源定于佛教传入中国。(参见中村乔：《中国の年中行事》，33～36 页；中村乔：《中国岁时史の研究》；Wolfram Eberhard, *Chinese Festivals*, pp. 64-65。)在道教传统中，正月十五主要是庆祝三元中的上元。三元是原始的力量，是身体的三个至尊神，"支配各领域之宇宙的人格化力量"。5 世纪的道教文献解释了三元的含义，唐代的经典为每年三次庆典提供了基础，而宋代的仪式文献，则描述这些仪式实际上如何进行。参见《太上洞玄灵宝三元品戒功德轻重经》；杜光庭：《太上黄篆斋仪》；Stephen Teiser, *The Ghost Festival in Medieval China*, p. 37。

② 《三山志》，卷 40，3b～4a 页。显然，已经亡佚的宋代泉州府旧志说明，元宵节的庆祝始于官场："元日贺礼，乡寓公相约聚拜，省往复之烦，郡守两司率僚属会焉。"(转引自《闽书》，卷 38，948 页。)这段文字被收录进 19 世纪描写福州节庆的书籍《榕城岁时记》(戴成芬撰，2a 页)，但并未提及泉州。很显然，编者认为这适用于福州和泉州。

③ 该诗云："富家一盏灯，太仓一粒粟。贫家一盏灯，父子相聚哭。风流太守知不知，惟恨笙歌无妙曲。"(《三山志》，卷 40，4a 页。)关于该日事件更详细的叙述，参见《福州府志》(1520)，卷 1，19a 页。

许多文献记载了明代福州及其周边城镇在元宵节期间的壮丽景象。16世纪中期的《福清县志》记载："长街曲巷，各门青松一对。横新竹，悬新灯。灯有楮练、罗帛、琉璃、竹缕诸品，皆彩绘人物、故事，或花果鸟兽之像，及走马灯、龙虎灯之类。"[①]虽然从宋代文献可以看到，官方对于节庆影响甚巨，但明代时已不见有国家或其代表直接参与。"国朝来，民俗祈年虽间有设于境者，而官府则不复设，亦可以观我祖宗节俭之化也。"[②]事实上，地方官还试图限制民间的庆祝活动，特别是在万历十三年（1585）以后，因为当时福州的灯笼引发一场大火，烧毁了一千余户人家。[③]　然而，禁令不见成效，因为没有地方士绅愿意支持。"有司禁之，缙绅先生不平见颜色。是月也，一郡之民皆若狂。"[④]

新礼仪与祠堂的传布

正如上一章的讨论所言，明代中期，与父系亲属相关的新观念和制度，传至整个福州地方社会。祠堂迅速成为一物质舞台，在其中人们建立起更具凝聚力的亲属群体，展现地方的领导地位，以及利用仪式实践等概念传达出一套特定的价值，借以重新确立

---

①　《福清县志》，卷1，2b页。谢肇淛认为福建，尤其是福州、莆田以南的元宵节庆典最为丰富精彩："天下上元灯烛之盛，无逾闽中者。闽方言，以灯为丁，每添设一灯，则俗谓之'添丁'。自十一夜已有燃灯者，至十三则家家灯火，照耀如同白日。富贵之家，曲房燕寝，无不张设，殆以千计，重门洞开，纵人游玩。市上则每家门首，悬灯二架，十家则一彩棚……至二十二夜始息。盖天下有五夜，而闽有十夜也。"（谢肇淛：《五杂俎》，卷2，3b~4a页。）

②　《福州府志》（1520），卷1，19b页。

③　参见谢肇淛：《五杂俎》，卷2，4a页。

④　《闽部疏》，6b~7a页。关于明代福州节日的其他记载，参见《福州府志》（1596），卷4，3a页；《福州府志》（1613），卷7，3a页。

与重建被认为逐渐衰微的道德秩序。既有仪式与新观念皆是整体发展的一部分。由于新仪式是在祠堂中因为祖先祭祀而发展出来的，因此，早期的仪式传统，如在新年和元宵节庆时相互问候，并非被直接抛弃，而是以各种不同的方式融入新的仪式中。

尽管没有预料到壮观、单幢的祠堂会传布各地，但朱熹的《家礼》逐渐成为仪式展演的正统。伊佩霞及卜正民等学者认为，对于遵守《家礼》规范的宣称，成为认同理学正统的试金石。[①] 明清福州的知识精英与其他地方的士绅一道，共享了对《家礼》的认同。正德三年(1508)，林浦的林瀚在为尚干人撰写的墓志铭中，称颂传主处理父亲丧事的方式："葬祭一如《家礼》，不苟及释服。"[②]然而，《家礼》作为文本的正统，在传入地方社会时，并非完全且毫无保留地被接受与实行。地方的积极者，从既有仪式、普遍流传的仪式文本如《家礼》，以及地方社会需求中发展出新的仪式，并将其作为道德崩坏时传递社会价值的工具。

没有祠堂的宗族的仪式变迁

正如我们所见，在祠堂在地方上变得普遍之前，地方人群借由追溯共同世系的常态性集体仪式实践，试图巩固他们之间的联系，并且区分经济、社会上的差异。进入明清时期，这些仪式被采用与改造，变得仪礼化与传统化，即便是没有祠堂的宗族也是如此。许

---

① 参见 Timothy Brook，"Funerary Ritual and the Building of Lineages in Late Imperial China，" pp. 474-480；Patricia Ebrey，*Confucianism and Family Rituals in Imperial China，A Social History of Writing about Rites*，chap. 4。

② 《陶江林氏族谱》，卷 2，3a～4b 页。

多人群如同宋代文献所描述的那样，在族人家中行团拜礼。① 福州
郭氏族谱记载了此一礼仪在家族中实践演变的详细情形。16 世纪
50 年代，在倭寇不断侵袭他们乡里，家园与寺庙都遭到破坏后，
大多数郭氏族人皆已逃离。② 正如郭柏苍在族谱中记载，整个明代
"三房子孙或责成，或流寓，或避倭，悉离中兴（原籍地）"③。嘉靖
三十八年（1559），首波逃难者来到福州。④ 柏苍一定传达出了这样
的信息——在福州至少比回到乡里安全，因为根据稍后的记述，
他将大多数族人都带到了福州。最终，所有与原籍的联系都被
切断。⑤

最先在福州安顿下来的郭氏族人，试图重新恢复序拜的传统
新年习俗。17 世纪初期，族人郭志科这样概括当时的仪式实践：

> 旧规，正月朔日，支无亲疏，丁无老幼，沿门拜贺，使
> 子姓面善。仍举岁膳，有力者设，无力者听，合族概请，使
> 骨肉情亲。自营迁省会以来，七十余载并无缺典。

---

① 例如，根据君山任氏族谱，万历二十九年（1601）他们聚集在族人家中举行团拜礼。之后，族人们开始讨论修建祠堂之事，此一过程发展已在上一章讨论。参见任敬实等编：《蕃息记》（1637），见《君山任氏族谱》，卷 2，126a 页。
② 参见《地房文渊公笔记》（1559），见《福州郭氏支谱》，卷 10，4a 页。
③ 郭柏苍：《福州郭氏第六次新收支谱序》，见《福州郭氏支谱》，卷首，22a 页。
④ 其他族人则逃往永安、古田、莆田、仙游，甚至南京。参见《福州郭氏支谱》，卷 2，14a 页及其后。
⑤ 参见《清世敦公记》，见《福州郭氏支谱》，卷 10，7a～7b 页。其中一位逃难者写道："嘉靖戊午岁，倭酋内攻。伯叔兄弟先后俱迁省会。守故土者独大有公、鲁公、乾公矣。三公既殁，室庐荒废，俶人以居，板障门窗，毁拆殆尽……因叹曰：'事不大革，则不大兴。兄弟业迁省会，祖屋木植，徒为寇资，屡生衅端。往返空费，不如革故以鼎新乎？'遂与瑞吾弟，谋拆以卖。木植砖瓦，共卖得银不及六两。"（《明天房志科公留记》，见《福州郭氏支谱》，卷 10，5b～6a 页。）

郭氏对于这些礼仪实践的谨慎态度，赢得了福州当地人的赞誉。然而，志科等族人也担心，随着时间的推移与年轻族人的成长，仪式的参与将受影响。他们建议以集体团拜的方式取代个人与家庭仪式，以便福清始祖的所有子孙均能参与：

> 递年期于正月十五日，择族中厅事宽大者，共立一神主。上书"玉融泽朗中兴郭氏祖宗神位"，设香案于上。……至十一日，当年该催者领出备办祭品，至期，合族毕集，祭祖团拜，即以祭品设席燕乐。

仪式费用来自向每一参与者收取的少许金额。在最初，仪式参与是随意的。然而，那些不愿意支付此象征性费用的族人，都被认为不值得参加仪式。志科对仪式的社会参与功能抱持乐观态度，"倘有幼丁喜与分金习礼、观化者，当嘉其来"。

此提议并未获得一致赞成。族中一位妇人郑氏强烈反对此一仪式改变。她认为"祖宗历代盛典"不应违背。"孙子一旦议废，何以绳祖武，昭来兹？"她仍旧举行私人宴会，而族人"不敢违"。郑氏的反对意见相当微妙。新的礼仪对祖先祭祀提出仪礼化和集体化要求，然而，她认为祖先并未立此规矩，所以后人不宜为之。最终，双方似乎达成妥协。个人的拜访和宴请由愿意的人继续进行，而群体团拜也同样在举办。① 然而，这样的折中做法后来还是

---

① 郭志科在结束对新礼仪发明的讨论时，提到了折中办法。至于郑氏，他写道："猗欤，贤哉！一言能回狂澜，须眉男子皆如吾姊，力振家声，安有刜矩可虞者。第团拜之礼，实救敝良规，终不可弃，故序记之。俟数传后……概及者举而行之，亦见先辈为万世规深且远也。"（《明天房志科公议行团拜礼》，见《福州郭氏支谱》，卷7，4a～5b页。）

失败了。清初材料记载，旧礼仪"改为团拜"，而并未提及私人宴饮。[1] 这份材料说明，由宗族各房支依年轮流负责仪式的安排。正月初五这天，"不拘老幼，男丁各赴当年之家，候族长拈香祭祖。祭毕，照长幼序次，分别左右团拜。礼毕谶会"。至此，与新年有关的礼仪实践转型已到达新阶段。一系列的社交拜访，已转换为祭祖礼仪。至此，宗族增添了一项精心设计且高度结构化的仪式，以传达并确认长幼与辈分等级。

清初，宗族族长也通过强制参与的方式，将礼仪实践推向一个新的阶段。无正当理由缺席的族人，将被罚 200 文钱。未能在十天内缴交罚金者，会被罚跪在祖先牌位前一炷香时间。"如有不肖故意推贫，藐视祖训，则通族共攻，革出谱外。将来立有支祠，此人不准入祭。"[2]看来如今仪式对于团结族人相当重要，因此，要求参与并非不合理。罚款、羞辱或更甚者，都是确保宗族要求得以贯彻的措施。

晚明时，郭志科考虑在每年年初共同宴饮庆贺宗族团结后，再行团拜礼。他认为团拜既可"贺新岁，亦以庆元宵"。这为全族团聚增加了机会，同时又减少了个别宴请的花费与不便。[3] 到了清初，志科的直系子孙，引进了更为精致的新礼仪，特别是元宵节的礼仪。在下一次关于宗族仪式实践的记载中，这些已然成熟：

---

[1]　正如霍布斯鲍姆（Eric Hobsbawm）所指出，传统可能在历史上的任何时空被发明出来，然而"当社会发生剧变，削弱或破坏了旧传统的社会模式……或这些旧传统及其制度上的传递者、宣传者不再灵活、适应性强，或被淘汰时，我们应该期待新传统更频繁地出现"（Eric Hobsbawm，"Introduction：Inventing Traditions，" pp. 4-5）。

[2]　《清天房礼乐射御书数六房公置祀产约字》，见《福州郭氏支谱》，卷 7，6a～7a 页。

[3]　参见《明天房志科公议行团拜礼》，见《福州郭氏支谱》，卷 7，4a～5b 页。

> 先世旧规，每年正月十五夜共庆元宵……择族中厅事宽大者，设祀祖宗神位，合族致祭、谯会。一为庆贺元宵，二为族众聚首，使子孙面善，不致失序。

按照志科的指示，各房按年轮流奉祀祖先牌位。自团拜礼之后，房内各户轮流奉祀一年。至除夕夜晚时，由新值年者将牌位请回。每一成年男丁，还必须向值年者交 50 文"元宵丁分钱"。在新仪式之前，"每灶随带大烛，十三夜齐集当年之家，请出神位致祭。祭毕，依序次宴会"。到了编纂族谱时，此项礼仪成为强制性的礼仪，通过一系列惩罚来确保执行。①

福州郭氏在 19 世纪之前并未拥有祠堂，其仪式实践与当代华北有些许有趣的相似性。孔迈隆研究的杨漫撒村庄，并没有祠堂。清明（字面意义上的"清"与"明"）节扫墓是一年中族人唯一团聚的仪式场合，届时族内每户都会派人参与宗族的墓祭活动。这些活动凸显出了孔迈隆所说的亲属关系范围（associational domain of kinship），它们并非建立在特定的谱系关系上，而是源于来自共同祖先的所有族人的世系。② 借由将福清始祖的后人齐聚起来，郭氏的礼仪也凸显出此关系范围。这些相似性说明，与其根据地域来区别不同的宗族类型，不如尝试识别一套可能的亲属实践轨迹，而后探讨形塑这些轨迹并且促使它们在特定脉络中成型的各种因素。在福州地区，仪式实践的重要转变，始于祠堂的建立与共同财产的设置。正如我们所见，这已是晚明和清代时的现象。

---

① 参见《清天房礼乐射御书数六房公置祀产约字》，见《福州郭氏支谱》，卷 7，6a～7a 页。

② 参见 Myron Cohen, "Lineage Organization in North China," p. 521。

祠堂的礼仪变迁

《家礼》规定，俗节时需在祠堂祭祀祖先。[1] 宗族活动对此慎重看待，或更甚于《家礼》，试图将其他习俗仪式融入新的祠堂中。明清的方志、族谱说明，拥有祠堂的宗族普遍在新年时进行团拜，并在祠堂中庆祝元宵节。[2] 弘治四年（1491）的《八闽通志》记载的是福州南边兴化府的团拜礼。新年这天，家庭成员来到祠堂"会族"。"莆世家大族，各有族祠。是日，家庭序拜毕，即谒族祠，祀宗祖。已乃与族属团拜。"[3]福州府最早提到在祠堂中庆祝元宵节的方志，是嘉靖二十六年（1547）的《福清县志》："神祠、祠堂皆张之。灯月交辉，人天胥庆。十三夜燃灯起，至十七夜止。"[4]关于祠堂中的仪式展演，族谱提供了不同程度的细节内容。例如，康熙十九年（1680）世美吴氏的族谱记载："（正月）十有五日元宵，司祠具灯烛，按房举八人轮年具祭品，上灯行庆赏礼。"[5]雍正八年（1730），长乐县的三溪潘氏，对元宵节祠堂中的仪式展演有一系列更详细的规定："正月十三夜，设始祖，左昭右穆。……十房福首各备椅褥棹裙、香、烛、果品、花、炮、元宝，排设齐整。本祠公备庶

---

① 参见 Patricia Ebrey trans. , *Chu Hsi's Family Rituals*，p. 17。

② 寒食节的坟茔祭祖，是宋代最重要的年度仪式，但至晚明已经为元宵节祠堂的陪育仪式所取代。谢肇淛不认同此变化，他写道："南人借祭墓为踏青游戏之具，纸钱未灰，舄履相错……主客无不颓然醉倒。夫墓祭已非古，而况以荐蒿凄怆之地，为谑浪酩酊之资乎？"（谢肇淛：《五杂俎》，卷2，9a～9b页。）

③ 团拜似乎已成为新年的独特礼仪。其他岁时节庆，如冬至时也到祠堂祭拜，有材料提到："谒族祠亦如元旦之仪，但不团拜。"（《八闽通志》，卷5，50～51页。）

④ 《福清县志》，卷1，2b页。

⑤ 《条约》，见《世美吴氏族谱》。

馐祭品、羊、酒、灯烛等物。"①行三献礼后，宣读祭文并焚毁。礼毕后，接着"迎灯。迎灯毕，开宴伴神"。②

族谱里关于祠堂中新年与元宵节仪式最早的记载，始于17世纪晚期。然而，这些仪式在此之前，很可能便已经过长时间的发展。18世纪开始，有关仪式展演的规定记载越发详细且具体。琅岐岛的两份族谱，一者来自18世纪后期或19世纪，另一者来自20世纪初期，详细记录了这些复杂的仪式。琅岐陈氏族谱是二者中较早的，其记载了在年初时宗族于祠堂举行团拜。负责来年祭祖的族人购买了水果、茶、酒、纸钱、香和蜡烛。到了特定时间，族人齐聚于祠堂，向祖先牌位献香，并拜四次，之后"依序团拜"。拜完后，参与者递茶啜饮，相互祝贺而后返家。③卢公明对19世纪的这项仪式有简单记载："正月初四或初五……他们围圈祭拜。这个特别的名称来自，所有在场的家庭代表于祠堂内大厅的祖先牌位前围成一圈，脸朝内，在一声号令下，每人握紧双手，齐身礼拜。"④

琅岐族谱中也有对元宵节的描述，称之为"伴夜"，意思是"陪伴过夜"。在董氏祠堂中，元宵节仪式是一年中仅次于地方守护神

---

① 十福首准备的物品清单相当详尽复杂。例如，第一位必须准备"灯一合，挂前廊中；彩一匹，挂厅门；浴盆、面架、手巾全"(《荥阳三溪潘氏族谱》，卷5，73页)。

② 祭文曰："缅维我祖，南安安祥。考卜迁居，三溪之阳。面山临水，甲第辉煌。二难易里，四叶流芳。簪缨济美，世守书香。子孙藩衍，源远流长。我祖之泽，报不可忘。兹逢薄荐豆觞，在天之灵，陟降庙堂。庇我翼我，福寿康康。腾蛟起凤，声播名扬。曾孙之庆，我祖之光。尚飨。"(《荥阳三溪潘氏族谱》，卷5，13页。)

③ 参见《祠墓定规》，见《琅山衙前陈氏宗谱》，50页。

④ Justus Doolittle, *Social Life of the Chinese: With Some Account of Their Religious, Governmental, Educational and Business Customs and Opinions, with Special but Not Exclusive Reference to Fuhchau*, vol. 1, pp. 228-229. 卢公明并未提供"围圈祭拜"(worship in a circle)的中文词称，但可能就是"团拜"。

节日的复杂仪式，后者将于下一章讨论。① 族谱中的记载说明，即将届满的祠堂管理者，会在新年第一天公告仪式的责任分工。这是身为管理者的最后一项工作，因为接下来新的宗族管理者即将上任，其首要职责就是检视这些准备情况。第二天，族人必须带着他们的供品给新的管理者检查。"祭日主人帅执事省牲涤器，务洁鼎釜具品物，一一各如常数，如不精洁污亵者公议严罚之。"仪式由董氏各房举行。族谱记载了在特定夜晚，由各房及其子房分别举行仪式的时间表。在合适的夜晚，房支成员在祠堂祭祀祖先。每房的男丁都可以准备一个装饰好的灯笼，在祠堂举行盛宴时，于村庄中展示。除了每房举行的个别仪式，在第一天晚上全族要宰杀四只猪，每房一只。这些牲礼由两位族正检查。② 活动结束后，在正月十九，猪肉就分送给族人。其余供品则在祠堂中多摆放两天，之后当值者才将其分装打包准备发放。族人再次齐聚，拜别神灵，然后带走供品。③

琅岐陈氏也分为四房，分别在正月十五前后各两晚举行仪式。"旧规，每夜轮一房，子孙各备香、花、灯、烛、筐、酒、火爆，到祠拜献。毕，然后设酒席。"正月十五晚上，四房族人齐聚在祠堂。供品是一只全猪，每个人都点亮灯笼。正如其他清中期福州的族谱一样，陈氏族谱对祠堂中的陪盲仪式有详尽记载，为仪式

---

① 族谱中的《祭典志》是篇幅最多的礼仪记录，其中包括对四个主要的年节仪式的记述。冬至和中元节的祭祀条目只有祭文，清明节的墓祭条目则包括礼仪文献和一行说明，元宵节条目则有祭文和八行说明。参见《祭奠志》《董氏宗祠》，见《琅岐董氏谱牒》。

② 村中耆老说明，族正的工作在于决定哪一房敬献的猪肉最肥，这被认为是来年好运的兆头。乾隆二十二年(1757)，乾隆帝下令各宗族选立一人为族正，查举族人言行良莠。但此处的联系并不那么清楚。琅岐的族正似乎是祠堂管理人的地方用词。这一用法在福州地区并不普遍。参见《大清会典事例》，卷158，4b页；Hsiao Kung-Chuan, *Ritual China: Imperial Control in the Nineteenth Century*, p. 349。

③ 参见《祭奠志》《董氏宗祠》，见《琅岐董氏谱牒》。

的仪礼化与精致化提供了例证。此仪式显然是建立在宗族礼仪专家的权威经典——朱熹的《家礼》之上的。陈氏仪式文献中包含对通赞、引赞的说明。前者对全族下令引导，后者则是协助主持者处理事务的复杂角色。仪式始于一连串的群体礼拜，以祈求神灵保佑。主持者先净身，而后献祭食物和酒，接着大声宣读祭文。二献、三献都是相同的形式。每一献时，主持者踏步向前，拜，献祭，拜，然后退回。接着向神灵劝食，龛门关闭而后再打开，收集祭祀供品，最后收拾干净。此一仪式可与伊佩霞翻译的《家礼》相关部分做比对，可以发现其与《家礼》的结构、内容相当接近。①

卢公明简略描述了 19 世纪的此一仪式。祠堂中每年举行六次祭祀仪式，其中第三次举办于

> 自正月十一至十五的晚上，这段时间祠堂灯火通明。通常每名成年男丁会自己准备一对大蜡烛，在祖先牌位前点燃。当年轮值祠堂事务的管理者，会将自己的蜡烛置于中间。此时还会为亡者焚烧纸钱。在此期间，在祭祀祖先牌位后，他们会聚集宴饮二至四次。此称为陪伴亡灵守夜。②

这些礼仪的仪礼化和精致化，不仅清楚地体现在他们的仪式中，也同时记录在相关的文献里。例如，族谱中收录了许多重要文献，如每年张贴在祠堂外的通知，用来告诉族人即将到来的岁

---

① 参见《祠墓定规》，见《琅山衙前陈氏宗谱》，54a 页及其后；Patricia Ebrey trans.，*Chu Hsi's Family Rituals*，pp. 155-166。

② Justus Doolittle，*Social Life of the Chinese；With Some Account of Their Religious，Governmental，Educational and Business Customs and Opinions，with Special but Not Exclusive to Fuhchau*，vol. 1，pp. 228-229.

时仪式活动。①

　　总而言之，方志与族谱材料说明，早期的仪式传统，如庆祝新年的家庭仪式和官方对元宵节的庆祝活动，都被明清时期的精英积极地改造为宗族语言。这些仪式皆被移用到祠堂，《家礼》的祭祀仪式也被整合进其中。然而，正如以下的讨论所言，这并不意味着早期的地方实践已被取代。

多样性：当代实践与口述历史的例证

　　前面关于仪式的讨论所依据的族谱中的仪式指南是仪式剧本（liturgy），换言之，是有关仪式应该如何进行的规章，而非人群具体实践的民族志记述。为了更好地理解实践，探索其他材料是必要的，如对这些仪式展演的当代观察，其清楚地表现出对 1949 年以前仪式实践进行重新创造的努力，此外还有口述传统、访谈，以及在南台村庄与村民进行的漫谈。这些材料揭示，即使在南台岛内，这些仪式展演和所使用的描述语言，都存在相当大的差异性。有许多出现在仪式展演中的重要元素，却未曾在成文的仪式文献中被提及。至少有一些非经典的元素是关于地方的生育崇拜——陈靖姑信仰的。这些元素呈现出的多样性，与特定村庄祠堂建构的时间、环境差异相一致，换言之，祠堂的类型与非经典

---

① 光绪十三年(1887)的三山叶氏族谱收有关于团拜礼的材料。(参见《元宵团拜知单》，见《三山叶氏祠录》，卷 4，12a 页。)这类文献的发展，是清中期广泛历史变化的一部分。礼仪法典化，包括对礼仪源流的追溯、对传统实践的探究，以及对权威礼仪文献的筹备等，是 18 世纪思想的重要面相之一。由国家主持纂修的礼仪法典《大清通礼》，即代表着此一趋势发展的最高峰，亦是"建立及提倡正统礼仪，以恢复日渐浇薄与趋向异端习俗的世界秩序"的整体事业的标志。相同事业也影响了清代福州地方乡村的宗族实践。参见 Joseph Esherick，"Cherishing Sources from Afar"，p. 149；Angela Zito，*Of Body and Brush：Grand Sacrifice as Text/Performance in Eighteenth-Century China*，pp. 69-78。

元素被整合进礼仪之中，二者密切相关。在明代中期建有士绅祠堂的村庄中，其祠堂仪式为团拜礼，最贴近于《家礼》仪式，至于陈靖姑信仰的生育崇拜则与祠堂无关。在明末清初修建民间祠堂的村庄中，陪盲是祠堂仪式的用语，而这些仪式似乎与陈靖姑无关。然而，只有在晚清时期修建祠堂的村庄中，祠堂的陪盲仪式与陈靖姑的生育仪式关系密切。因此，同时考虑南台的所有村庄，显然清代、民国时期的仪式展演并未简单地依循《家礼》的规范。相反，它结合并整合了前述讨论的早期仪式的传统元素——至少从宋代以来就与新年相关的民间仪式，和乡村妇女对陈靖姑诞辰的崇祀——与明代创造礼仪的重点，既符合朱熹的规范，又作为凝聚宗族团结的策略。此一结合的确切形式，端视宗族建设的时间与脉络。

陈靖姑亦即临水夫人，既是地方重要的女神，也是闾山派传统的中心人物。[①]（图 5.1）历史上的陈靖姑，如果确有其人的话，

---

① 闾山派传统被描述为"地方的特殊信仰，建立在古代巫觋传统的基础上，并随着时代增添内容，特别是自宋代以降，杂糅了不同传统，而使其起源不明"（Brigitte Baptandier-Berthier，"The Kaiguan Ritual and the Construction of the Child's Identity," p. 533）。由于相关的最早的文献出现在据说其信仰已建立的几个世纪后，其历史与影响的重建变得相当困难，这需要利用广泛的文献，包括方志、民间故事、地方碑刻和戏曲剧本。对其信仰最全面的研究，参见 Brigitte Berthier，*La Dame-du-bord-de-l'eau*。福建学者叶明生已出版两部当代闽西北地区陈靖姑信仰的仪式文献与民族志式的记录：《闽西上杭高腔傀儡与夫人戏》和《福建省龙岩市东肖镇闾山教广济坛科仪本》。至于宋代的文献则相当有限。在《三山志》中，只有部分内容模糊地提到姑娘庙，应该是指陈靖姑的庙（参见《三山志》，卷 8，24a 页）。不过，材料的缺乏或许反映的不是该信仰在地方上不重要，而是其尚未得到地方上道教的认可。在对宋代福建兴盛的各种道教流派的讨论中，道教大师白玉蟾（约 1200—1224）批评闾山教是巫觋传统："昔者巫人之法，有曰盘古法者，又有曰灵山法者，复有闾山法者，其实一巫法也。"（白玉蟾：《海琼白真人录》，1 页。）如同华南许多的地方传统一样，道士逐渐接受闾山教传统。这是不断交流过程的一部分，龙彼得（Pier van der Loon）称之为中国的"巫觋基础"。到了明清时期，道教的经典与仪式皆加入陈靖姑的传统与信仰中，虽然这并未收录在《道藏》里。即便如此，陈靖姑信仰确实出现在了经典，即明代版搜神记——《三教源流搜神大全》中。参见 Kenneth Dean，*Taoist Ritual and Popular Cults of Southeast China*，pp. 30-32。

图 5.1　陈靖姑像（宋怡明摄）

大约生存在 7 世纪末，生长于福州的巫者家庭。她展现了各类神迹，包括解除旱灾及降服古田的蛇妖。为了答谢她的神迹，临水人为其修建了一座庙宇。根据张以宁（1301—1370）所撰最早有关寺庙的记载，临水夫人及其庙宇受到宋代朝廷多次敕封，包括被赐"顺懿"的封号。① 最迟于明代，陈靖姑逐渐变得与孩童，特别是

① 有些文献记□她生存于 10 世纪，即闽国时期，这与她的几个故事有关。（参见 Brigitte Baptandier- □thier，"The Kaiguan Ritual and the Construction of the Child's Identity，" p.530。□，如，蛇妖的故事，参见《古田县志》，卷 7，8a～8b 页。由于蛇是汉人入闽之前当□□群崇祀的对象，这便产生一种有趣的可能：随着汉人势力的增强，陈靖姑信仰的□□成为地方人群从属于与融合汉文化的表现。她的封号参见《古田县临水顺懿庙记》，□张以宁：《翠屏集》，卷 4，48b～50a 页。

妇女生产有关。明代方志记载，陈靖姑在旱灾期间"脱胎"祈雨，并于后来因难产而去世。临死时她说道："吾死后不救世人产难，不神也。"明代的搜神传记大全，记载了陈靖姑协助后唐皇后生产的故事。到明中期，陈靖姑在救助孩童、保胎安产方面的名声已然确立。据谢肇淛记载："至于妇女祈嗣保胎，及子长成，祈赛以百数，其所祷诸神，亦皆里妪村媒之属。"①

明代古田的陈靖姑庙是相关寺庙网络的中心。方志记载，福州至少有一座这样的祠庙。不过，方志记录的仅是该地庙宇总数的一小部分。谢肇淛提到，罗源、长乐皆有许多临水夫人庙。据19世纪卢公明的观察，在福州，临水夫人"被认为是所有神祇中最常受到崇祀者"。② 今日大多数村庄的耆老，都能指出当地之前陈靖姑庙或较小祠庙的位置，这些庙有许多都在近期得到重建。

明代资料中关于陈靖姑生存时代的记载或有分歧，但普遍认

---

① 关于流产的故事，参见《八闽通志》，卷58，373～374页；《古田县志》，卷5，12b页。唐代的故事参见《三教源流搜神大全》，183～184页。关于其生存年代的讨论，参见 Glen Dudbridge, *The Legend of Miaoshan*, p. 109 n. 105；Barend ter Haar, "The Genesis and Spread of Temples Cults in Fukien," p. 359 n. 25。徐晓望质疑此故事的真实性，因为其信仰在两个世纪后的《三山志》中并未被提及。(参见《福建民间信仰源流》，348页。)另见谢肇淛：《五杂俎》，卷15，19b～20a页。明代建宁地方志记载了陈靖姑解救难产妇女的故事："徐清叟，浦城人。子妇怀孕十有七月不产，举家忧危。忽一妇踵门，自言姓陈，专医产。徐喜，留之以事告。陈妇曰：此易耳。令徐别治有楼之室，楼心凿一穴，置产妇于楼上。仍令备数仆，持杖楼下，候有物坠地即捶死之。既而，产一小蛇，长丈余。自窍而下，群仆捶杀之。"然而，陈妇拒绝徐家馈赠的礼物，她只接受一方手巾，并请徐清叟手书"徐某赠救产陈氏"。之后，徐氏任福州知府，发现那方手巾已悬挂于陈靖姑庙前。徐氏便请朝廷加赠封号，广其庙宇。参见《建宁府志》，卷21，20a～20b页。

② 《闽都记》，卷10，12b页及其后。Justus Doolittle, *Social Life of the Chinese; With Some Account of Their Religious, Governmental, Educational and Business Customs and Opinions, with Special but Not Exclusive Reference to Fuhchau*, vol. 1, pp. 204-205.

为正月十五是她的诞辰，因此这天也是年度重要庆典。① 这天也与一系列特定的仪式活动有关，它们只限妇女才能参与。根据嘉靖二十六年（1547）的《福清县志》，"通城女人，朝同拜佛谒神。夜共看灯，过桥籍青麦而回"。在这游行期间，男女相遇有些禁忌。当男子偶遇女性时要主动回避，否则就要受罚。② 谢肇淛对福州元宵节的描述，也提到了庆典期间全镇所有妇女的仪式化活动，被称为"转三桥"。③ 虽然文献中这些仪式并不直接地与陈靖姑信仰相联系，但我认为这之间有合理的关联性，因为这些仪式只限妇女参加，特别是它们在与妇女及生育有关的女神诞辰日举行。

陈靖姑信仰，在南台各村庄的元宵节仪式中扮演不同的角色，此多样化的实践，明显与祠堂修建和村内其他宗族建设活动的不同有关。林浦的林氏祠堂是士绅祠堂的典范，其礼仪传统谨守朱熹的规范。遗憾的是，其族谱中几乎没有关于仪式实践的记载，且仅有的材料也不甚清楚。乾隆十一年（1746），林枝春在编纂族谱时指出，参与仪式是界定宗族成员的核心标准。族谱中记录了有些族人的祖先，但他们已经搬离，这些人是否登载于族谱内，则取决于他们会不会回来参加祠堂祭祀。④ 这说明 18 世纪中期，

---

① 例如，前面提到的明代搜神大全的记载，说明了陈靖姑因观音菩萨的介入而出生的奇妙情况。许多故事描述，古田人由于陈靖姑诛杀蛇妖而信奉她，他们之前每年都要贡献童男、童女来祭祀蛇妖。观音菩萨以自身的指甲使陈靖姑的母亲怀孕并于正月十五生下她。（参见《三教源流搜神大全》，183 页。）提到此一日期的还有其他文献，包括清代小说《闽都别记》，其中有许多关于陈靖姑的故事，此外还有 20 世纪初期福州地区流传的仪式歌谣。参见里人何求：《闽都别记》；魏应麒编著：《福建三神考》，41 页。

② 《福清县志》，卷 1，2b 页。

③ 参见谢肇淛：《五杂俎》，卷 2，3b～4a 页。

④ 参见林枝春：《谱例十则》，见《濂江林氏家谱》，卷 1，10a 页。据说数个宗族成员均对共同仪式感兴趣。林镜湖"董率族众祭祀，必虔入庙，无敢或缓"。每当族人为举行仪式所筹措的经费短缺时，林回波会额外捐助。参见《濂江林氏家谱》，卷 2，42b、45a 页。

祠堂中已经有了某种共同仪式。这样的仪式或许来自，在林浦祠堂首次建立后的几个世纪期间，对附近民间祠堂仪式的仿效。根据对目前祠堂管理委员会中最年长族人的访谈，1949 年以前每年举行三次共同仪式。春分、秋分时，族长与各房长会在六间祠堂中择一进行祭祀。正月初二，每一辈中最年长的族人，会在其中一间祠堂行团拜礼。林氏没有共同仪式让所有族人参与，且正月十五当天，祠堂中也没有举行祭祖仪式。但稍微年长一点的居民，无论男女都知道"陪盲"，在这里它是指陈靖姑的庆典。为了庆祝她的诞辰，游行中会携带她的图像，人们提着灯笼，来到邻近村庄让她接受当地妇女的供奉和敬拜。陈靖姑会在每个村里停留一晚，由当地所有妇女陪伴。十五日当晚，陈靖姑会回到她的庙宇，许多村妇会在此陪伴守夜。①

义序的仪式展演记录在黄氏族谱中，男性受访者可以证实许多细节。新年时，全族各房代表均参加的点燃蜡烛仪式，可以彰显宗族的团结。相较之下，陪盲仪式则使宗族内部产生区隔。先是祠堂修建时十五位出资者的后代，随后是宗族其他各房，按照特定顺序进行陪盲。大房自己进行，小房则合并起来进行。仪式包括在祠堂守夜、祭祀祖先以及宴饮。如同福州其他地方一样，义序的妇女被禁止进入祠堂。然而，当男士在祠堂中进行陪盲时，村妇也有另一项仪式，她们称之为"伴夜"。元宵节夜晚，村里每

---

① 在过去，游行依照固定路线挨家逐户进行，并且完全由全村妇女指挥，她们属于娘娘社，其在地方上有许多分社。当庆典在 20 世纪 80 年代中期复兴时，其中最为活跃的信徒以抽签方式来决定新的游行顺序。因为许多团体也希望能够参与，今日的游行活动持续整整两个月，直到三月初三以全村绕境作为结束。游行中也加入了许多新元素，包括 36 位盛装打扮成临水夫人侍女的妇女群体，她们每人拿着一个娃娃，暗示其与生育的关联；另外还有许多在庙外的戏剧表演。

户妇女都要参加陈靖姑的游村绕境。只有妇女可以参加这个活动。当陈靖姑回到她的庙宇时，游行也随之结束。妇女当夜要留在庙中陪伴陈靖姑，并准备鸡、鸡蛋、饺子、长寿面、水果、猪头、猪肚及猪蹄等供品。

在第三个村庄台屿，其陪盲仪式的展演与意义相当不同。村里大约有一千户，其中大多数姓陈。尽管他们长期以来自认源出共同世系，但是其宗族组织化明显晚于前面二者。[①] 陈氏欠缺福州宗族文化剧本的重要元素。例如，他们声称拥有共同世系，但却无法说出共同祖先，或任何显赫者。闽县方志记载的大姓也并未提及他们。他们也没有任何一部族谱或宗谱。[②] 不过陈氏确实拥有祠堂，虽然不确定年代，但很可能是近期才修建的。[③] 在台屿，"陪盲"是指元宵节时，陈靖姑从她的庙宇到祠堂的游神活动。这期间，祠堂被作为陈靖姑的"行辕"。家家户户都要献上一只公鸡。公鸡按照严格的惯例宰杀，然后以特定的方式排列在大的合成木架上，于庆典期间放置于祠堂内。受访者回忆他们年轻时，庆典期间有七八百只公鸡被献出。隔天早上，每户人家凭各自的编号取回自己的公鸡。家家户户还要把灯笼带来，向陈靖姑祈求孩子平安。尽管大多数陈姓人家皆参与此一供奉公鸡的仪式，但这对孩童尚未成年的家庭而言是强制性的，而孩童成年的家庭则自愿

---

① 村庙重建于民国九年(1920)，横梁上的捐题姓名皆书以"信徒某人某房"的形式。台屿陈姓村民都来自五房其中之一，尽管这之间的谱系关系并不清楚。

② 他们收存了许多手抄本的宗图，称为"墓代谱"，在祭祀时必须带入祠堂。这些文书是私人的，因此我未能阅读。不过族长说其中收录了某些祖先的子孙名录；这些祖先并非全族的共同祖先，且彼此之间的谱系关系也不清楚。

③ 祠堂内唯一一通碑刻，是关于天顺二年(1458)朝廷答谢陈淮捐献 200 石米粮，这大概缓解了地方的饥荒。有趣的是，台屿没有人宣称是陈淮的后代。

参加。村中较年长的妇女，即那些嫁给陈姓族人并生儿育女的妇女，要在祠堂中守夜，向陈靖姑祈求多子多孙，并举行"请花"仪式以确保灵验。出生于台屿陈氏并嫁到其他村庄的妇女只要没有子嗣，就会回到祠堂求子。在台屿，陪盲似乎主要是求子生育仪式，与妇女和陈靖姑有密切关系，而此仪式已整合到祠堂中。

因此，陪盲仪式对于南台不同村庄的男女的意义不尽相同，这与宗族组织及祠堂兴建的形式、时间有关。在林浦，祠堂是明中期的高级品官依照《家礼》规范所修建，以陈靖姑庆典为中心的陪盲仪式遂与其无关；相反，团拜仪式则凸显出亲属关系范围，拥有同一世系的各房族人均源自一共同祖先。义序祠堂修建稍晚，且由于其他因素，团拜仪式与林浦较为相同，陪盲也是庆祝富裕族人对宗族做出特殊贡献的祠堂祭祀仪式。其使用不同用词来称呼陈靖姑信仰的仪式，但仪式本身与祠堂并无关联。在台屿，宗族组织发展得相当晚，陪盲则是与陈靖姑有关的生育仪式。因此，在明中期由上层知识精英构建的宗族，往往能够依据经典规范更有效地举行祠堂仪式，至于元宵节庆典则与祠堂、祖先、男性族人无关，而是与妇女、陈靖姑及生育有关。明末清初发展出来的民间祠堂，是由较下层的地方精英所建立的，可以看到其将元宵节活动整合进祠堂的努力。但这些尝试并没有完全成功。男性族人与妇女的伴夜仪式并不相同：男性在祠堂祭祀祖先，妇女则在陈靖姑庙奉祀陈靖姑。在最近才开始组织宗族的乡里，陪盲显然是男女共同参与的生育仪式，并且被整合到祠堂内。然而，该仪式与祖先祭祀无关，更与《家礼》的正统仪式规范无关。

仪式的统一，仪式的领导权

外来观察者可能会以不同的方式分析祠堂仪式。比如说，这些仪式的结构可以借"通过仪式"(rites of passage)的范畴来诠释。[①] 它们也承担着特定的社会功能——保持对族人身份的精确统计。[②] 一般而言，这些仪式显然也是为了促进宗族凝聚，同时也为不同

[①]　元宵节标志着春节活动的结束。该活动始于每年最后一天，这时灶神要返回天庭报告各户人家过去一年的表现。这是一段过渡期，所有的官方事务与商业活动都将暂停。经过数天的宴席、访友和其他庆祝活动，元宵节过后便恢复常态。将一年中前十五天的仪式活动作为整体，让人想起布尔迪厄关于阿尔及利亚连续节庆的讨论。他们以家庭中私人的新年庆祝活动开始，随后扩及邻居和直系亲属，并在当月中旬，以宗族仪式和村庙庆典达到活动高潮，后者将下一章讨论。因此，"陪盲"仪式即处于由私到公过程的最后阶段，这标志着个人首先是其家庭的成员，然后才是其宗族的成员。元宵节也是农业社会周期中重要的过渡时期。清代南台的经济很大程度上建立在商业性农业，大多是果树种植，尤其是橘子种植的基础上。果树种植有两个重要的农忙时期，一是十月或十一月的收获季，二是二月或三月的枝芽修剪期。因此，正月正好是农业社会周期中，居于两段农忙期之间的缓冲期。参见 Arnold van Gennep, *The Rites of Passage*, pp. 3-4；Pierre Bourdieu, *The Logic of Practice*, pp. 204-209。

[②]　族谱中有关仪式的记载说明，新年仪式正是记录上一年族人主要生命周期变迁的时刻。生子、结婚、成丁以及去世，都要向祠堂管理者报告。前三件事通常也需要支付一笔"喜金"。其中最重要的是生子。受访者描述，前一年生子的人家在元宵节时享有许多优先权，这包括部分权利与义务，如在祠堂内悬挂特殊的灯笼，捐赠部分在祠堂中燃烧整晚的香，还有用特别的、精致的烛台将灯烛从祠堂带回来。晚明的谢肇淛，说明了福州地区生子、灯烛与元宵节之间的关系："闽方言，以灯为丁，每添设一灯，则俗谓之'添丁'。"（谢肇淛：《五杂俎》，卷2，3b～4a页。）许多受访者都记得，仪式是向祖先报告宗族事务的时刻，详细记录各家的事件，是仪式重要的一部分。宗族人口记录最初可能与税收有关。当以宗族始祖名义登记的户，变成仅交纳赋税的账户单位，则户的赋税义务分配便成为宗族的内部事务。如同我们所看到的，明中期的族谱通常保留了应该如何分配的细节。很显然，公平的分配取决于宗族领导人对全族人口的精确掌握。因此，就社会功能而言，陪盲礼仪有助于维持精确的人口记录，以便于宗族内部的赋税分配。当然，维持精确的人口记录，也有助于族谱的编撰。这一做法在整个华南地区相当普遍。福建的情况，参见郑振满：《明清福建家族组织与社会变迁》，65页。

类型的地方精英彼此间的策略竞争提供空间。宗族中仪式展演的规则，亦即谁能参与、由谁主持，能够反映出不同的功能，至少其中有些是被参与者认可的。

仪式的整合功能，是地方精英论述仪式的重要话题。明代中期，莆田碧溪黄氏宗族的建立者深刻地认识到，祠堂的意义不只在于祖先与生者之间的关系，也在于通过追溯祠堂内祭祀的祖先的共同世系所形成的群体："祠堂不建，于祖何所亏损？而生者之伯叔兄弟无以为岁时伏腊衣冠赘聚之所，卒然相值于街市里巷，祖袒裸裎而过，与路人无异。"①清初福州郭氏一位著名的族人担忧地表示，自明代其族人从福清逃来福州避难后，便未曾再回去祭祀祖坟与祠堂。缺乏宗族礼仪将削弱宗族的团结。"支庶星散，宗祠阻隔，燕享无闻。将有族人觌面而不相识者。"②当时的知识精英充分注意到礼仪的功能，即作为社会整合工具的潜在作用。

祠堂仪式很显然被视为进一步巩固宗族的重要方式。第二章已经论述了晚清时南台许多著名宗族是通过追溯世系而形成的。宗族仪式对于族内不同群体间关系的建立与巩固相当重要。在清代迅速发展成为当地大族之一的尚干林氏便是显例。19世纪的观察者推测，林氏族人快速成长的原因可能在于，他们建构（fabricate）了世系关系。"而今林氏一族在本地最为兴旺，我并不敢肯定他们每个族人是否真的是同宗同源。"③出于仪式目的，林氏分为24"碣"。这些

---

① 《族议重建宗祠书》，转引自郑振满：《明清福建家族组织与社会变迁》，239页。

② 《清天房礼乐射御书数六房公置祀产约字》，见《福州郭氏支谱》，卷7，6a页。

③ 原文出处遗失，可另见栗林宣夫：《清代福州地方における集落と氏族》，32～33页。尚干村史提及，林氏并非最早定居该地者。当林氏始祖来到此地时，"尚干古时曰待屿又号上虞，居住八姓之族，最旺者乃朱、何、严三族，但今不知迁往何所"。这些宗族有的甚至拥有自己的祠堂，而那些废墟在尚干仍然可见。至于其他姓人家，据说已经无存或者迁离，尽管没有人知道他们迁居至何处。（参见林义东：《尚干乡史记》，9b～10a页。）不过，是否随着林氏的发展壮大，其他姓也将自己的世系追溯到林氏宗族的祖先，而变成林氏成员，仍然没有定论。

碣是根据地缘和血缘来划分的。① 在族谱中，所有碣皆能追溯至共同祖先，但其中许多显然是建构出来的。② 他们所真正共享的，是参与祠堂陪盲仪式的权利。(图 5.2)他们按照一份明确的日程表举行各自的群体仪式。每一碣举行陪盲仪式都有特定的日期。林氏宗族扩张、发展的叙事，大多是取得仪式参与权的故事。根据尚干乡村史作者的记述，后厝碣族人最初并未获准参与陪盲仪式：

图 5.2　尚干的陪盲仪式(宋怡明摄)

———————————

① 因此，有些碣称为"前厝"，即"(始祖)屋前"；有些碣称为"后厝"，即"(始祖)屋后"。"前厝"是"文斋尾股长房世深公派居地"，"后厝"是"文斋尾股四房世育公派居地"。过去曾有一个尼姑庵，就在山脚，可以俯瞰全镇。"庵下碣：克著公派居地。"(林义东：《尚干乡史记》，1～21b 页。)"碣"最初意指山峰，或是用来区别边界的界碑。

② 族人很熟悉各碣之间的世仇、宿怨以及暴力相向的故事。其中一次发生于咸丰六年(1856)。庵下碣的族人被指控砍伐属于泮中厝碣道准公土地上的薪柴。当道准公遇到这位偷伐者的时候，他被拉进田野中并遭到殴打。此两碣的人都发誓报仇，并约定械斗的时间。其他结盟人群也卷入其中。"当时文斋尾股最强前厝杖手有一百二十把。"械斗最后以二死十八伤作结。此一严重事件自然引起了地方官的注意。一个富家子弟被认定为罪犯，他通过收买，将责任转嫁到另一碣的其他三人身上。双方的敌对状态依然存在，且消息说时有斗殴与杀人事件发生。处于弱势的庵下碣的大部分族人，和他们的结盟群体最后逃离了村庄。参见林义东：《尚干乡史记》，13a～14a 页。

> 不知何因受长兄排挤，不肯进祠堂里排晡。每年只能在公婆厅排烛。直至坊亭里出口，那年哥才带弟曰：后厝弟跟坊里哥里祠堂排晡。这句话一直流传至今。①

后厝碣如何将他们之前对家户内祖龛的祭祀仪式，转变为祠堂的共同仪式，实际上是宗族人群接受另一人群追溯到一个共同祖先的故事。② 因此，元宵节仪式促进了宗族的整合；然而，这并非仅是一个在由谱系决定的人群间建立联系的问题。族谱记载的元宵节仪式，正如朱熹制定的规范一样，并非对既定关系的固定表述的一再重复，而是关于社会关系可能性的论述。③

明清时期的精英也认识到，礼仪可以通过建立或合法化等级关系来强化政治、社会差异。④ 随着时间的推移，新年仪式逐步发

---

① 林义东：《尚干乡史记》，14a～14b 页。

② 同样地，当螺洲泮水房被允许参加宗族祠堂的祭祖仪式时，他们也成为螺洲陈氏的一员。据说泮水房的祖先是从侯官县迁来螺洲的。他们宣称所有的族谱都已遗失："宗祠建，帅子弟踊跃赴功。因请祔其祖梓公于庙。自是，祭祀必至，岁以为常。其人皆务本力田，有朴茂之美意。亲之治之，即吾宗吾姓也。"（《泮水宗支图》，见《螺江陈氏家谱》，卷 8，1a 页。）有可能泮水房最初是其他族人的奴仆，但缺乏文献史料来探讨这个问题。

③ 正如何伟亚所言："在这样的情况下，介于应该发生与实际发生之间，由于人们的行为改变了他们所居住的世界，礼仪彻底变得历史化且根植于生活实体中。"（James Hevia, *Cherishing Guests from Afar*, p. 133.）

④ 弘治四年（1491）的《八闽通志》提到，在新年期间身份地位不同的人互相拜访，必须遵守严格的规定。作者征引更早期的佚名材料说明："岁节往来，自缙绅而下，士民吏胥，商贾皂隶，衣服有等，称谓有常，锱铢不敢陵躐。"这样的情况在宋代盛时仍在保持，但自此以后日益颓坏。"历元至今，流风余韵，虽间有存者，然视宋之盛时，相去天渊矣。"方志作者强调，正确的仪式展演对于维持适当的社会区隔至关重要："尝闻乡之长老言，数十年前，乡邻交际，后生少年，见学士大夫，动静语默，皆循循恭谨，不敢少急肆。闾左氓隶，见故家世族，称谓礼节，皆秩秩有常，不敢少陵躐。盖旧俗然也。"（《八闽通志》，卷 3，40～41、50 页。）当然，对礼仪整合功能的赞同在中国思想史上不足为奇，这是儒家礼仪观的基本原则之一。参见 Benjamin Schwartz, *The World of Thought in Ancient China*, p. 67。

展且日益复杂，它们不仅成为凝聚宗族的力量，同时也是区分社会等级与竞争地方领导地位的工具。这场竞争以各种形式展开，最明显的例子就是，在祭祀结束后，依照身份等级分配胙肉的做法日渐普遍。例如，三溪潘氏除了每人固定都有的份额，额外的胙肉便分给族长、宗子、特定年岁以上者，还有功名持有人。[1]

在义序，关于由谁主持仪式的问题需要不断协商。雍正八年（1730）的礼仪规定记载，当正月初五祠堂大门打开时，将举行相互致贺的仪式，这是团拜的一种。当祠堂初次修建时，仪式由 15 "份"主持，就是最初修建祠堂时出资的 15 人——康熙元年（1662）4 人，康熙二十三年（1684）6 人，之后又有 5 人及其后代。[2] "份"一词的使用，以及没有关于 15 人去世后处理办法的相关讨论，说明最初出资修建祠堂成为跻身祠堂管理人的正当理由，此一权利也为其后代所继承。然而，此一领导权并非毫无争议，因此族谱中另有记载："今系绅衿与族房合祀。"祠堂修建者基于出资贡献，主张拥有主持仪式的权利。他们曾经为祠堂修建出资，因此他们及其子孙均有权参与祠堂运作。然而，此一办法与村庄组织的其他原则相冲突。持有功名的士绅及其后代，也宣称有权主持仪式。族谱记载也证明族房长，即辈分高的年长族人对祠堂管理的介入。士绅也加入祠堂的日常管理中，他们的能力无疑时常凌驾于单纯以年岁为基础的族房长之上。"每月朔望，族房长焚香拜祖，并料理族中事务。绅衿轮流司香。"[3]

---

① 参见《荥阳三溪潘氏族谱》，卷 5，73 页。

② 见第四章"义序黄氏的民间祠堂"一节。

③ 《旧规》，见《虎邱义山黄氏世谱》，卷 1，18b 页。关于以血缘谱系和官方身份原则选立族长之间的区别，早有学者讨论，但主要是共时性的研究。参见 Maurice Freedman, *Lineage Organization in Southeastern China*, p. 67 ff.; Hugh Baker, *Chinese Family and Kinship*, pp. 55-64。

参与权竞争也出现于义序的元宵节仪式中。正月期间，黄氏每天皆于祠堂中点燃大蜡烛。除夕夜晚，族房长便燃起蜡烛。自正月初一开始，"依族房长昭穆次序轮点"。每房负责一对蜡烛。烛火必须整夜点燃，大者燃烧二、三或四个夜晚。因此，仪式首先由全族代表进行，之后是各房代表。元宵节庆典的第二要素便是陪盲仪式："十五夜，十五份祭典。十六夜，下厝房。此由原定，而诸房法之也。其余各依昭穆长序递伴。小者，二三房合伴。"民国时期对此旧规的批注说明，由于当时族人已逾万人，仪式遂持续到月底。① 根据对黄氏宗祠内一位七旬耆老的访谈，伴夜仪式有三项功能：（1）纪念祖先；（2）告知祖先其子孙的近况；（3）族人聚会。但同样地，最初出资修建祠堂的族人后代，宣称其享有特权，即在元宵节当晚于祠堂中进行陪盲。尽管族谱的记载可能是族人间争论后所协调出的结果，如族中绅衿认为应该由他们，而非当初出资修建祠堂者的后代来主持仪式，这样的竞争也同样存在于村庄组织的管理原则中。宗族仪式应该由谁主持，是取决于血缘世系，或国家授予的地位身份，还是依据资金捐献而间接地取决于财富？对此问题的争论和协商，是贯穿明清时期福州地区宗族政治的一个永恒主题。

仪式事务的管理权竞争时常发生，特别是在仪式经费的筹措方面。前面提到，螺洲陈氏在第三世时开始分为五房，而长房在几代后又进而分为三个子房。② 因此螺洲陈氏共有七房，包括长房的三个子房及其他四房。根据陈若霖记载：

---

① 关于各房的仪式进行，有明确的日程安排，参见《旧规》，见《虎邱义山黄氏世谱》，卷1，18b页。
② 见第四章"螺洲陈氏祠堂和晚明、清代民间祠堂的普及"一节。

> 向来春秋祭祀皆七房轮司，名虽七房，实五房也。……
> 房分次第，依支派长幼为序。既定以五，而祭祀轮司则子孙
> 有事为荣，久分为七。[1]

陈若霖在此的记录，同时呈现出父系亲属的两个不同层面：一者
为血缘谱系，另一者则来自经济差异。[2]　陈氏宗族主要五房是建立
在血缘谱系分支的基础上的。至于长房的三个子房，则反映出建
立在独占性的共同财产所有权基础上的"不对称分房"（asymmetri-
cal segmentation）。尽管陈若霖很清楚，按照族谱的逻辑，应由五
房轮流管理祭祀事务，然而，长房的三个子房则认为他们同样有
权参与管理事务。他们之间的冲突可能不在于血缘谱系原则与正
式的社会地位，亦即知识精英在乡里中追求权力与声誉的需要，
如果是的话，陈若霖应该会有所提及。[3]　相反，争论似乎存在于血
缘谱系与投资金额之间。祠堂的出资者主要来自长房。很可能长
房的族人认为，大量的资金贡献应该为他们在祠堂事务的管理上
争取更多的权益，并且主张持有七分之三的股份，而非根据族谱
房分的五分之一。此一股份又将在长房的三个子房中划分。子房

---

[1]　《谱例十则》，见《螺江陈氏家谱》。

[2]　此一差异可与孔迈隆的研究做比较，亦即父系亲属的关系模式（associational
mode）与固定的血缘谱系模式（fixed genealogical mode）之间的区别。孔迈隆的论点是，
在固定的血缘谱系模式下，"父系关系建立在资历相对较深（seniority）的世系基础之
上"。至此似乎与螺洲的情况相符。然而他接着说："整个宗族的凝聚是基于对长子世系
的礼仪的关注。"因此，在孔迈隆研究的田野地点中，宗族的礼仪中心总是围绕着长子世
系，然而，螺洲的礼仪中心，则是根据世系中各房始祖的长幼次序，依序轮流。参见
Myron Cohen，"Lineage Organization in North China，"p. 510。

[3]　自清中期至晚期，长房中出现了许多担任高官的族人。然而，此一飞黄腾达的
宦途光景在祠堂修建时无法预见。因此，毫无意外，这无法援引以作为此复杂安排的
理由。

族人在祠堂修建的花费上贡献巨大，而后他们或他们的后人也据此要求享有一定程度的祠堂管理权。如果此一推论正确的话，那么长房族人所付出的大量资金才是问题的核心。[1]

参与《家礼》规范的繁复仪式，必须具备知识与经验。在叙述琅岐董氏在祠堂举行的仪式时，除了主持仪式者和聚集祠堂观礼的族人，族谱中还提到十七位祭祀执事，包括捧主一人、司祝一人、通赞二人、引赞二人、司盥一人、司尊一人、司爵八人、司茶一人。[2] 至少这些工作的前几项，需要最低限度的识字能力，与最大限度的对于礼仪经典的熟悉，以及适当的对仪式展演的掌握度。这些角色可能是由非正式的，却是族人公认最具资格者来担任。它们仍然是声望的来源。中国人物传记中经常提到的"率族姓行礼"，可能指的就是这类领导者。只有那些接受儒家教育者，才能胜任此类礼仪专家的重要角色。因此，祠堂仪式的领导权，是宗族社会中知识精英宣称其身份地位与领导能力的一部分。竞争同样出现在应该由谁主持仪式的问题上，换言之，实际上应该由谁主祭。依照《家礼》规范，应该由宗子，即始祖的嫡系长孙担任主祭者。出于对年长者的尊重和长幼阶序所选出的族长，是族中辈分最高的长者。而宗族绅衿基于外部的身份地位，认为他们有权担任主祭者。18世纪中期秦蕙田提到："《家礼》乃士大夫居家一日不可少之书……然亦有难行之处……宗子未必贵，贵者不必宗

---

① "不对称分房"在早期人类学的宗族研究中已讨论过，然而，就我所知并非历时性的（diachronous）研究。例如，参见 Maurice Freedman, *Chinese Lineage and Society: Fukien and Kwangtung*, p. 37 ff. ; Hugh Baker, *Chinese Family and Kinship*, pp. 54-55, 61-64；陈其南：《房与传统中国家族制度》，188～202 页。

② 参见《祭奠志》，见《琅岐董氏谱牒》。

子……倘支子为卿大夫，而宗子直是农夫，如之何？"①当卢公明造访一福州祠堂时，正是由礼仪专家协助宗子主持仪式：

> 一个礼生在场指导祭拜者何时跪下、礼拜、起身。这些祭拜者面向祖先牌位。其中的主祭者约莫六岁或八岁，他是远祖的嫡长子。居住在城中所有供奉这位远祖的中国人，都是远祖的后代。根据中国长子身份的规则，这个孩子就是宗族领袖。他在礼生的指导下主持祭拜。②

尽管有经典赋予的正统性，宗子的仪式领导地位可能还是面临着族内绅衿的挑战。根据民国十二年（1923）的《平潭县志》，某些宗族"有初献以有爵者，因宗子愚朴不能行礼也"③。功名士绅提出不同的办法，使其在仪式中的领导地位获得认可。福州南部安溪县人，辅佐康熙皇帝的李光地（1642—1718）提出了一项办法。他认为共同主持的方式能解决关于仪式主导权的冲突：宗子居左，官爵高者居中，祠堂管理者居右。④福州族谱中更常见的做法是，三献皆由不同的人主持：族房长初献，宗子亚献，绅衿三献。有一条规定提到，将三献交给绅衿及宗子共同主持，这或许是因为他们认为族中未必都有士绅。在其他宗族，绅衿几乎在宗族领导权方面取得压倒性的优势。例如，晋安杜氏在团拜及其他岁时节

---

① 秦蕙田：《五礼通考》，卷 115，3b～4a 页。
② Justus Doolittle，*Social Life of the Chinese；With Some Account of Their Religious，Governmental，Educational and Business Customs and Opinions，with Special but Not Exclusive Reference to Fuhchau*，vol. 1，p. 234.
③ 《平潭县志》，卷 21，12b 页。
④ 参见《始祖祠祭礼略》，见李光地：《榕村全书（续集）》，卷 6，14a～14b 页。

庆祭祖，"以在省子孙有官爵最高者主祭"①。

族谱中收录的仪式文献与其他文书，提供了各种分析礼仪的办法。在礼仪结构上，它们可以呼应成人仪式的范畴。至于社会功能方面，它们能确保精准掌握族人身份，以助于分摊赋税责任与编纂族谱。同时，仪式也有助于凝聚宗族团结，并成为不同类型的宗族精英竞争的场域。在我们所知宗族的仪式展演规则中，谁有资格参与仪式以及由谁主持，都是努力与竞争的结果。

结　论

还原福州地区祠堂仪式展演的历史过程，并考虑其不同的差异，能够说明中国礼仪实践的各个面相。不像 12 世纪权威经典所记载的简单重现，祭祖仪式本身具有相当的灵活性与流动性。② 尽管朱熹的《家礼》认可在岁时节庆祭祀祖先，同时中国各地都耗费大量心力，去修改朱熹的规范以适应地方发展脉络，然而，根本的问题在于，福州宗族绅衿所推动的文本正统，其实是深刻长远的、环绕在其周围的非正统性社会实践。许多编纂族谱的知识分子均对正统理想和实践之间的分歧深感困扰。常见的响应办法之一是，一方面强调遵循正统仪式实践的重要性，另一方面同时承认那些由祖先确立的做法，并给予更根本的关注。因此，三溪潘氏族谱中仪式规定部分的作者提到，他对祭祀祖先是否符合正统规范存有些许疑虑。不过，他接着说：

---

① 《管理规约》，见《晋安杜氏族谱》，附记，3b 页。
② 贝尔将仪式描述为"权力的微妙关系、以接受与抵制为特征的关系、协商性的占有，及对霸权秩序赎回性的重新诠释"之结果的场域，此说颇为贴切。参见 Catherine Bell, *Ritual：Perspectives and Dimensions*，p. 16。

祖宗积遗田园山场，子粒甚广，使后之子孙，长享其福。倘已，而顾敢欺侵冒耗，以获罪于祖宗乎？谨守先业，四时承祀，聊以崇祀典，表报本之忱云尔矣。录祀典。[1]

对于各种不同的陪盲仪式，包括在祠堂中点燃灯笼，陪伴祖先神灵守夜等，有些士绅即便气愤也只能束手无策，承认难以根除或改变民间的非正统性实践。19世纪福州一位族谱编纂者提到陪盲称："今伴夜之举不知何典，而吾闽皆然，当从俗也。"[2]地方文化已经被整合进了全国性文化的地方形态中。

陪盲仪式在晚明及清代的发展，融合了元宵节和陈靖姑庆典的旧传统，而形成了以在祠堂祭祀祖先为中心的新传统。在族谱中，此一传统被描述为遵守《家礼》。这种情形在明代出现，部分反映出精英的焦虑——对于身份地位差异的日益扩大，以及不同类型精英在地方社会中扮演适当角色观念的改变的焦虑。参与祖先仪式可以作为提升他们权力和声望的方法之一，但仪式在过程中发生了转变。随着祠堂在福州乡村的传布，既有的民间仪式被带入祠堂，转变为男性化、儒家化的祖先崇拜仪式。在此过程中，最早举行仪式活动的女性及其仪式对象陈靖姑，都被排除在新的礼仪形式之外，妇女因而在祠堂外重塑她们自己的一套仪式。然而，在南台没有宗族真正将《家礼》融入实践，即便是林浦林氏，因为他们的处境与目的跟朱熹所想的相距甚远。相较于《家礼》是以血缘谱系作为主要原则基础，宗族仪式则受各种原则影响：宗族内部分化、各房支的权利、投入资金多寡。父系亲属原则能够

---

[1]　《荣阳三溪潘氏族谱》，卷5，73页。
[2]　《福州龚氏支谱·宗祠》，4b页。

建构出相当不同的组织模式。因此，从另一角度看，陪盲仪式也与理学正统不同，因为它是由早期的民间实践和对它的各种有争议的理解所塑造而成的。当仪式变得更加正统，也就更加普及。陪盲仪式阐明了中国帝制晚期，发明传统的几个关键要素。为了传布与延续，被发明的传统必须适应既有的社会实践；必须遵守，或表面上遵守国家认可的模式；最后还要满足当下的社会需求。陪盲仪式得以在福州地区传布，正是因为它满足此三个要件，尽管它们之间总是存在着紧张关系。①

我以对镜上村陪盲仪式的讨论开启本章，现在做一简短回顾。在 1994 年参与仪式的 15 个团体中，只有 8 个宣称与镜上陈氏的始祖有血缘谱系上的关系。其他 4 个团体来自镜上附近的村庄，但并未宣称与镜上陈氏始祖有谱系关系。螺洲陈氏的族人说，他们之所以参与，是因为 18 世纪这两个宗族之间建立起了联系。螺洲的陈若霖曾经来到镜上村寻求资助，使其得以到北京参加科举考试。镜上人给予协助，尽管陈若霖初试失败，但他并未忘记他们给予的信任。后来，他通过科举考试，又返回镜上，在祖先牌位前报告。陈店陈氏的参与，则是因为他们与螺洲陈氏有关系。（图 5.3）

前面提到，螺洲的受访者怀疑镜上的陪盲仪式可能是后来的发明。经过多次造访镜上村，我认为他的怀疑是有根据的。镜上的村民解释，村中其实没有共同的陪盲仪式传统。1949 年以前，

---

① 元宵节仪式的创造潜力持续至 20 世纪。民国时期，林浦和城门之间山区的弱小村庄尝试结盟，以对抗周遭的大族。其中一个小村是城山顶，村民都姓郑。一年轻的村民"因恐乡小丁薄，被邻乡欺负"，便提议成立城山十三乡宗族联谊会。正月十三日晚上，各族必须派代表到城山顶简陋的郑氏祠堂，"议论排夜、祭扫问题，经各乡代表同意"。（《城山带草堂郑氏族谱》，228～229 页。）

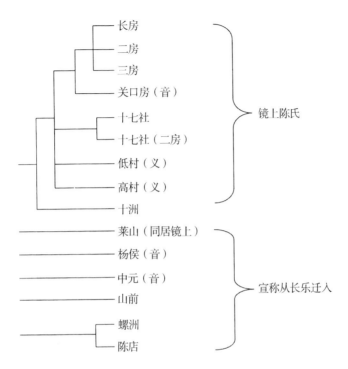

图 5.3　参与镜上村陪盲仪式的不同群体间的家族关系

村民各自在家中举行仪式，在祖龛陪伴祖先神灵。在 20 世纪 80 年代中期，镜上陈氏受邀参与尚干林氏的陪盲仪式复兴。他们这样参与了好几年，直到发觉他们被要求买蜡烛的花费比林氏自己的花费还多。当尚干的主办者拒绝以更平等的方式对待他们时，他们决定举办自己的仪式。起初他们的仪式规模还无法与尚干相提并论，因此，他们决定邀请其他人加入，以提升仪式规模和声望。到 20 世纪 90 年代中期，有其他陈姓人群接受了邀请。镜上陈氏希望以后他们能吸引更多人来参加。即便在当代中国，祠堂仪式不仅能凝聚既有群体，而且还能创造新的群体。

第六章　地方信仰：里甲、宗族和庙宇

　　南台祠堂祭祀的不只有祖先，也有神明。在陪盲仪式结束后数天，螺洲陈氏开始庆祝另一重要的岁时活动，即地方神三刘大王的年度庆典。[①] 正月二十日，大王香炉与神像被从庙中请出。随行的还有大型木偶尪仔，亦即福州方言所称的"塔骨"，代表神明的部属随从。祠堂管理者一边引导游行队伍，一边敲锣吸引村民。主香炉由一位老妇自豪地抱着。中华人民共和国成立初期禁止举

---

　　① 此一讨论是基于我对 1993 年、1994 年节庆活动的观察。1996 年起，地方政府禁止了大部分的节庆活动。地方上的刘大王信仰，自宋代便已出现。刘大王是三兄弟，年纪最长的名叫刘行全，是位历史人物。根据欧阳修、宋祁的《新唐书》（卷 19，5491页）记载，刘行全追随王绪。王绪是位军事将领，在其领导下王审知首先进入福建。当时有预言者告诫王绪，其军队正在酝酿叛变，王绪便找借口杀掉其中的能员干将。随后，刘行全遂与他人联合，伏击王绪。众人欲拥立刘行全为帅，但他却辞让给王审知兄弟。《三山志》（卷 8，18b 页）记载，刘行全未能存活到密谋对抗其妻兄王绪，反而是在漳州被王绪杀死。最早关于螺洲刘大王崇拜的记录，出现在 15 世纪的省级方志中，其中提到有显应庙奉祀刘氏三兄弟，对于乡人求雨立有回应。（参见《八闽通志》，卷 58，366页。）在私底下，螺洲居民一再向我解释，三位刘大王是地方盗匪，居民向他们供奉以求安抚。关于刘大王的信仰详细记录在一通石碑上，碑刻被收入 19 世纪的螺洲方志。该碑文内容，可见本书附录。

办庆典，20世纪80年代后期解禁后，正是由她负责组织复兴。当游行队伍进入祠堂，管理委员会中资深的族人站在门口，向祖先通报每尊神明的到来，代表祖先的便是祠堂最里面的牌位。所有神明进入祠堂，并来到预先分配的位置。刘大王居中，它们背对祖龛，面向正厅和祠堂外门，塔骨则分列两侧（图6.1至图6.3）。

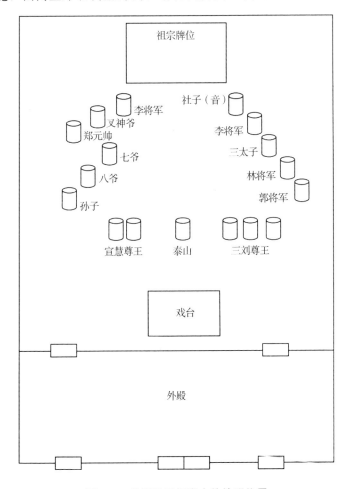

图6.1　螺洲陈氏祠堂中的神明位置

神明在祠堂中停留数天，接受螺洲陈氏各户在夜晚提供的戏剧和其他地方文化形式的表演与祭祀。正月二十八，或者如果碰上下雨，就在放晴后第一个晚上，举行盛大的全镇游神活动，还有乐队和各种表演。神明安坐在装饰着霓虹灯的轿椅上，后面跟着一辆载着发电机的推车。行进间，乐手在喧闹的鞭炮、烟花声中演奏。村民们站在自己的屋门前，看着游行队伍经过。当每尊神明经过，该户妇女就会将点燃的线香插在神明的香炉中，作为交换从香炉中取出一些线香，插回自家的神龛。游行队伍来到洲尾林氏祠堂前，其位于镇子的另一端，与陈氏的住处相对。在这里，神明得到了丰盛的供奉和戏剧表演。然后他们继续进行围绕全镇的游行，持续整夜，直到黎明才返回庙宇。

在今日的福州地区，几乎所有村庄都声称有一座庙宇供奉着当地的守护神，如螺洲的三刘大王，而村内几乎每家每户都以某种方式参与了地方神崇拜。许多村庄的神明庆典在 20 世纪 80 年代后期复兴，又在 90 年代中期陷入低潮。年度庆典期间的仪式，会为全村带来好运，祛除厄运；村民沉浸在戏剧表演中，游行队伍则穿过大街小巷，经过家家户户的门口。对村民而言，这些关于神明神迹的共同记忆、神明与祖先的关系，以及祖先历史与仪式的传承，皆对信仰合法性与正当性的建立至关重要。因此，对外来的观察者来说，这些很可能就是村庄认同的中心。但这并不是说，地方信仰是地域社群一成不变的表述。地方信仰与社群都受到其身处的环境形塑，而组织起来的父系亲属便是此地方环境的重要部分。

前面各章已经讨论了父系亲属群体的制度与实践的历史。考察地方民间宗教，则为分析不同亲属群体之间的关系提供了丰富的线索，同时也是探讨宗族组织与国家之间关系的另一取径。本章将论证，福州地区宗族组织的发展和地方信仰的意涵，是国家

图 6.2 螺洲陈氏祠堂中的三尊刘大王（宋怡明摄）

政策与地方社会复杂互动下的结果，而不断变化的亲属策略模式，则在此互动中扮演重要的角色。明初国家推行一套官方宗教系统，向下延伸至乡村社会，作为税收制度的补充，这已在第三章论及，同时它禁止其他任何形式的宗教表述。本章进一步讨论这些规定如何在福州乡村发挥作用，重塑了信仰的形式与规范。为了回应国家政策，既有的地方信仰被重新塑造、利用与再现，以与官方系统保持一致。户籍登记与亲属之间的紧密关系，这时已延伸到地方的宗教生活中。尽管明代官方系统未如预期般发挥作用，符合或宣称符合官方系统标准已然成为一种文化资源，可运用于地方斗争或与国家之间的关系中。随着祠堂传布于福州乡村，与特定宗族有关的神明游行至该族祠堂的做法变得普遍，这清楚展现出神明对该宗族的特殊庇佑。与特定庙宇维持联系与否、庙宇资

图 6.3 三刘大王的侍丛（宋怡明摄）

金的筹措，以及仪式组织等议题变得十分重要，这并非由个人偏好或居住地点决定，而是取决于所属的里甲登记户，其在明代逐渐演变成实质上的宗族。因此，在福州，国家尝试管理地方宗教实践、与宗族有关的亲属策略和模式的产生，以及族群标签与分化问题都汇集在一起，共同塑造了地方信仰的社会历史。地方信仰、其庙宇和仪式都成为亲属实践的一部分，由地方社会中行动者的亲族策略形塑。

研究中国宗教的学者对于地方信仰在乡村被整合进中国社会的过程中，以及在乡村社会的组织与再生产中所扮演的角色，益发感兴趣。例如，王斯福（Stephan Feuchtwang）提出的"帝国的隐喻"，桑高仁（Steven Sangren）将调节秩序与失序的功能归因于地方信仰，以及华琛的"神明标准化"等观点，都将宗教视为地方社群融入更大社会的解释。王铭铭、丁荷生以福建不同地区为例，从地方社会视角来看待此问题。① 然而，少有学者注意到地方信仰与宗族组织之间的确切关系。本章将在福州地方信仰的历史中，思考宗族组织与国家政策之间的复杂关系。

背景：宋代的宗教图景

宋代福建文献所描述的宗教世界，对 20 世纪中国民间宗教实

---

① 正如王铭铭所指出，所有这些学者都在某种程度上反思施坚雅的研究，施坚雅将市场与个人的理性选择视为中国区域层级系统背后的逻辑。参见 Stephan Feuchtwang，*The Imperial Metaphor*；*Popular Religion in China*；Steven Sangren，*History and Magical Power in a Chinese Community*；James Watson，"Standardizing the Gods：The Promotion of T'ien Hou（'Empress of Heaven'）Along the South China Coast，960-1960"；Wang Mingming，"Place，Administration，and Territorial Cult in Late Imperial China：A Case Study from South Fujian，" pp. 34-38；Kenneth Dean，"Transformations of the *She*（Altars of the Soil）in Fujian"；G. William Skinner，"Marketing and Social Structure in Rural China"。其他相关著作包括：Kristofer Schipper，"Neighbourhood Cult Associations in Traditional Taiwan"；David Faure，*The Structure of Chinese Rural Society*；*Lineage and Village in the Eastern New Territories*，*Hong Kong*，pp. 70-86；David Faure，"The Lineage as a Cultural Invention：The Case of the Pearl River Delta"；Barend ter Haar，"Local Society and the Organization of Cults in Early Modern China：A Preliminary Study"；Paul Katz，"Temple Cults and the Creation of Hsin-chuang Local Society"。台湾学者，特别是林美容，已经发展出"祭祀圈"的概念，作为分析民间宗教和空间层级之关系的工具。

践的观察者来说似乎相当熟悉。① 宋代留存至今的民间宗教信仰，正如欧大年（Daniel Overmyer）所说，皆被"人格化，这些受到崇祀的神明原本也是人"②。这些神明以人的形态呈现，居住在庙里，拥有广泛影响地方事务的能力，并且周期性地在社区游行，以确保对社区的保护，此正如今日的情况一般。然而，这些相似性不应使我们忽略长期且复杂的历史进程，这区分了宋代及其后的宗教生活。

宋代文献经常使用"社"一词来描述举行宗教仪式的地点。在古代，"社"是抽象的土地神接受祭祀的露天祭坛，而"社稷"则是土地神和谷神共同接受祭祀的地方。这些词语后来有了更广泛的含义。在宋代材料中，"社稷"同时用来指称祭祀不知名宇宙力量的祠宇，以及奉祀人格神的封闭庙宇。丁荷生已指出这些词语的弹性使用所造成的困难。精英作者有意地模糊使用这些词语，并且时常"利用它们指涉的框架，征引经典文献来捍卫各种不同的民间宗教实践"③。例如，除了与行政区域有关的官方祭坛——官员

---

① 在一封给赵汝说——赵于宋宁宗嘉定四年（1211）至嘉定六年（1213）任闽南漳州知府——的信中，陈淳（1159—1217）批评地方的游神仪式，那在当时是重要的宗教活动形式。根据陈淳的说法，地方恶棍强行勒索钱财来支付这些庆典费用，乡里中的尊者、衙门胥吏均在仪式中掌握不同的权力。游行的神像有十数尊，每尊神像前面都有一仪仗队伍作为前导。"四境闻风鼓动，复为优戏队，相胜以应之。人各全身新制罗帛、金翠，务以悦神。或阴策其马而纵之，谓之神走马；或阴驱其簇而奔之，谓之神走簇。"（陈淳：《北溪大全集》，卷43，13a～14a页。）如此丰富多彩的细节内容，可见于现代民族志学者的描述，或者在此而言，来自当时地方官员的记述。关于当代台湾寺庙信仰和节庆核心要素的讨论，参见 Stephan Feuchtwang, *The Imperial Metaphor：Popular Religion in China*, pp. 76-79.

② Daniel Overmyer, "Attitudes Toward Popular Religion in Ritual Texts of the Chinese State：*The Collected Status of the Great Ming*," p. 192.

③ Kenneth Dean, "Transformations of the *She*（Altars of the Soil）in Fujian," p. 22. 更复杂的是，此一词似乎也用来指称普遍的土地公庙。在本章，我尽量避免相关文献中有类此分不清"社"是指官方祭坛或者乡村祠庙和土地公庙的情况。

会在那里祭祀宇宙力量以作为其职责的一部分，乡村社会中的庙宇也称为"社"。①《三山志》中记载了许多关于这些宗教场所的细节，使用的是"里社"或"社"。这样的庙宇相当多，"一邑或至数百所，不可胜载也"②。徐晓望认为，当地人崇拜动物，如蛇、蛙与狗，而这些信仰逐渐被改造为与"社"的思想相一致。这说明了解福州地区信仰的历史，还必须考虑当地复杂的族群历史、当地居民的信仰，以及汉人势力增长对这些信仰的改变。③

宋代时，地方神明灵验与否成为国家关注的问题。当时国家制定出一套复杂的程序来调查、核实、禀报神迹，并授予灵验的

---

① 金井德幸已有一系列论文，讨论自古以来村落中"社"的历史，参见《南宋における社稷坛と社庙について——鬼の信仰を中心として》《宋代の村社と宗族——休宁县と白水县における二例》《社神と道教》《宋代の村社と社神》《宋代浙西村社と土神——宋代郷村社会の宗教構造》。田海（Barend ter Haar）指出了金井分析上的某些问题，参见 Barend ter Haar, "Local Society and Organization of Cults in Early Modern China: A Preliminary Study," pp. 10-11。

② 《三山志》，卷 9，18a 页。

③ 参见徐晓望：《福建民间信仰源流》，14 页及以后。宋代福州崇拜的某些神明，都源自蛇神信仰，它可能很早便受当地居民崇拜。例如，福州古代闽王庙中两尊不知名的部属神，据说是闽王的两位将军，他们与蛇有密切关系，同时，宋代对他们的信仰可能来自早期的蛇崇拜。蛇也是许多传说、故事中的重要角色，这些故事可能被诠释为汉文化与当地文化之间长期的冲突，包括第五章讨论的临水夫人的故事。在晚清《闽都别记》的另一则故事中，一位当地妇女嫁给蛇妖并生下数子，随后其子被妇人的兄长——一名道士杀死或收服。这些故事可能也是当地原有居民与汉人移民长期互动下的产物。在本土敌人被打败的地方建立起信仰，是福建民间宗教中的普遍修辞。今日福建仍然存在对蛇的崇拜，通常但并不总是与畲族和疍民有关。最著名的是福州上游的樟湖坂庙，明人谢肇淛对其有记载，但还有许多其他的例子。关于闽王庙，参见《三山志》，卷 8，11a 页。临水夫人的故事，参见陈鸣鹤：《晋安逸志》，见徐勃：《榕阴新检》；里人何求：《闽都别记》，卷 85，429 页。其他的例子参见《闽书》，卷 11，253 页；Kenneth Dean, *Taoist Ritual and Popular Cults of Southeast China*, p. 120。关于樟湖坂庙，参见陈存洗、林蔚起、林蔚文：《福建南平樟湖坂崇蛇习俗的初步考察》。

神明封号与其他特权。① 然而，并非所有信仰都能得到国家的认可，同时，那些意识到古代的"社"和当时的宗教实践存在紧张关系的精英作者，其态度仍然不太明确。刘克庄出于信众的积极激励，为修建社庙辩护："社者何？非若郡邑之社，不屋而坛也，有名号而无像设也。三家之市，数十户之聚，必有求福祈年之祠，有像设焉，谓之里社是也。祀乡先生，于是敬贤之意，与事神均也。"②其他宋代官员对民间宗教实践的态度，没有如此乐观。例如，古田县官员李堪曾下令摧毁当地 315 座淫祠。③ 明初时，国家、官员和地方信仰之间的关系变得更为复杂，国家借由一系列法律的颁布实施，试图在更大程度上推行正统观念，并且控制地方社会。

明初官方的新规定

第三章讨论了明太祖以里甲系统来调节完成国家所需的徭役。朱元璋还下令建立全面的官方宗教系统。此一系统中的两种信仰，皆试图渗透到乡村社会，向下延伸至里甲百户。每里的百姓都必须祭祀此二种信仰，即"里社"（社稷）与"乡厉"（厉坛）。④ 社稷坛主要祭祀不知名的土地神和谷神。由每一里中的一户担任会首，每

---

① 参见 Valerie Hansen, *Changing Gods in Medieval China*，*1127-1276*，chap. 4。

② 《宴云寺玉阳先生韩公祠堂记》，见刘克庄：《后村大全集》，卷93，11a 页。

③ 参见《三山志》，卷9，22a 页。关于国家在福建打击淫祠的历史，参见小岛毅：《正祠と淫祠——福建の地方志における記述と論理》。

④ 参见申时行：《大明会典》，卷 94，15～16 页。另参见栗林宣夫：《里甲制の研究》，5～10 页；Daniel Overmyer，"Attitudes Toward Popular Religion in Ritual Texts of the Chinese State：*The Collected Statutes of the Great Ming*"；和田博德：《里甲制と里社壇？——郷厲壇：明代の郷村支配と祭祀》。在官方规定中，里甲系统的 110 户，与宗教系统中的每里 100 户有些微差异，但显然此二系统在实践上相互关联。

年轮换。会首负责维持祭坛运作，并且准备每年二月、八月的祭祀。祭祀时，依礼宰杀牲畜以供奉神明，并且准备酒、果、香、烛。仪式完毕后，由乡人诵读"抑强扶弱之誓"，呼吁乡里自治（self-regulation）。① 第二项官方祭祀为"厉坛"，主要祭祀无人奉祀的鬼魂。厉坛祭祀每年举行三次，分别在三月的清明节、七月十五和十月初一，以减少这些鬼魂对生者的危害。

除了官方祀典允许的祭祀，所有其他组织性的民间宗教行为都被禁止。明代法律对于"师巫假降邪神"，以及信众"隐藏图像，烧香集众，夜聚晓散"均有严厉的惩罚规定。像宋代文献所描述的那些游行活动，是被明确禁止的。"若军民装扮神像，鸣锣击鼓，迎神赛会者，杖一百，罪坐为首之人。"②

戴乐（Romeyn Taylor）评论说，此二种官方信仰"尽管有所不同，但都达到了加强社区团结，并将地方社区整合进国家阶序结构的预期效果"③。然而，在明代地方社会中，这些规定究竟如何以及在多大程度上确实得到执行，同时又如何影响既有的地方信仰网络，尚未受到学术界的关注。明末《福州府志》仅提到："各乡间置社坛、厉坛。"④不过一开始，这些祭坛便与既有的民间庙宇结合，在庙宇半封闭的空间中奉祀人格化的神明。例如，明初时，

① 参见俞汝楫：《礼部志稿》，卷30，30a～30b 页。此文翻译见 Romeyn Taylor，"Official and Popular Religion and the Political Organization of Chinese Society in the Ming," p. 145。

② 《大明律》，181 页；译文引自 Edward Farmer，"Social Regulations of the First Ming Emperor：Orthodoxy as a Function of Authority," p. 125。

③ Romeyn Taylor，"Official and Popular Religion and the Political Organization of Chinese Society in the Ming," p. 145. 关于明代官方对民间宗教的政策的讨论，参见 Daniel Overmyer，"Attitudes Toward Popular Religion in Ritual Texts of the Chinese States：*The Collected Statutes of the Great Ming*"。

④ 《福州府志》(1613)，卷9，12b 页。

福州的安境侯古庙"废为里社"。① 又如，洪塘的朱异境，最晚于洪武二十一年(1388)修建，弘治三年(1490)"社民为之重建"。然而，这座庙宇所崇祀者并非无名的宇宙神灵，而是以"硔铁石"的形式来到村庄的三位将军，"乡人因庙祀之"。②

官方祀典规定的术语和系统性的实践，皆在晚明福建的其他地区使用，但显然与规定所预期的相当不同。③ 弘治四年(1491)的《八闽通志》认为，官方系统在多大程度上取代了既有的民间宗教实践，在各地有着很大的不同。在福建西北部的建宁府，地方乡里在他们的社坛举行一年两次的宴会。"每岁春秋社日，具鸡豚酒食，以祀土谷之神，已乃会宴，尽欢而退。"④不过，建宁似乎是个例外而非常态。在福建其他地方，明代礼仪文本记载的庄严仪式已经被取代、整合，或者可能从未取代早期的仪式实践。15 世纪晚期，福州南方的兴化府方志感叹"乡社礼久废"。实际上，方志

---

① 《闽都记》，卷 5，11a～11b 页。"境"的词意复杂，含义广泛。一般而言，它指的是神明保护的范围。对此一词语的讨论，参见 Wang Mingming，"Place，Administration，and Territorial Cults in Late Imperial China：A Case Study from South Fujian，"p. 56 ff.。

② 这可能是一常见模式的例子，即信仰源于安抚早夭或死因不明的饿鬼。随着时间的推移，此传说演变成不明之物漂流到岸边的故事。参见 Stevan Harrell，"When a Ghost Becomes a God，"pp. 193-206；Barend ter Haar，"The Genesis and Spread of Temple Cults in Fukien，"p. 353；Paul Katz，"Demons or Deities—The *Wangye* of Taiwan，"pp. 202-203。一首明代的诗，将该庙称为将军庙。参见《金山志》，卷 4，3b～4a 页。

③ 例如，在建阳每年的社日，由村保筹集资金，宰杀猪只并主持祭神仪式。次日早上，轮值者备粥发给每一户人。(参见《建阳县志》，卷 1，86b 页。)田海(Barend ter Haar，"Local Society and the Organization of Cults in Early Modern China：A Preliminary Study，"pp. 14-15)指出，祭坛通常建在既有的村庙附近。科大卫提到明初广东的佛山是由被称为"社"的街坊所组成的，它们围绕着地方神明组织起来，而这些街坊成为后来的里甲单位。参见 David Faure，"The Lineage as a Cultural Invention：The Case of the Pearl River Delta，"p. 16。

④ 《八闽通志》，卷 3，44 页。

接着说，社依旧存在，但此一词语在当时所描述的事情，已与明代规定中所指涉的内容相当不同。"各社会首，于月半前后，集众作祈年醮，及舁社主绕境。鼓乐导前，张灯照路，无一家不到者。"①明代作者经常抱怨民间宗教表现出的铺张浪费，以及从民众身上榨取钱财，用以支付此铺张花费的诡计。崇祯十年(1637)，长乐县志的编纂者、知县夏允彝抱怨说："俗多淫祀，各乡有清明、中元、下元祭戊。祭社之祀，岁糜金可二千五百。其里之长，皆苛责之编户。"②叶春及(1532—1595)也追溯了明初制度在福建南部惠安县的衰败："今有司惟祀县社稷，各里多废，乃立淫宇，一里至数十区，借而名之曰：土谷之神。家为巫史，享祀无度。"③在这些庙宇中——叶春及以"国制，坛而不屋"将其与合法的祭坛区别开来，各种违反规定的情形包括过度铺张的仪式和戏剧表演。④当然也有可能是，所有这些材料呈现的他们在实践中逐渐背离官方标准的情形，是因为人们并未遵从这些标准，而明代的礼仪规范也未曾被成功推广。

在南台，据说元末明初时来到福州南部商业发展地区的移民，基于宗教目的开始组织成群体。这些社群被称为"社"或是在祭坛神明保护下的"境"。在 19 世纪西方贸易商居住的藤山地区，"唐

---

① 此问题并不普遍："莆水南独方氏、徐氏、邱氏筑坛为社，春、秋致祭。不逐里享游嬉，其礼可取。"[(弘治)《兴化府志》，卷 15，转引自 Kenneth Dean, "Transformations of the *She* (Altars of the Soil) in Fujian," p. 35。]

② 《长乐县志》(1637)，卷 1，13b～14a 页。

③ 叶春及：《惠安政书》，卷 10，343 页。

④ 信众也被"师公、师婆、圣子、神姐"之类的人欺骗，耗费钱财并损害了自己的健康。"甚至男女庞杂，有不可道者矣。""故余毁之尽，立里社如故。"不过，叶春及认为这做法有可能会卷土重来。"闻民尚移象私寝，或言予出城门，鬼还庙宇者，甚惑。"(叶春及：《惠安政书》，卷 10，347 页；卷 10，343 页；卷 9，337 页。)

末宋初，居民鲜少。宋赵南渡之后，避乱者渐次迁藤。至元朝始成村落。由是，合百家为一里社，旋改里社为境"①。或许"里"与"境"的区别，与露天的祭坛转变为半封闭的庙宇有关。里社和庙宇的实际建设，或许还必须考虑地方的实际情况与明代官方规定的要求。据说在元代开始发展起来的藤山某地区，被称为"十境"。"元朝始成为十里社，旋即易名为十境。"这十境的名称，作为主要的地理区划，仍被长期居住在当地的居民所熟知，尽管1978年以后的大量移入者对其并不熟悉。十境居民在元末时，共同兴建了一座庙宇。"地址狭大，殊不雅观。元至正时，乡人潘开山献地为祠，十境醵金落成之。"②

因此，即使官方宗教系统似乎至少在某种程度上发挥了作用，然而到明中叶时，精英的论述却普遍认为该系统已经土崩瓦解。③在地方乡里中，简便而严肃的社坛已被弃置，取而代之的是华丽的庙宇，其中供奉的不是被官方认可的神明，社群还会举行铺张的仪式。事实上，正如下一节所见，实际情况更加复杂，并且与明代里甲行政系统其他方面的变化密切相关。

里甲、村庙与宗族

正如第三章所见，当明初里甲制刚推行时，每一户可能接近于现代意义上的"户"，是共同生产与消费的家庭单位。然而，随着时间的推移，最初的户长经过数代成为父系群体的祖先。原本

---

① 《藤山志》，卷1，3b页。
② 《藤山志》，卷2，5b页。
③ 关于此论述的讨论，参见 Kenneth Dean，"Transformations of the *She* (Altars of the Soil) in Fujian,"pp. 22-29, 33-41。

的里甲户逐渐变成一个财政单位，包容不具明确亲属关系的人群，以及一种伞状组织，涵盖最初登记户籍的祖先的所有后代。结果，此一与里社有关的群体，将不是由一百个共同生产、消费的家庭单位所组成，而可能数倍于此。此外，明代的规定将村里社坛的崇祀者，等同于登记在里甲系统下的民户。但正如我们所见，这并非乡村的所有人口。不属于里甲户的村民，可能有某些参与社坛祭祀的权利，但他们可能无法担任会首，此一与社坛有关的职位由里甲户轮流担任。他们大概也不会被选为祭祀结束时的誓词诵读者。充分参与里社活动是一种特权，由里中户所守护。

明中期时，人口压力和社会的分化改变了社坛，及最初与其相关的里甲户。在许多情况下相当于宗族的个别里甲户，开始兴建他们自己的社坛和庙宇，或者声称他们的坛、庙其实就是社坛。其过程或许可以称为社的向下转移。这一转移也意味着社的角色重构。特定社的神明游行至与其相关的宗族祠堂的实践日益普遍，以作为宗族获得特定神明的庇护的公开宣示。与特定的庙宇维持联系与否、庙宇资金筹措及仪式组织等议题不取决于个人偏好或居住地点，而在于其所属的里甲户，因此也取决于宗族组织。地方信仰及其仪式成为亲属实践的一部分，成为有关亲属的观念、概念与社会关系和制度相关的体现。

义序宗教场所的历史，说明了"社"的转移过程。定光寺最初就是义序村附近某里的社。该寺在 1949 年以后被破坏，但在 18 世纪义序黄氏族谱的描述中仍然存在。定光寺又称高观堂，"乃仁丰里一图之社学"。该如何理解这些词语？前面提到，福州地区自宋代以来在行政区划上以里划分，一县可能有数个里。明代时，这些里已经失去早期的行政意义，但仍然普遍作为地点标志使用，且实际上沿用至今。"图"一词在明初用于土地丈量，理论上等同于一个里甲百户纳税的土地范围。① 当里甲系统建立时，"里"被同时用于指称既有的"里"，与里甲系统的百户"里"。这必将引起许多混淆。"图"似乎作为等同于一里甲百户的词而使用，以减少这样的混淆。② 引文中还提到了"社学"，可能是因为明代规定每一社坛必须配置一所学校，但显然其所描述的是社坛本身的地方版本。

> 上座圣庙。庙左为文昌阁，后被火，圣牌尚存。下座为禅刹，祀如来诸佛。东榭祀天仙大帝。前座半为路亭，祀弥陀。

这段关于庙宇结构和供奉神明的描述，说明此坛与明代所规定者大不相同。这是一种半封闭的空间，其中供奉的神明来自几个主流宗教传统，并有佛教僧人居住。

这段记载接着说："此寺虽一图公物，而修理、饭僧皆属于吾族矣。"③此一说明指出了人口压力和社会分化对于与里甲百户相关之社坛的影响，同时暗示了社之转移背后的原因，即个别里甲户开始修建自己的庙宇，这些庙宇也称为"社"。义序黄氏仅是社的里甲百户之一，但因为他们人数众多，便支付了所有费用。在义序这样的地方，单一里甲户的后人占地方人口的大多数，此一户的族人经常宣称他们有权拥有自己的社坛，主张对社的主导权，巩固他们里甲户

---

① 参见 Timothy Brook，"The Spatial Structure of Ming Local Administration，" p. 25。

② 郑振满有不同的解释，其认为"图"是介于里甲百户与单一户之间的单位，设立于福建人口稠密的区域。不过，郑振满并未解释此一中间单位如何被整合进里甲系统结构中。参见郑振满：《神庙祭典与社区发展模式——莆田江口平原的例证》，40 页。

③ 黄辅极：《定光寺志》，见《虎邱义山黄氏世谱》，卷 1，23b 页。

的身份以排除没有登记者，借以面对官方一再打压异端信仰的运动。[1]

在义序，社的转移以水陆尊王庙的形式表现出来，该庙可能修建于 15 世纪或 16 世纪初期。它的历史由黄辅极记载于 18 世纪的碑刻上，说明了民间宗教组织与地方社会之间关系的几个要素。碑刻一开始便宣称，尽管庙宇将神像收藏在半封闭的屋内，但它确实是合法的社坛。"吾乡有社稷庙也，久矣。"该庙的悠久历史及其与古代礼制相符，说明其资格毋庸置疑。不过，碑文也提到，据说三尊神明之一的神像漂来了义序河边，这说明该信仰可能源于安抚饿鬼，社的意识形态是后来才附加上去的。碑文还详细陈述了社的资金筹措和修建过程。"聚众公议改建……族人同声许可，即林姓及诸寄居同社者，亦皆以为然。"[2]修建过程由族长统率，十名族人协助。因此，该社由最初的里甲百户，转移到其中的单一户，即义序黄氏宗族。碑文最后一段表明该庙的正统性具有社会意义，可作为地方上区别义序与其他社群的标志。"巍焕之观，甲于邻社。将见神庆人康。"[3]碑文强调黄氏在该庙历史上的特殊地位，该庙是在黄氏宗族组织的主持下而兴建起来的。如同定光寺一样，此社不属于全里，而是属于义序村，特别是义序黄氏。乡里的其他居民只是次要角色。

---

[1]　如果一座庙宇源自官方认可的里社系统，那么它可能不会面临被毁坏的威胁。关于明代打击地方淫祠的概况，参见小岛毅：《正祠と淫祠——福建の地方志における記述と論理》。义序邻近地区就有此类打击淫祠的例子。嘉靖年间，螺洲附近一淫祠被县官下令拆毁。参见《螺洲志》，卷 1，28b 页。

[2]　根据黄氏的开基传说，他们的始祖入赘到义序林氏。因此，黄氏和林氏的关系特别亲近。现在村内仅有少数林姓。

[3]　碑刻《水陆尊王庙记》。该碑刻内容其实与黄辅极所撰之《水陆尊王庙志》一文相同，参见《虎邱义山黄氏世谱》，卷 1，23a～23b 页。全文见本书附录。

明中叶还能找到很多类似的里甲户/宗族修建他们自己"社"的例子。例如，壶屿杨氏族谱记载：

> 我皇祖廷诣公始迁壶屿，时原祀土谷神于七境宫。后于玉山巅，因旧社址而立社，曰"玉山圣境"，分七境宫香火而祀之，累世荷神之佑。[1]

根据杨氏族谱，杨廷诣是杨氏始迁祖。他生活于元成宗大德元年(1297)至明太祖洪武十二年(1379)。当他最初定居壶屿时，或者更有可能的是，当他初次登记于里甲系统时，他的家庭参与了里社坛的仪式活动。[2] 在明代，祭祀社坛的个别户建立了自己的坛庙。根据记载，杨廷诣借由从原本的里社坛分香，而建立了他们自己的社坛，这说明原本属于全里的社坛，可能存在阶序性的联结网络，分香的社坛则属于里中户。[3] 我们知道壶屿社坛奉祀的并非不知名的宇宙神灵，而是人格神，因为天顺七年(1463)，神灵出现在一名在北京参加科考的族人面前。[4]

这些坛庙的记载或许会让我们认为，明代官方系统已然彻底崩溃，各种社会群体皆能随意兴建封闭式的庙宇，供奉人格神。

---

① 杨舟：《玉山圣社记》，见《闽邑壶屿杨氏亭岐房谱牒》，31a 页。

② 科大卫注意到，珠江三角洲汉人宗族第一代定居的记录，通常始于明初，这是因为当时通过里甲系统与官方的接触，出台了赋予他们定居权(settlement rights)的文件。参见 David Faure, "The Lineage as a Cultural Invention: The Case of the Pearl River Delta," p. 14。

③ 此聚落中心应该就是七境宫。这点颇为有趣，因为丁荷生与郑振满在莆田发现的许多寺庙群，也由七个单位构成，并且有相似的名称。参见 Kenneth Dean, "Transformations of the *She* (Altars of the Soil) in Fujian," p. 42；郑振满：《莆田江口平原的神庙祭典与社区历史》，588 页。

④ 参见杨舟：《玉山圣社记》，见《闽邑壶屿杨氏亭岐房谱牒》，31b 页。

然而，文献清楚表明情况并非如此。这两位作者都相当谨慎地为其宗族建立的地方坛庙辩护，说明它来自先前官方系统的社坛。换言之，这些坛庙的合法性，建立在先前的社坛之上。明中期以后，许多地方庙宇的建立也采取类似的说法，这说明与明代官方系统的联系，仍然是地方信仰合法性的重要标准。

　　有些群体无法声称他们社坛的建立是来自明政府的法令，因为他们并未在里甲系统中登记。在这样的情况下，他们也有可能通过购买，来宣称自己拥有建立合法庙宇的权利。[1] 辋川蓝氏便是一个例证。前面提到，蓝氏是居住在连江县的畲族。康熙三十一年(1692)，连江县令实行"粮户归宗"政策。据此，连江居民得以被确认为里甲户的后代，以助于纳税。不过蓝氏无法配合此政策，因为他们之前并未在里甲系统登记。因此，蓝氏与其他十二姓共同购买了某一吴姓的户籍。每一姓持有的这个户籍的股份以"官丁"作为单位。连江蓝氏在 114 名官丁中持有 15 丁。[2] 在购买完成后，十三姓很快地建立了社坛，其所有权也按照各姓承担的责任来分配。第三章提到的购买户籍的合约，将十三姓划分为五个群体。每一群体各自负责特定的年度祭祀：三月的清明节、七月十五、八月、十月初一和二月。对每一群体而言，祭祀日期是确定的，依照每一参与姓氏的始祖姓名、该姓持有的股份数，以及捐

---

　　① 还有第三种办法可以宣称拥有社庙的合法性。因为社坛最初是贵族的特权，因此，村庙的合法性可以由崇祀者的身份地位来取得。壶屿的材料记载："昔先王立五土之神，祀以为社；立五谷之神，祀以为稷……顾在国有社稷之祀，即在野有土谷之神。礼，王曰太社、王社；诸侯曰国社、侯社；大夫以下，成群立社，曰置社。杨氏本士大夫家，礼宜立社。"因此，杨氏宗族也声称其拥有建立社坛的权利，即基于其为古代贵族后代而拥有特权。参见杨舟：《玉山圣社记》，见《闽邑壶屿杨氏亭岐房谱牒》，31a～31b 页。

　　② 参见第三章。

置股份的宗族祖先姓名排序。① 社坛活动清楚地显示，这是明初规定的社稷与厉坛的结合。祭祀安排的时间，正是明代规定的祭祀社坛、厉坛的时间。借由购买里甲户籍，蓝氏和其他"朋户"（每一户对应一个宗族）因而购得了建立自己的社坛与举行仪式的权利。②

当里甲与地方庙宇合法性的关系建立以后，与特定庙宇联系与否，便不取决于个人偏好或居住地点，而在于其所属的里甲户。自明中期以降，里甲户往往发展成为宗族，因此，亲属组织变成决定庙宇归属的关键因素。晚明福清县的叶向高便提供了一个清楚的例子。他在一篇题为《家谱宗邻传》的文章中，讨论了乡里附近的人口状况。邻近村庄都是聚族而居，其中许多户都姓叶，但未必与叶向高有谱系关系。他说明了每一村庄的户籍情况。例如，距离其家最近的村庄名曰"墙里"，所有居民都姓叶。他们属于七个里甲户，其中五个为民户，两个为盐户。世敬叶氏居住在云山之西，登记为三户。③ 最初，这些人与其他群体皆奉祀同一社坛，

---

① 因此，与清明祭祀有关的第一群体，包括四个宗族代表的名字。其中第一个是辋川蓝氏的始祖蓝功志。该条目底下记载："蓝功志，共一十五官丁：朝仁、圣初、知初、子初、远初、伯久、伯才、潮匕、朝明、则明、朝参、扳匕、朝功、扳杰、又谦。"［《合同规约》（1836），见《重修连江蓝氏族谱》。］

② 考虑到社坛直到清初以后才建立，当时社坛与地方神庙的整合相当顺利，可以合理推测合约中所称的社坛，实际上就是村庙。在 1997 年的访谈中，村民告诉我关于此社坛崇祀神明的不同说法，至今我尚未能令人满意地解决此问题。但是，似乎至少在连江地区，即使进入清代，某些社坛的相关规定仍被严格遵守。虽然根据合约建立的社坛已不复存在，但在邻近村的村外仍有一类似的社坛保留下来。该社坛为一石质平台，上面有一石祠，有遮蔽的屋顶，但一侧敞开，在祠堂中间的尊位上，摆放着一小块直立的石头。一通道光二十九年（1849）碑文漫灭的石刻上，记录着十甲户的名字，每一户对应着邻近村子的宗族，另外还有一系列尝试维系地方秩序的禁令。（参见碑刻《记二图十牌各姓地方公立规约》）禁令内容说明，社坛组织可能与保甲、乡约等共同防卫体系有关。三木聪认为，晚明的省级官员尝试恢复这些体系，来因应里甲制的凋敝。参见三木聪：《明末の福建における保甲制》，77～99 页。

③ 参见《家谱宗邻传》，见叶向高：《苍霞草全集》，卷 15，34a～37b 页。

即云山社祠：

> 数家皆吾密邻，皆共社。社有祠，以奉土谷神。又有天
> 妃宫，创自胜国初年，凡再修再圮，地亦再徙。今复故基，
> 稍宏壮，语具余记中。山西故共社，然其人众而嚚。每岁时
> 迎神报赛为社会，辄使酒骂坐，甚至斗阅，乡人苦之。顷社
> 祠圮更筑，父老议不敛山西一钱，摈不与会。山西亦自创社，
> 不复来会，社会之免于纷呶，自分社始也。①

在此，数个不同的里甲户/宗族成员最初在同一社祠举行祭祀。但
由于不同群体之间的冲突，当社祠重建时，宗族内一群体将另一
群体排除在外。登记为三户/宗族的世敬叶氏被排除在外，因而被
迫修建自己的祠庙；他们的族人由于亲属关系而被迫与原先的祠
祀脱离关系，进而集体转向与新的祠庙产生联系。

户籍登记、宗族与地方庙宇之间的紧密关系，也对礼仪实践
产生了重大影响。随着祠堂在明中叶开始传布于福州乡村，单姓
村在年度节庆时，将神明游行至祠堂的做法日渐普遍。有关此一
发展我所找到的最早个案，来自康熙十九年（1680）福州的世美吴
氏族谱，它要求"司祠"为神明准备"香、烛、酒、果、席"并于正
月十六举行游神仪式。② 福州地区那些拥有祠堂的村庄，其现行做
法是在祠堂举行年节的主要仪式。福州地区的村民认为，不需要

---

① 《家谱宗邻传》，见叶向高：《苍霞草全集》，卷 15，35b～36a 页。该祠亦记载
于《云山社祠记》，见《苍霞草全集》，卷 11，32a～33a 页。

② 参见《世美条约》，见《世美吴氏族谱》。清代福州的锦塘王氏族谱也提到，正月
初四将神明迎入祠堂，并且焚香、举行仪式。而后，祠堂管理人聚集族中男性举行盛
宴。参见《锦塘王氏支祠规制》，见《锦塘王氏支谱》，卷 2，1b 页。

解释为何神明会来访祠堂。他们的神明庇佑了族人，因此很自然地，宗族应该要尊敬它们。道理就这么简单。某些村庄于年节庆典时请来道士在祠堂举行醮礼。我在1995年搜集到一份文献，是每年张贴于义序将军庙外的布告，为此提供了更为正式的解释。[1]布告提醒全村即将到来的年节庆典，庙宇管理人以将军下属的名义张贴布告。文字中充满了官方语言和历史典故，它描述说游神仪式将经过村子中的巷道和周边社区。游神的终点是"行台"，指的就是黄氏祠堂。[2] 换言之，出于庆典目的，被视为与国家官僚隐喻有关的神明来到祠堂，将之作为它们临时的官署。在那里，它们接受人民（即黄氏族人）的归顺与供奉。

在不止拥有一间祠堂的多宗族村庄中，情况会较为复杂。数个宗族可能共同拥有一座庙宇，在这样的情况下，有规定会说明每一宗族参与仪式的权利。在福安县的甘棠堡，其人口分为四个宗族，民国九年（1920）的合约收录了年度游神庆典的规定：

> 历年正月初四早神灵下降，先由里街郑祠贺神，次及前街郑，连及旧陈、新陈祠。其出神先由前街郑，即日里街郑随后出神。各遵照旧约，不得紊乱秩序。[3]

在螺洲，并非三族共有一庙，而是每一宗族都有自己的庙宇。最

---

[1] 林耀华于20世纪初期在义序的田野调查，也收集到了几乎相同的材料。参见林耀华：《义序宗族的研究》，226～227页。

[2] 现在的螺洲村民也使用类似的词语"行宫"，来描述神明驻足其中的宗祠。正如第五章所讨论的，台屿陈氏在陈靖姑庆典期间，也使用相似的名称来描述他们的祠堂。

[3] 该合约接着明确说明了四个宗族各自将神像放置在祠堂不同地方的权利。参见《甘棠堡琐志》，59a～59b页。

早的庙宇位于吴氏村落的中心，紧邻着吴氏祠堂。19 世纪初期以前，陈氏并未建有自己的庙宇，一个世纪以后陈氏宗族有了祠堂，当时其族人中出现了许多高官。[①] 每一宗族与每间庙宇，在正月时各自举行游行。村民把神明从它的庙宇移至祠堂，让它在祠堂接受几天的供奉，然后进行游行。三支游神队伍都进行全镇绕境，不过，吴氏队伍并未游行至其他祠堂，而陈氏与林氏的游神队伍则相互拜访数小时。螺洲陈氏的受访者解释，游神队伍拜访林氏祠堂，是因为其庙里有位神明的夫人来自洲尾林氏，因此游行要造访其娘家。然而，宗族政治显然也在此传统中扮演了重要角色，因为陈氏与林氏向来便结盟，以共同抵抗更为强大、人多势众的螺洲吴氏。

　　宗族组织与地方庙宇的紧密联系，同样影响到了庙宇活动的组织与经费筹措。仪式活动的花费，通常由宗族共同承担。三山叶氏在光绪十六年(1890)的族谱中，收录了一份万岁铺境的年度费用清单。其中包括游神庆典，以及神明圣诞、夫人圣诞、总管圣诞时的戏剧表演费用。这些费用来自祠堂的祭产，包括土地和其他收租产业。[②] 即使宗族财产并不直接负担庙宇的花费，宗族组织原则亦可能影响到庙宇的基金。琅岐董氏崇祀的金岐尊王，于正月初十举行全村游神。根据其族谱记录，此一庆典花费由族内四房分担，而后再分摊给房内各户，并由祠堂管理人每年筹集资金。[③] 祠堂往往成为庙宇重建的主要出资者。民国十七年(1928)，林浦大王庙的重修碑记胪列出 50 位捐资者，其中出资最多者为村中六个祠堂。[④]

---

① 参见《螺洲志》，23b 页。
② 参见《各项工赏境份完粮》，见《三山叶氏祠录》，卷 4，18a～18b 页。
③ 参见《金崎尊王本境总庙记》，见《琅岐董氏谱牒》。
④ 参见碑刻《重建尊王殿圣母宫城乡祠》。

　　辋川蓝氏族谱收录了两份清代合约，进一步说明了里甲户籍、宗族组织与礼仪实践之间的联系。第一份合约的时间为道光十六年（1836），立约原因在于处理祭坛仪式花费的责任纷争。立约人姓名为三位户长，是蓝氏宗族三房各自的长者。合约首先重述了在曾明生的领导下购买里甲户籍之事：

　　　　蓝功志共应一十五官丁。辋里四官丁，北营后湾七官丁，居泰分三官丁，丹阳开份四官丁，共成一十五官丁。[①] 当值祭坛用费若干，俱俵照官丁出钱。但缘官丁开份不明……道光十六年又当祭，文浴到下观祭，稽查曾明生户首总簿，辋里实应四官丁，朝仁公、朝参公、朝明公。十六［年］起以下当祭，辋里应出四官丁外，更剩又谦公一官丁，各房下不认，以至争口。[②]

祭坛最初的股份，是以蓝氏族人的个人名义设立的。这些股份最后都成为那些族人后代的共同财产。[③] 这些人是族内各房的始祖，因此股份在各房内分配。合约中记录的纠纷，起于一房未能履行其义务。通过缔结书面文件来安排户籍所有权，其他二房得以说服不履行义务的该房族人，指出他们应该参与祭坛仪式，并承担相应的费用。

　　第二份合约是咸丰四年（1854）的《分祭坛社规约》：

---

　　①　关于官丁前面已有讨论，见第220页注释①。此处出现的名字，指的是蓝氏不同村落的始祖。

　　②　《合同规约》（1836），见《重修连江蓝氏族谱》。

　　③　这些人甚至很可能并不生存于合约最初订定时，且股份拥有权通常以各自的产业名称捐置，并由其子孙共同拥有。

立合约，集二图五甲坑园家长蔡元滔，辋川家长蓝禄和，北营后湾家长蓝足新，丹阳侯官家长蓝季彩，屿腰家长蒋昌通等。自咸丰四年三月初八，清明当祭，各姓全到坑园家纬祭坛。人众太多，蔡家□□酒酢相请，浩繁拖累，实在难当。今公议，经户首曾家后代人众□，匀均分祭。

蓝家共成一十五官丁……蒋家二官丁，统共一十七官丁。通祭之日，两姓面约。一官丁只许二人登席，不得太多。倘有反口多人，罚席钱。照凭每官丁出份，面约十牌户首。人客二席，熟肉共十觔，猪肝乙只，酒十并。曾家户首肉二觔候劳。当境土主，牲礼乙付，斋乙筵。有乞丐者，应领乙棹。[1] 当祭所用之钱，照官丁出份，与蔡姓无干……

蔡家四官丁，当值自祭，请户首邱、庄两姓登席。自分祭已后，蔡家不用接应蓝、蒋两姓子侄人等，各姓亦不得废祭。凡我同人，唯愿子子孙孙枝叶茂盛，长发其祥焉。恐口无凭，立合约五纸，各执一纸为据。[2]

此一合约的目的在于解决三姓人群之间的纠纷。他们最初在康熙四十七年(1708)的协议中，约定各自负责一次年度祭坛祭祀，一共举行五年。他们的办法是，建立宗族轮值机制。三姓中的二姓共同负责特定的仪式表演，第三姓则独自负责其他仪式。这些合约都说明了内部、外部分化的宗族组织购买建立社坛之权利可能带来的某些长期后果。祭坛变得像个法人团体，在其中，与分配拥有权相关的权利与责任引起了纠纷。在此，地方宗教组织在构

---

[1] 这显然指的是地方的土地公，并且清楚说明土地公与社坛神明是截然不同的。
[2] 《分祭坛社规约》(1854)，见《重修连江蓝氏族谱》。

建地方社会不同群体之间的互动方面，发挥了重要作用。

宗族与庙宇之间借由里甲制度而建立的关系，并不意味着所有族人，即户籍登记者的所有子孙，都能平等地参与庙宇事务。相关材料显示，对于地方庙宇的控制、修建与管理，存在着许多策略性竞争。义序两个主要庙宇就是很好的例子。同治五年（1866），黄永年追溯了将军庙的历史。在将神明视为军事英雄的描述后，黄永年提到了庙宇的起源，它最早于乾隆年间修建：

> 董其事者始亦不知何人，而踵其后者则有祥春、上辉、达孚、继烈、子双诸君。后以年老卸事，遂有和祥、祥侯、祥恺、祥彭、达棹、达爵、德有、子群、子通诸君，增其华焉。不数年，或耄老、或有事，遂卸其事。于族房长后公议，以绅衿轮值至今，垂为定例焉。[①]

将军庙最初似乎为普通百姓所修建并管理，他们的名字未被记录下来。之后转变为由精英管理。水陆尊王庙也有类似的历史转变，前面已有讨论。庙宇的初建是由一般百姓完成的，而非那些可能留有相关记录的精英阶层。"当其事之人故老，亦无有能传之者。"不过，18世纪的重建，便是在宗族著名族人的带领下完成的，例如，黄辅极是雍正十一年（1733）进士。知识精英对庙宇的掌控，也影响到民间信仰的具体内容。黄辅极记载，水陆尊王庙重建后，村民对神明的位置安排感到不安。除了三位尊王，庙宇门楼还供奉关帝与田元帅。"至于以关帝诸神祀于门首，又觉不安。"使人感到不安的（在此明显是指对知识精英而言）可能是将官方认可的神

---

① 黄永年：《将军庙志》（1866），见《虎邱义山黄氏世谱》，卷1，25a～25b页。

明置于地方信仰之下，其正统性其实不无问题。因此，在下一次重建时，他们将关帝移出，以其旧殿拆卸下的木料重新建庙奉祀。①

地域性庙宇及其神明作为精英创造与运用地方权力的舞台，清楚地体现在《侯官县乡土志》的陈永盛传记中。陈永盛为南台上游的崎山乡人，是清代地方社会中有影响力者，时常调停乡里间的纠纷。有一名妇人欲向县令控告其子不孝。陈永盛劝妇人不要报官，而是让年轻村民将其儿子带到社公庙。到了以后，陈永盛说："此土神也，一乡崇祀，不啻官长。今吾旁坐，代神宣言，行罚可乎？"他询问妇人，下令杖责其子，并监督他们和好。② 类此由地方精英主导的司法与调停活动，还能在福州地区传世的各种公共合约与族规中被发现，并且说明了中国帝制晚期地方社会的自治情形。③

里甲与社之外

前面讨论的例子，说明了明清时期福建地方里甲制度与里社系统的某些实践结果。里甲、宗族与庙宇之间的联系不应被过分强调。福建某些地方信仰有了区域性甚至全国性的传布。④ 即使在地方层面，庙宇及其信仰也可以作为地域联盟的中心，延伸至单

---

① 参见黄辅极·《水陆尊王庙志》，见《虎邱义山黄氏世谱》，卷 1，23a～23b 页。

② 参见《侯官县乡土志》，卷 1，29b～30a 页。

③ 福州的五帝（与瘟疫有关的神明）庙也普遍与地方纷争的裁决有关。根据林浦林枝春记载，"官断不信、不从，必质诸五帝，而后帖服，非是不止。其天仙府文书、仪制，俨与官司并行"[《福建通志》(1871)，卷 55，23a 页]。关于自治的讨论，参见郑振满·《明清福建家族组织与社会变迁》，242～257 页。

④ 对相关个案的讨论，参见 Kenneth Dean, *Taoist Ritual and Popular Cults of Southeast China*。

一宗族或里甲户之外。这样的庙宇往往涉及更大地域单位所关注的事务，诸如灌溉、开垦或公共工程与慈善事业。一个典型的例子是青圃徐仙庙的两位陪祀神——卫将军与赵将军，他们被视为十个村庄土地开发事业的仪式中心。[①] 此外，宗族式的寺庙类别并未完全涵盖福州地区宗族村落的组织、结盟形式。在一庙宇中，群集的个人也可能组成他们自己的自愿性组织，福州人称这种组织为把社，类似于台湾及其他地方的"神明会"，每一把社都以庙中的某一部属神为核心。[②] 然而，村民甚至是把社成员所属于、不

---

① 道光十年(1830)、道光十一年(1831)的两通碑刻，说明了两尊神明的历史，以及其为庙宇附近村庄带来的裨益。第一通碑刻一开始便提到每年游神节庆的经费筹措问题，在庆典中，神明"巡视乡间，驱邪锡庆"。为了解决此问题，村庄发起了土地开垦计划，并对当地百姓征收人头税。第二通碑刻记载，村庄每年都要拍卖土地租用权，其收益则用于神明庆典。这项计划的参与者，是青圃附近的十个村庄，每个参与者均称为一里甲户，说明即使进入 19 世纪，这仍然是重要的身份标志。(参见碑刻《魏赵二帅公田碑》；无题碑，1831。)戴安德(Edward Davis，"Arms and the Tao：Hero Cult and Empire in Traditional China")对于该庙主要宗教崇拜的早期历史已有研究。至于对中国其他地方类似的多村落庙宇的讨论，参见 John Brim，"Village Alliance Temples in Hong Kong"。

② 我未能找到此一地方用语的来源，也无法得知人们为何不使用更常见的词语。实际上，村民们知道"神明会"一词，当我询问"把社"的问题时，村民时常回答说，把社只是神明会的另一说法。在庙宇游行庆典中，每一把社负责资助一塔骨。在过去，把社被视为投资的工具。义序的受访者回忆，1949 年以前，最后一次加入镇上的把社需要花费数百元。这笔钱被汇集起来，主要用来买地。成员每年轮流收取土地租金。轮值者必须负担以下费用：(1)游神的相关费用；(2)正月十八日祠堂内的神明祭祀费用；(3)八月神明生日的宴席花费。在大多数把社中，收入往往会大于支出。轮值者会收下盈余，如果情况好一点，这笔盈余通常足以支应婚礼或者嫁妆费用。城门的土地改革资料，记录有 23 块属于把社的土地，相当于开垦总面积的 2%。(闽侯县档案馆：89-1-5-10)在过去十年中，许多旧有的把社已经复兴，还有新的把社成立。这些把社现在主要拥有祭祀的功能。螺洲的兰南享堂便是典型的例子。它成立于光绪十三年(1887)，崇祀的核心人物是郑总管，为三刘大王的部属。目前该组织的主要活动就是节庆游行：在游行的两个阶段中，成员们购买、装饰，然后抬出郑总管的塔骨；聘请一班在庆典中娱乐民众的乐团；共同在祠堂隆重地准备献祭神明，之后所有人到某位成员家中举行聚餐。尽管兰南享堂建立在五兄弟的亲属关系之上，然而，把社也可以基于地区或经济上的联系而成立。

属于的宗族组织，以及宗族在里甲体系中的位置，对于他们的宗教生活仍有重要影响。

目前为止所讨论的例子，都是在官方登记的有户籍的人群的策略。在连江蓝氏的例子中可以看到，有些家户必须以购买的方式取得户籍。而那些被贴有族群差异标签者，移工，以及其他生存在汉人社会边缘的，不愿或无法在里甲系统登记的人群呢？本节将以一个案，讨论这样的群体如何发展他们自己的宗教实践和组织。位于福州南方的阳岐村的尚书庙主祀陈文龙（1232—1277），他是宋代著名的烈士。[1] 根据现在庙宇管理者和周围许多耆老的说法，该庙的主要信众为疍民。尚书庙祭祀活动的重点，为一年两次的"迎船"仪式。仪式包括一艘大型木船——它是特地为此而建造的，在信众簇拥下，于六天内游行穿过 193 个村庄。[2] 在每一村庄外，陈文龙受到村庙神明的欢迎，并且被护送至该庙接受供奉，而后才往下一个村庄推进。主持仪式的村民抬着木船穿过村庄，交还给阳岐村民，他们负责村庄之间的船只搬运。最后，船只游行队伍回到阳岐，仪式随着船只下水、点燃而达到高潮，之后人

---

① 陈文龙在他的乡里兴化组织抗元军，被逮捕后被送往杭州，在那里他绝食而亡。1997 年，阳岐一位 93 岁的耆老向我说明了这座庙宇的起源："这是很久以前的故事。我的祖先是本地的农民……有一天，一具尸体漂到河边。他就是陈文龙，我的祖先从他衣服上的徽记可以看出来。即便潮水起落，他的尸体也没有漂走。祖先对尸体提出挑战说：'如果你真的有灵，就让这个铁耙浮起来。'随后他将铁耙扔向河中，结果它真的浮了起来。所以，他决定埋葬这具尸体。他将陈放置在木板上，当运到侯山时无法再继续行走，遂将其就地掩埋。因此，他决定修建一座庙（就位于该庙现址）。建庙所需的木材，都漂到了岸边。"

② 许多信众出资为那些被绑起来让神明审判的犯人绘画，来答谢神明的恩惠。参见 Paul Katz, *Demon Hordes and Burning Boats*：*The Cult of Marshal Wen in Late Imperial Chekiang*，pp. 151-152。在 20 世纪 90 年代初期，参与游行队伍的信众达数百人。

们任其顺流而下。① 尽管参与仪式的村民告诉我他们是汉人，其中许多人拥有族谱、祠堂和宗族组织的其他证据，但是庙宇中的两通碑刻说明，这是近期才取得的身份，在过去，他们有些人或者全部都是疍民。(图 6.4)

第一通碑刻较为简单，记录了道光二十年(1840)以大约三千两花费重建庙宇之事。共有 39 笔捐款记录，其中 38 笔是以某种共同名义捐资，如村庄的"墩"，市镇的"街""铺"，或船队的"帮"等组织。在福州，"帮"指的是彼此停靠在一起的疍民渔船编队。20世纪初期，阳岐至少有三个帮。其中之一是渡船帮，由疍民组成，垄断了阳岐、周边村庄与闽江南岸之间往来的渡口。

图 6.4　阳岐记载减免水夫税的石碑(宋怡明摄)

---

① 信徒解释，船只将陈文龙送回他的家乡兴化。第二天，庙宇中的香炉被带到河边，去迎接他回来。长期以来，烧船及祛除瘟疫的相关仪式，在福州和中国其他地方，是民间宗教实践的重要部分。参见 Michael Szonyi, "The Illusion of Standardizing the Gods: The Cult of the Five Emperors in Late Imperial China"; Paul Katz, *Demon Hordes and Burning Boats: The Cult of Marshal Wen in Late Imperial Chekiang*, pp. 143-174.

第二通石碑，则讲述了信众族群性（ethnicity）和庙宇政治、社会功能的不同情况。此碑立于嘉庆九年（1804），记录了侯官县令对该县居民所提请求的判决。诉讼当事人自称是渔户，其中有些人在承租土地耕种时仍过着船居生活。他们"寄栖侯邑新岐、阳岐、苏岐、高岐、土牛、南屿等港"。所有这些地方，都是当代尚书庙游行庆典所造访的地点，也都出现在第一通重修庙宇石碑的捐题名单中。这通石碑主要与税收有关。请愿者接受承输渔课的责任，但拒绝交纳另一项水夫税，该税来自旧有的徭役责任。"渔户原有供课、值徭之别，久定章程，示禁森严，开岂不知？"但近来请愿仍然持续，水夫头"倚借地棍，不照久规，胆敢欺噬，竟行擅率"。换言之，水夫头逼迫渔户输纳水夫税。最终，县令裁决倾向于渔户，遂于庙前立碑证实此事。[1]

此一请愿区分了两种税赋，即渔课和水夫税。第二章提到，渔课是明代对并未登记户籍的疍民所课征的赋税。清代废除此一税收，但很明显仍然在征收——或许是基于明代的税额，再根据习惯的附加税加以调整——并且由胥吏征收。水夫税很可能是明代赋役征收的遗产，在清代由担任水夫头的人来收取。显然这是由地方恶霸把持的职位，用于榨取而非收税。清中叶时，福州实际上已无人交纳此附加税。[2] 碑文谴责水夫头一再向疍民敲诈此税收，他们认为此项徭役附加税必须加到原来的渔课上。渔民抗拒此做法，并将之告上公堂。可能的办法之一，是向县令申请登记

---

① 此问题并非首次出现。嘉庆二年（1797），前任水夫头也提出类似要求，结果遭到县令的约束。「参见无题碑（1804）。」该碑文见本书附录。

② 由于一条鞭法改革，徭役首先货币化，之后作为附加税摊入土地税。因此，土地税实际上变成两部分，一是土地税本身，二是徭役附加税。

实践中的宗族

为耕种土地的农民，并进而要求豁免渔课。① 然而，此一群体当时尚未获得文化上的资源或公信力，来摆脱他们的疍民背景。他们所能做的，只是要求对渔课的索取更为合理。在此最重要的是，在缺乏正式登记的情况下，尚书庙及其背后的组织，似乎成为他们与国家互动的政治机构。通过仪式性的游神活动，该机构（所涵盖）的群体得以逐年巩固。② 随着里甲户日渐等同于宗族，宗族日渐成为与国家及其官员协商彼此关系的机构。宗教组织在所有结构化的地方社会中扮演重要角色；对于里甲系统以外的人，它也同样在国家与社会的结构化关系中发挥重要作用。

由于陈文龙的信众不再认为自己是疍民，该庙的碑刻遂成为族群身份转变过程中，一个特定时期的痕迹。此一过程的后半段，包括了对前半段集体记忆的抹除。正如前面的讨论所言，长远来看，这使得疍民群体采取各种策略来重新调整他们的族群身份变得相当合理，诸如将祖先追溯至中国核心地区的移民，正式向国家登记户籍，采用修建祠堂等文化实践，让他们看起来就像汉人一般。随着该人群借由维持庙宇运作来否定他们的疍民身份，以及随着这样的声明被普遍接受，庙宇将该群体与国家之关系结构化的政治机构功能，可能已经下降。

---

① 这正是第二章所见，由螺洲陈氏发起的过程。就像碑文所述，到19世纪初期，很多原来被征收渔课的船户，已经不再依靠打鱼为生。他们成为佃户，在闽江下游及其支流开垦土地，向地主交付地租，不管这些地主有没有向官方登记。他们也在河床捕捞贝类，这些河床地尚未被完全开垦。耕种的土地是否有在官方登记的问题，确实与碑刻上记载的争论极为相关。如果土地有登记，则疍民佃户必须交纳以部分租金为形式的一般土地税，以及对未登记渔户课征的税收。换言之，他们要交纳两次赋税。

② 另外尚可找到其他庙宇的例子，其对疍民而言扮演了类似的政治角色。例如，在琅岐岛，道光二十八年(1848)泰山庙的疍民信众组织起来，以抵制官方向他们征收盐税。当他们从海上返回港口时，官方便对渔船课税。参见无题碑(1848)。

232

有趣的是，在尚书庙早期归属的族群层面，保留了该信仰的仪式实践。1949 年以前，在祭祀陈文龙的"迎船"仪式中，船由疍民从停靠在阳岐附近的船只中搬运过来，并且由两支船队的头人组织起来。此一做法在福州其他地区相当普遍，即使在村庙明显受豪族控制，其族人拥有显赫功名的地方也是如此。就义序将军的游神庆典而言，抬神轿的责任便落到地方的疍民渔户身上。黄氏宗族耆老与当地疍民的解释是，当神像漂到义序时，是疍民最早将其迎接上岸的。不过，这或许也是个残留下来的痕迹，说明当时黄氏与疍民并没有那么的不同，换言之，更早之前的族群身份，在今日几乎完全隐蔽起来。

结　论

尽管对民间宗教实践的控制并不始于明代，但明初国家在这方面的努力，却仍然显得雄心勃勃。明代官方宗教系统补充了赋役体系，在理论上将其向下延伸到乡村社会中，并禁止其他形式的宗教行为。目前并不清楚此一系统在福建地方，在多大程度上如预期般得到具体实施，但已经可见其对地方社会产生的重大影响。既有的地方信仰被重新改造、操纵，并表现为与官方系统相一致。遵守明代规定的宣言，成为一种必须维护、追求与争夺的文化资源。

明代制度将地方民间宗教与里甲体系绑缚在一起，因此也与宗族绑缚在一起。当建立社坛的权利，无论其对于地方的意义为何，转移到个别的里甲户时，修建与维护社坛便可能成为宗族群体的事。亲族关系随后界定了诸如庙宇的归属等问题，并且改变了与庙宇及其神明有关的仪式实践。然而，即使地方庙宇被带进宗族活动的领域，它仍然是宗族内不同类型精英进行策略性竞争的场合。

能够证明遵守了明代制度的信仰，并未限制宗教生活的界限。当时还有许多其他不同的组织模式，特别是像疍民这样的群体，他们仍然处在明代户籍登记系统之外。这些群体发展他们自己的组织形式，且毫不意外地，这些形式在他们与国家的关系上扮演了重要角色，如同里甲制度在户籍登记中所发挥的重要作用一样。随着疍民上岸，他们抹去自身的族群差异并登记纳税，这也意味着将自己组织成宗族；这些形式可能已失去作用，但是它们并未消失。因此，作为纳税单位，作为与国家沟通的媒介，以及作为受到商业利益与其他地方问题影响的知识精英理想的展现——所有这些均为明初的产物，宗族的出现对地方宗教生活产生了深远的影响。

比较福州的例证与其他关于宗族组织和地方宗教关系的研究，可以发现华南其他地方的情形可能相当不同。丁荷生在其关于社坛系统转型的研究中，指出了"社坛与地方庙宇系统逐渐取代宗族，成为地方空间支配中心"的过程。尽管并未忽视宗族组织，丁荷生将宗族的影响力限制在通过支持学校推广儒学的层面。[1] 然而，福州的例证说明，宗族组织在地方宗教系统中持续扮演重要角色，也说明实际上宗族在某种程度上是信仰组织的基础。在珠江三角洲，科大卫看到的情况则与丁荷生相反，因为"以崇拜、祭祀地点为中心的群体，被那些登记纳税的群体所取代，而后又被

---

[1] 参见 Kenneth Dean，"Transformations of the *She*（Altars of the Soil）in Fujian,"p. 71。

宗族取代，这些宗族接受士大夫模式的宗族组织作为理想追求"①。在福州，以崇祀为基础的群体、登记纳税的群体，和"士大夫模式"的宗族，变成一个相同的组织。因此，本章说明，这些线性轨迹的叙事，皆不足以解释福州的情况。在这里，宗族组织的历史与地方信仰组织的历史密不可分。此二者不仅在明清时期相互形塑，也对地方生活产生了深远的冲击，直至 20 世纪以后。

---

① David Faure, "The Lineage as a Cultural Invention: The Case of the Pearl River Delta," p. 29.

第七章　结论：亲属实践的灵活策略

　　郭柏苍和其他明清福州宗族族谱的编撰者知道，他们所描述的制度与古代的亲属体制截然不同。尽管如此，他们仍然认为其所属的、协助建立的宗族是普适的、永恒的与体现于理学经典文献的自然法则的展现。这些法则包括：父系世系和姓氏忠诚，父系中心的聚族同居，按照国家颁布的标准祭祀祖先，以及通过祭祀地方社稷神明所传达的地方性联结。在前面各章中，我已概述了这些法则在地方的父系亲属组织历史中，被协商、操作与运用的某些方式。福州地区的亲属观念与制度，并非成套不变的原则或规章的落实，而是一种策略性的实践，在这样的实践过程中，物质与象征性的资源累积起来，用以追求各种不同的利益。因为制度化的父系亲属是策略性的，是实践的，因此，与亲属相关的一系列实践和表述从未是单一的。反之，不同人在不同时间对于父系亲属的理解与运用，也是不同的。因此，亲属观念与制度在可选择的表述网络中成形，有些时候彼此合作，但更多时候是相互协商、利用与竞争。由此而产生的制度，也总是策略性的、多元的与灵活的。中国宗族的故事不仅止于两种版本——成文的与口述的、国家正统的与地方差异的，其实还有无数种其他的版本，每一种在实践上都各有所用。本研究证实了此一多样性，也以其各自的样貌，呈现了另外一种不同版本的故事。

各种版本的族谱之间的差异，只是明清时期福州地区的亲属与世系的多重表述的显著例子之一。尽管大多数族谱基本上精准地达到了它们的目的，换言之，即根据编纂者来记录下父系的亲属世系，然而，我们也能够在口述传统中得到一些线索，引导我们走向更大的历史背景，在其中，宣称有亲属关系拥有具体的地方意义。异姓收养与入赘婚姻的普遍实践，可作为建构出身与世系叙事的有效工具。这样的叙事建构在中国历史中极其普遍，在福州，此一叙事建构背后的一项重要策略，即在于将祖先与地方原先的居民区分开来。清代福州许多著名宗族的族人任职高官并且印制精美的族谱来庆祝宗的团结，其祖先则被贴上疍民或畲民的标签。追溯华北移民的祖先世系，是摆脱与疍民或畲民的关联，并且与汉族文化建立联系的一种办法。成文族谱便是对族群标签做出声明的办法之一。

虽然传世的成文族谱为知识精英所编纂，但致力于发展出与亲属有关的策略的不仅止于知识精英。由于明代国家的户籍登记与赋役系统促使亲属人群组织起来，亲属关系遂对所有人产生新的意涵。恰是那些没有豁免赋税权的民众最需要这样的策略，因为按照规定，只有家族中有某位成员取得功名，才能享有免税的资格。登记为世袭军户或者是一般民户的后代，皆被迫发展出复杂的制度性机制，来改变他们的亲属实践，以确保完成他们祖先所登记户籍的义务。

明清时期，福州乡村亲属实践最显著的变化是单幢祠堂的大量出现与传布。此一扩散与传布，有时候被史学家认为是在功名士绅领导下的文化整合过程的证据。福州的情形更为复杂，因为祠堂的历史也是意义与策略转变的历史。从福州地区由高官显宦建立的作为排他性标志的第一间祠堂，到晚清时期作为地方权力策略性竞争的舞台的无所不在的祠堂，对祠堂的功能与意义的理解和运用发生了根本性的转变。

规范性与描述性的士人文集，倾向于将晚明与清代福州乡村祠堂中普遍的礼仪展演描绘为 12 世纪朱熹权威经典的剧本重现。知识精英推广朱熹的规范，但实际上祠堂仪式融合了两种民间传统：元宵节庆典与陈靖姑信仰。民间实践被转化、男性化与儒家化，因为它们符合知识精英对朱熹愿景的理解。然而，祠堂礼仪也与理学正统不同，因为它由先前的民间实践与各种有争议的论述所塑造。只有通过与民间实践相互妥协的方式，正统才能稳定地扎根于地方社会。

组织亲属的实践也影响到其他的领域，如地方的宗教生活。随着祠堂传布于福州乡村，与宗族有关的神明游行到他们祠堂的做法变得普遍，这展现出宗族宣称获得了神明的特别眷顾。与特定庙宇的联系与脱离、庙宇的资金筹措，以及礼仪组织等议题也变得重要起来。这并非由个人偏好或居住地点决定，而是取决于所属的里甲户，它们在明代逐渐演变成实质上的宗族。确实，地方信仰的组织与活动，变得以亲属观念和制度作为其基础。

族群性、精英和国家

因此，要进一步全面理解亲属组织的变化与意义，就必须考虑它与更大社会背景在其他方面的关系。前面几章中反复出现了三个形塑亲属实践的因素：族群差异，地方精英组成与目的之改变，以及国家的角色。

尽管本书的论点质疑高度组织化的宗族运作是因为福州位于国家权力边缘的看法，然而，此地区确实是族群流动的地方。疍民和畲民可以通过一系列特征与汉人区别开来，诸如语言、习俗和职业。所有这些用来区分族群的基础都可以改变；被认为是疍民和畲民的人群能够抹去其身份，而汉人农民有时也会上山下海，以求谋生。族群性本身就是一种边界，个人和群体都可以跨越和再跨越。将世系追溯至华北移民，并且将其固定于抄本或刻本族谱中，便是跨越边界所采取的复杂策略的一种。其他策略还包括登记纳税、建立祠堂，以及在祠堂内举行适当的仪式。然而，此一策略安排必定会破坏及打乱族谱线性、简单的编年叙事逻辑。亲属策略是福州当地居民进入官方统治体系的复杂过程的一部分。但这些策略也可以用于改变族群身份以外的其他目的。

地方精英的组成和利益的转变，是深刻形塑亲属策略的第二个因素。南台最早由学术精英及其直系子孙修建的祠堂，与国家法令及朱熹所提倡者相一致，部分展现出他们在地方社会上的独特性与排他性。明清时期，修建祠堂的原因出现重大改变。首先，随着考取功名人数的增加，获得正式官职的机会遂相对减少，使得许多知识精英转向参与地方乡里事务的策略。经济商业化似乎导致地方的道德、社会秩序土崩瓦解，16、17世纪真实的暴力事件强化了此一认知。这些因素共同塑造了精英策略，在这些策略中，祠堂成为地方社会的控制工具，特征是包容了更多的亲属群体。其次，商业繁荣大幅增加了其他类型乡村精英的物质资源，他们借此表现得像那些知识精英一样，希望能够缩短他们之间的社会差距。然而，始料未及的后果出现在领导与组织方面，祠堂很快地反映出那些精英的资金投入与利益，他们所宣称的精英身份地位纯然建立在财富的基础之上。

塑造亲属意义与组织最复杂的课题，便是国家与地方社会之间不断变化的关系。华南亲属组织的历史，既非边疆地区缺少约束的发展，也不是国家正统强力推行的结果，而是更为复杂，它涉及国家政策，包括从赋役体系到特定文本及其中观念的推广，再到官方宗教系统的建立，还有地方对于所有这些政策的回应。福州地区亲属表述与实践的历史，在很大程度上不是源于国家的缺席，也不是源于国家对地方社会压倒性的控制，而是源于国家部分或不完全在场的复杂情形。福州地区的亲属组织即在国家部分在场的空隙中发展起来，这些空隙其实相当宽广。明代国家的户籍登记和赋役系统，鼓励亲属群体组织起来设置共同产业，以及建立永久性的组织结构，来减轻或分摊他们的税赋责任。福州的宗族在利用税法漏洞方面，就像现代的公司一样聪明；实际上，此一类比还能往前推进，因为许多以父系世系为基础的企业集团组织起来，正是为了将纳税义务最小化。我们也看到，朱元璋严格管理宗教的愿景是如何塑造地方的宗教生活的——不是真的将地方宗教生活改造得和规定一模一样，不是令其发展为预期的样子，而是创造诱因使其宣称规定得到了贯彻执行。纳税单位与国家宗教单位之间的联结，实际上发展成宗族与地方庙宇之间的联结，影响了彼此的历史，但跟立法者的意图很不一致。

诸如里甲或社这样的国家政策，原本无意影响宗族组织，但实际上它们总是发挥作用。与此同时，在国家有意介入试图塑造亲属实践之处，却很少能达到预期效果。每一朝代均立法限制修建单幢祠堂的权利，但这些法令却未曾被严格遵守。地方官尝试推广《家礼》作为地方礼仪展演的仪式文本，但其他的仪式传统仍然在持续实践，不过《家礼》被调整得适应地方情况与地方事务。

实际上，目的在于推行亲属正统的国家法令与政策，往往变成那些破坏法令的个人和群体的资源，而被加以运用。在拟定新政策时，地方官员可能必须考虑地方上为回应旧有政策而发展出的变动，这些变动要以更符合国家利益的方式重新推行，来应对地方的变化。

在不同时期，士人与官员主张国家对亲属实践采取更直接的干预，有时候支持这些实践，有时候则打压它们。[1] 自清初以降，有许多这样的观点认为，强宗豪族应该协助维持稳定的社会、政治秩序。[2] 罗威廉的研究说明，18 世纪中期，福建巡抚陈宏谋授予族长权力来维持宗族内部的纪律，令其得以进行调查、逮捕、惩罚，必要时可以将犯罪的族人交给县官。[3] 然而正如我们所见，乡村社会中的个人和群体，在清中叶以前已经声称拥有组织、控制和规范他们族人的权利与责任。

20 世纪，政治领袖关于塑造亲属实践的愿景变得更为宏大。如同史谦德（David Strand）所说，孙中山认为国家结构的基础建立在宗族之上。若对传统文化实践进行现代运用，对宗族灭绝的担忧可以转化为对中华民族灭亡的担忧。[4] 此一愿景呈现在尚干林氏的族谱中，中华民国政府主席林森为其族人。在民国二十年

---

　① 例如，参见贺长龄编：《皇朝经世文编》，卷 55 及其后。

　② 参见 Kai-Wing Chow, *The Rise of Confucian Ritualism in Late Imperial China: Ethics, Classics, and Lineage Discourse*, pp. 80-88。

　③ 参见 William Rowe, "Ancestral Rites and Political Authority in Late Imperial China," pp. 387-397。奏折档案参见《宫中档乾隆朝奏折》，第 5 辑，163～164 页。相关讨论参见左云鹏：《祠堂族长族权的形成及其作用试说》，107 页；Harry Lamley, "Lineage and Surname Feuds in Southern Fukien and Eastern Kwangtung under the Ch'ing," p. 272。

　④ 参见孙中山：《总理全集》，上册，60～66 页；David Strand, "Community, Society, and History in Sun Yat-sen's *Samin Zhuyi*," pp. 329-338。

(1931)的族谱谱序中，林森写道：

> 夫谱牒之意，咸在明世数，序昭穆，亲亲睦族，余窃有
> 进焉。吾国植基于宗法，自家族而宗族，自宗族而国族……
> 然于宗族之认识，则极明确而强烈，有共通之信念，有强固
> 之力量，有牺牲之嘉德，有让勉之美文。此吾华族特殊之优
> 点也。若发挥而光大之，即为民族精神。……恢复民族精神，
> 其道又莫如善用宗族团体。

林森断定族谱的功能正是创立一个国家政体。[①]

对于塑造亲属意义最具雄心的尝试，伴随着中华人民共和国的成立而出现。毛泽东早期的著作，如《湖南农民运动考察报告》和《寻乌调查》，包含许多他对传统乡村社会中父系亲属组织权力的观察叙述。新政权决定改造这一社会关系，通过没收宗族财产、拆除祠堂，以及在更深层次上根除支撑宗族的权威结构来实现。如同波特(Potter)夫妻所述，"随着族产基础的失去，宗族及各族房不再像共同群体般存在。它们的经济、政治、法律、军事及宗教功能，都被国家及其地方干部接收"[②]。尽管采取了这些措施，1949年前后的乡村社会组织，仍然存在许多延续性。就组织上来说，工作队与宗族房分密切相关，而许多大队就是以前的宗族。在更深的层面上，亲属组织的法则将土地资源的控制权交至父系族人手中，同时，在很大程度上根据女性与男性的关系来衡量女

---

① 林森：《尚干林氏族谱序》，见《陶江林氏族谱》，卷1，17a～17b 页。

② Jack Potter and Sulamith Heins Potter, *China's Peasants：The Anthropology of a Revolution*, p. 56. 后续讨论，参见 C. K. Yang, *Chinese Communist Society：The Family and the Village*。

性的价值，并根据个人所属的群体来衡量个人价值，这些都或多或少存在于新的集体秩序中。因此，远较从前更为强大的中国，在无意中复制了它试图消除的某些结构。许多学者注意到，在管理地方社会的努力上，农村干部沿用了古代士绅精英的某些做法，尽管他们权威的来源不同。但亲属策略的种子在 1978 年以前一直保持休眠。当改革时期控制面临调整、社会网络被重新建构时，地方上亲属策略的耐久性和持续力便逐渐展现出来。

国家致力将秩序施加于福州的亲属观念与制度上，但从未彻底成功。亲属表述与实践的潜在灵活性，使得地方行动者能够利用及操纵行政的压力，将其破坏或转换为新的目的。在地方脉络中仔细分析亲属的意义，或许能为中国国家与社会之间的复杂关系，提供新的见解。关注那些通常被认为与亲属无关的因素，诸如族群差异、精英的组成和目的，以及国家政策等，不仅有助于解释亲属本身，还可能说明地方社会中实际发生的更广泛的历史进程。

实践亲属：正统与整合

在全书中，我主张从灵活性与多样性来理解中国历史中的父系亲属组织。中国的宗族由一系列的表述与实践构成，表现在众多的个人与群体策略中。反过来，这些又由广泛存在的亲属观念与直接的地方环境塑造。正如杜赞奇所描述的华北："作为……'官方的'亲属意识形态，父系世系并未超出华北农村亲属实践被运作与被理解的方式。然而，正是因为亲属与宗族组织在运作上背离常态，其实际功能难以被理解，也因此，在缺乏官方模型的参照下，它们很难被认识。"①我已试图在本书中说明，地方的独特性不能只被视为背离儒家理念和中国社会系统性的秩序。在地方存在各种限制与机会的情境中发展出策略，是中国社会所有阶层民众生活经验的核心。这些策略发展的结果，以正统的语言，通过书写的、口述的或展演的形式出现在历史文献中，但这不应该愚弄我们混淆文化的正统。很少有人会声称帝制晚期中国社会的特征是普遍坚守正确的信念(orthodoxy)，或甚至用华琛的话说，普遍遵守正确的做法(orthopraxy)。而多少具有普遍性的则是策略的实践，遵守或表面上遵守正统的策略，发挥了重要的作用。

正统即遵守经典文本表现出来的普遍法则，不允许发展策略。那些符合正统外表的策略，则必然会隐蔽自身的作用。建立宗族的精英，在他们自己的著作中，以古代法则的制度化或者最多是对现状的调整来描述他们的目的。无论我们所看到的不同地方的条件如何，都能成功建立祠堂——这些条件可能会产生各种策略，从精英努力将他们与其他社群区分开来到建立地方权威，或者到商业精英努力将他们装扮成像知识精英一般——而材料一贯地呈现出祠堂作为单一理学愿景的胜利。在一祠堂中，仪式可能包含各种不同的早期实践，除了祖先祭祀，还有俗节的民间庆典，甚至是对地方生育之神的崇拜；地方的礼仪展演可能也是不同类型的地方精英进行各种策略性竞争的舞台。然而，文献对这些仪式的记载，在不同程度上总是将它们描述为单一的、一致的、正统的全国标准，即朱熹的《家礼》。以正统的语言所发展出来的策略，将本书所讨论的所有不同的取径都联结到亲属上，也将精英文化

① Prasenjit Duara，*Culture，Power，and the State，Rural North China*，1900-1942，p. 87.

与普通民众的文化联结到同一系统中。中国的宗族出现于各种行动者——士绅、商人与农民——积累的策略中，以回应各自的处境，并在他们策略性实践的表述中，使用永恒法则的语言。

由于采用微观史的研究取径，本书的研究成果与福州地区的历史最为相关。然而，它的结论则是涉及帝制晚期整个中国社会的整合，以及在此过程中，亲属与其他因素所扮演的复杂角色的广泛课题。借由探讨对地方文化介入的结果如何与预期不同，本书尝试阐明华琛所认为的"国家以各种巧妙的方式介入，来达成某种统一"，或者说标准化。① 中国的历史学家越来越意识到，对地方历史的仔细关注提供了些许机会，使人们能够超越对文化霸权和标准化，或诠释复刻（superscription of interpretations）的过于广泛的概括。部分研究表明，尽管来自村庄外的国家控制系统对地方民间文化造成重大影响，但它们不必然造成文化整合的结果。王铭铭发现，"对于帝制系统的民间仿效，只是企图证实和隐藏非官方的社会空间观念和基层的反抗"，福州地区也是如此。② 然而，民间的仿效——我在其他地方称之为标准化的假象，不仅仅是回应国家压力的一种机制。它实际上能够成为谋求特定的地方利益的工具。微观史的研究取径可以让我们看到，制度不仅仅是国家施加于地方的一种形式，而是这些形式与地方变化互动下的结果。

---

① James Watson, "Standardizing the Gods: The Promotion of T'ien Hou ('Empress of Heaven') Along the South China Coast, 960-1960," p. 293. 我利用不同的材料来探讨此相同问题，参见"The Illusion of Standardizing the Gods: The Cults of the Five Emperors in Late Imperial China"。

② Wang Mingming, "Place, Administration, and Territorial Cults in Late Imperial China: A Case Study from South Fujian," p. 56. 其他例子参见 Kenneth Dean, "Transformations of the *She* (Altars of the Soil) in Fujian"。另有相关论文，收入 David Faure and Helen Siu eds. , *Down to Earth: The Territorial Bond in South China*。

中国帝制晚期地方亲属组织与国家力量之间的关系，并未反映出国家与社会的截然二分，而反映出正在进行的关于意义的协商与争论。正如我在关于宗族与赋税、宗族与地方宗教结构关系的讨论中所谈到的，在社会生活某一领域中的竞争的意义，也会与其他领域相关。村里的宗族不仅仅是群体认同的表达，同时也是村庄和地方社会中协商与竞争的场域。地方精英是其中重要的行动者，既不代表国家利益也不反对国家，而是操作此一机制来追求自身的利益。但他们并非唯一的，也不总是决定性的行动者。这也不是一场单纯的双边竞争，一边是单一的国家，另一边是与外界隔绝的地方势力。相反，这是一种存在于复杂的国家和地方社会中许多不同群体与利益之间的多边关系。作为策略性协商与地方权力竞争的场域，组织起来的亲属在国家内部关系，及地方社会生活本身的构建中，扮演了重要而复杂的角色。关注塑造宗族地方意义的个人和群体策略，说明了国家整合力量与地方社群之间存在复杂而辩证的关系。对于其意义的争论从未得到彻底解决，中国帝制晚期的亲属关系总是多元且持续协商的。

策略性地思考亲属的益处，在于彰显文化现象的产生与历史化（historicization）。由此来看，宗族传布至整个地方社会，并不仅仅是一套始于宋代的宗族活动剧本所发挥出不可避免的渗透作用的结果，也是一个关于意义的长期协商与竞争的过程。福州宗族组织的发展并非简单的渗透课题，而是以扭曲、断裂和个人选择为表征。宗族组织的传布并非不可避免，当它与其他策略发生冲突时，就会受到积极的抵抗。这样的研究取径，或许也有助于现代的亲属讨论。因为亲属是策略性实践的形式，其中的意义竞争无法得到彻底解决。大规模的父系亲属组织，正以新形式和新目的在福州及华南其他地方重新出现。其中有些目的，似乎正好与明清时期村民和精英的策略性目的相似，如在令人迷惘的变动时代中重振道德与社会凝聚力，或者展现出对过去的某些认同与社会特色的自信。至于其他目的，诸如希望恢复与海外华侨亲戚的联系，以寻求他们的救助和投资，则与过往不同。近年来，国家仍然影响着亲属组织能够采取的形式、策略发展的局限及其正统语言。反过来，国家的作为也被视为策略发展的一部分而被加以利用和操作。因此，亲属实践，即逐渐依附于亲属法则并且将其重塑的观念和制度，仍然是文化产生与策略发展的无止境过程的重要部分，而这样的策略发展，在过去与现在都是中国社会的重要特色。

附录　福州地区的宗教碑刻

螺洲三刘尊王庙碑刻（年代不明）

螺江之浒有刘姓兄弟三人。长讳行全，次讳德全，三讳待全。其先淮甸人，唐刘德威之后。唐乾宁间，逆党构乱，全兄弟督民兵扫平之，其有功于时甚大，未获上功而卒，闽人为之立庙，血食兹土。凡有所祝，罔不应验。宋高宗绍兴间，乡人吴志忠等以舟师应募□寇。奉其火香，行至镇江。寇大至，大帅令舟师夹击。贼势猖獗，几不能支。志忠默祷于神，忽有三刘大旗现舟中，士卒益多。寇惶怖而北，忠遂获成功。表闻高宗，亲封闽侯。

宁宗嘉定辛巳，蝗虫为□乡邻阡陌，积至丈余，乡父老虔祷焉。随藉神庥，蝗不入境。于是瀛沂涪泸，争迎而礼请焉。庆元间，社民张克明、谢克显夜宿祠中，梦神授以灵符，活人苏病，不可胜计。

理宗端明间，兴化涵头舍人余德明等，纲运盐船。经螺江，忽大风浪涨，舟几覆。德明恳祷于神，□许石柱、石柱路、石回廊，遂得平济。自后，许愿者多以石云。淳祐甲戌，乡人林清大粮运及浙江，遇寇。清大呼神助，须臾，两岸异风，贼船不进，粮船得扬帆而过。

己亥大旱，潮竭禾枯，乡人迎神请雨，中途甘霖大霈，民获有秋。开庆间，里不戒火，狂风猛举，延入神祠。卒然，回风大灭。时乡进士陈应留等，录其事于有司。有司上闻，敕赐护国显应三刘尊王，服衮冕。其左右侍从，各有封爵云。

资料来源：《螺洲志》(1863)，卷1，23b～24a 页。

黄辅极(1733年进士)《水陆尊王庙志》

古者，建国必立社。月令，二分命民社。社之通于上下，久矣。小雅大田诸篇，皆祀田祖。田祖者，稷也，则稷与社并重焉。盖践土食谷，享其利者，均当报其功也。顾古者社用方泽，主以所宜之树木而稷之，祭也。祈赛蜡腊，亦第行于野，主以稷。虽设坛壝，皆无宫庙，亦未有绘像者。建庙塑像，其汉唐以后之制乎？

吾乡有社稷庙也，久矣。其地在乡之中央，与宗祠相对，诚吉地也。宗祠面南，而社稷庙面北，得阴阳之义焉。其神号曰水陆尊王。殆以土谷不外于水陆，而新其名号也。不然，岂以吾乡近海，或以陆为居，或以水为业，而归其功于水陆之神欤？然土谷固止宜于二神，而水陆亦止宜于二神，而吾尊王三位者。相传前代时，榴山之南滨江有水流法司神像，潮汐推之不去，因祀于四房山之隅，今榴山南大王祖殿是也。神极英灵，感应乡人，又塑神像祀于尊王庙中，故尊王有三位。而中位法师无夫人。

旧庙之初建，不知何代何人，迨有明嘉靖四十年重建，小座三进。前进为门楼，东西桐祀关帝、田元帅。南向中进为行殿，东西桐祀观音菩萨、临水夫人。北向后进为正殿，专祀三位尊王，班列分于左右焉。当其事之人故老，亦无有能传之者。

历二百余年风雨所侵，未免损坏，且规模卑狭，不成大观。至于以关帝诸神祀于门首，又觉不安。大清雍正癸丑十一年，谷加丰，人倍乐。七月之朔，聚众公议改建，将三座裁为二座。前为门楼，后为大殿。中堂祀尊王，左阁祀临水夫人。又前后辟埕，四围砌墙，规模宏敞，与宗祠同。至于关圣诸神，将旧殿材木另建庙于长塘尾井兜。族人同声许可，即林姓及诸寄居同社者，亦皆以为然。遂照田派银，每亩主佃各五分，约有四百余两。又蚬埕派穄，共有四十余两。谕白一出，尊王显灵，家家输钱，人人出力。八月廿六日兴工，十月十七日上梁，冬杪告竣。张乐演戏，奉神进殿。是役也，统率者族长元斌也。鸠银督务者，肇淑也，正爵也，均也，志召也，惠畴也，君亮也，佳礽也，大统也，洪禊也，洪峦也。总理掌数者，不才辅极恭承父命，随诸人后而效其劳也。而其间有始有卒，无怠无荒佳礽与均为最，次推肇淑云。自是丹腹黝垩，匾联器具，或公置，或喜舍，或答愿，踵事增华。

巍焕之观，甲于邻社。将见神庆人康，年丰物阜，合境共受神惠于亿万斯年矣。

资料来源：碑刻《水陆尊王庙记》（年代不明），立于义序水陆尊王庙。此碑文与黄辅极所撰之《水陆尊王庙志》内容相同，收入《虎邱义山黄氏世谱》，卷1，23a～23b页。

无题碑（1804）

嘉庆九年拾月□日□□□特授福州府侯官县正堂加五级纪录十次王为违例勒索等事。

本年九月廿六日准署闽县正堂盛□□□，本年九月十四日，据渔户林寿、陈位、刘宝、江兴、连林安、连发、翁成、欧八、郑德桂、林长、杨五、林兴受等呈称：切寿等上祖系辖下潭尾等港渔户，摆渡采捕为生，递年应输台辖林大兴等户渔课。迨至地窄人多，□食维艰，或觅洲地，年供洲主完赋，兹批□鱼埕，年贴埕主输课。接踵移□，寄栖侯邑新岐、阳岐、苏岐、高岐、土牛、南屿等港。寄栖之下，在台承输渔课钱粮，在侯按户复有完纳四分八厘课税，两邑供课，征册串据确凿，历今多载，并无承值侯邑水夫之例。拒侯邑新充水夫头张开等，倚借地棍，不照久规，胆敢欺噬，竟行擅率闯党多人，勒馋贴差钱文，寿等与较，恃众肆凶，恬不可言泣忍。渔户原有供课、值徭之别，久定章程，示禁森严，开岂不知？寿等只应供课，不应值徭，岂容违例重勒？明系渔户易噬，放胆恣意鱼肉，若不邀恩禁止，焉解倒凭荼毒？且侯邑前水夫头林森，于嘉庆二年越邑混勒郑永顺贴差，顺控前台，示饬勒碑洪江示禁。岂现在张开于本□□□间苛勒渔户郑天香等贴差，香等照案呈控，前升主蒙移示禁，各在案，墨迹未干，复行横勒，在开等心切噬民，愍不畏死。但寿等身为鱼鳖，□□聊生，惟有金恳政先从，一视同仁，既承□□□迁移侯邑示禁，以拯水火，玉笔阳春，群渔颂德。切呈等情到县据案，照先据渔户郑天香等金控张开勒派水夫差钱，当经禁，前任查明□□□派在案，兹据前查张开等复敢违禁混派，殊属滋扰，合就查案，移明示禁，为此关诣，请烦查明，希即出示严禁水夫头张开等毋纠，仍向各渔户林寿再勒贴差钱文，足以寅垣，望切望速等由，准此合行示禁。为此视仰水夫头张开知悉，自示之后，毋许仍向渔户林寿、陈位、刘宝、江兴、连林安、连四、连发、翁成、欧八、郑德桂、林长、杨五、林兴寿等勒取贴差钱文，如敢故违，借端滋扰，一经该渔户等指禀越县，定即严拿，究办不饶。务宜凛坠毋违，特示。

署福州府闽县正堂加五级纪录十次盛为再恳恩全永保群渔事。嘉庆九年十月十六日，据林寿、陈位、刘宝、江兴、连林安、连四、连发、欧八、翁成、林长、郑德桂、林国福、杨五、翁尊贵、林兴受、江长荫、林国标、陈闰等具呈为前事词称：切寿等上祖系辖下各港渔户，摆渡采捕觅食，迨至人多地窄，□食维艰，接踵移徙，寄栖侯邑新岐、阳岐、苏岐、高岐、土牛、南屿等港，在台在侯按年承输渔课。寿等历久两邑只有供课，收存串据为凭，并无承值侯邑水夫之例，拒侯邑主水夫头张开欺虐渔户，胆敢借闽违例率移，胆敢贴差钱文，与较，恃众肆凶，急于九月十四日声明旧案，签明台阶□准照，移明示禁，荷蒙据情关移侯主，饬承查明郑永顺、郑天香被勒贴差示禁旧案，并查寿案，两邑输课，册据寿绍，给示各港，晓谕在案。□□之下，寿等六港群渔深感恩主鸿仁，莫不朝夕焚顶，惟以此示为保家救命之符。但恐日久不无风雨损坏，又虞开等与害，伏查旧案郑永顺派勒贴差控，蒙荫主示饬洪江勒碑禁革。顺等亦系渔户，所禁情节亦属勒贴水夫，与寿等现禁之示相全，再粘连现领侯主告示，俭忍恩全，□□准寿等将现登告示洪江换立石碑，合行示禁，庶群凭永保无虞，窃为保渔除弊之大德者也。顶祝切呈等情到县，据此案照处。兹渔户林寿具呈，当经照案，移明示禁在案。兹据前将合行勒石永禁，为此示布水夫头张开知悉，嗣后如遇差事，派拨水夫，毋再向新岐、阳岐、苏岐、高岐、土牛、南屿六港供课渔户林寿等勒索贴差钱文，滋扰□累，如敢违，一经□□□□□，即严拿水夫头，正身赴县，以凭从重究办，决不□宽。□□渔户名下应完课税，□宜□□输，将如有拖欠，并干究办，各宜凛遵毋违，特示。

资料来源：福州阳岐尚书庙外的无题碑（1804）。无法辨读的字，以□表示。

参考文献

参考文献主要分为两部分：原始文献与二手和西文文献。原始文献进而被分为档案、方志、族谱、碑铭，以及其他中文与日文原始文献。只有稀有文献标注了存放地。

以下缩写分别表示：

CLFZ　　长乐市地方志编纂委员会办公室

CSJC　　《丛书集成》(上海：商务印书馆)

CT　　　Kristofer Scihpper，*Concordance du Tao-Tsang*：*titres des ouvrages*（Paris：École française d'Extrême-Orient，1975）

FHC　　　Family History Centre，Genealogical Society of Utah，Salt Lake City

FNU　　福建师范大学

FPL　　福建省图书馆

LJA　　连江县档案局

MHCA　　闽侯县档案局

P　　　私人档案

SBCK　　《四部丛刊》(台北：台湾"商务印书馆")

SKQS   《景印文渊阁四库全书》（台北：台湾"商务印书馆"）

SKZB   《四库全书珍本》（台北：台湾"商务印书馆"）

ZGFZ   《中国方志丛书》（台北：成文出版社）

原始文献

档案（闽侯县档案局）

MHCA 89-1-3 土地改革档案，义序。

MHCA 89-1-5 土地改革档案，中南（城门）。

方　志

《八闽通志》（1485），"福建地方志丛刊"，福州：福建人民出版社，1990。

《长乐六里志》［1964（?）］，福州：福建省地图出版社，1989。

《长乐县志》，1637，CLFZ。

《长乐县志》，1763，CLFZ。

《义溪乡土志》，1933，抄本，闽侯县文化馆。

《福建通志》（1737），扬州：江苏广陵古籍刻印社，1989。

《福建通志》（1871），台北：华文出版社，1968。

《福建通志》，1938。

《福宁府志》，1762，ZGFZ。

《福清县志》（1547），见《天一阁藏明代方志选刊续编》，上海：上海书店，1990。

《福州府志》，1520，抄本，FPL。

《福州府志》，1596，抄本，FPL。

《福州府志》（1613），见《稀见中国地方志汇刊》，北京：中国书店，1992。

《福州府志》，1754，ZGFZ。

《甘棠堡琐志》，1927，抄本，FPL。

《鼓山志》，1761。

《古田县志》，1606，ZGFZ。

《海澄县志》(1632)，见《稀见中国地方志汇刊》，北京：中国书店，1992。

《海澄县志》，1762，ZGFZ。

《洪塘小志》，1927，FPL。

《侯官县乡土志》，1903，ZGFZ。

《黄檗山志》(1842)，台北：新文丰出版公司，1987。

《简阳县志》(1601)，见《稀见中国地方志汇刊》，北京：中国书店，1992。

《金山志》(1937)，见《中国地方志集成·乡镇志专辑》卷6，南京：江苏古籍出版社，1992.

《连江县志》，1922，ZGFZ。

《螺洲志》，1863，抄本，FPL。

《闽书》(1629)，福州：福建人民出版社，1994。

《闽部疏》，1586，ZGFZ。

《闽都记》，1612，ZGFZ。

《闽侯县志》，1933，ZGFZ。

《闽清县志》，1921，ZGFZ。

《闽县乡土志》，1906，ZGFZ。

《平潭县志》，1921，ZGFZ。

《三山志》，1182，SKZB。

《寿宁待志》(1637)，见《稀见中国地方志汇刊》，北京：中国书店，1992。

《藤山志》，1948，FPL。

《乌石山志》，1842，ZGFZ。

《仙游县志》，1770，FPL。

《霞浦县志》，1925，ZGFZ。

《雪峰志》（1754），见《中国佛寺史志汇刊》，台北：明文书局，1980。

《漳浦县志》，1885，ZGFZ。

《漳州府志》，1613，FPL。

《漳州府志》，1877，FPL。

族　谱

《八贤刘氏桂枝房支谱》，刘秀有编，1881，FPL，FHC。

《长乐筑堤林氏族谱》，16世纪末，抄本，FPL。

《城山带草堂郑氏族谱》，郑恒旺编，1992（含1758年抄本影印本），P。

《尺头房族谱》，1988，P。

《重修连江蓝氏族谱》，1874，抄本，FPL。

《带草堂凤山郑氏族谱》，1926，FPL。

《凤岗忠贤刘氏纪念堂志》，刘德赛编，1985（？），P。

《福州龚氏支谱》，FHC。

《福州郭氏支谱》，郭杰昌编，1892，FPL，FHC。

《拱头对门林氏族谱》，林光钦编，1896，LJA。

《洪州张氏世系》，1694，FNU，FHC。

《黄李合谱》，1929，抄本，CLFZ。

《虎邱义山黄氏世谱》，1932，FPL，FHC。

《晋安杜氏族谱》，1936，FPL。

《金堂王氏支谱》，晚清，FPL。

《君山任氏族谱》，FPL。

《琅岐董氏谱牒》，抄本，FPL。

《琅山衙前陈氏宗谱》，1713，P。

《连江林氏家谱》，1746，FNU。

《螺江陈氏家谱》，陈宝琛编，1933，FPL，FHC。

《闽邑壶屿杨氏亭岐房谱牒》，1830，抄本，FPL。

《南阳陈氏族谱》，1944，FPL，FHC。

《平阳陈氏族谱》，1905，FPL，FHC。

《三山叶氏祠录》，1890，FPL，FHC。

《世美吴氏族谱》，吴佩玉编，1680，抄本，FPL。

《陶江林氏族谱》，林森编，1931，FPL，FHC。

《通县龚氏支谱》，1883，FPL。

《文山黄氏家谱》，1920，FHC。

《筱江邱氏族谱》，1934，LJA。

《荥阳三溪潘氏族谱》，1730，抄本，CLFZ。

《玉坂刘氏族谱》，1805，FHC。

《云程林氏家乘》，1934，FHC。

碑　铭

《安澜会馆碑记》，1805，福州市图书馆。

《重建后楼林氏宗祠捐助题名记》，1990，林氏宗祠，城门村，福州。

《重建颜氏宗祠碑记》，1768，福州市图书馆。

《重建尊王殿圣母宫丞相祠》，1928，尊王庙，林浦村，福州。

《重修水陆三位尊王庙》，1827，三王庙，义序村，福州。

《福州府四学新立学田记》，1548，张经，福州市图书馆。

《济斋堂石牌明兴地方公立规约》，1849，邻近坑园村，连江。

《林尚书家庙记》，1518，方浩，林瀚祠，林浦村，福州。

《南湖郑氏祭田》，1827，林则徐，福州市图书馆。

《水陆尊王庙记》，三王庙，义序村，福州。

无题碑，852，邻近林浦村，福州。

无题碑，1458，陈氏祠堂，台屿村，福州。

无题碑，1804，尚书庙，阳岐村，福州。

无题碑，1831，灵济宫，青圃村，闽侯县。

无题碑，1850，张谢顺，泰山庙，琅岐村，闽侯县。

无题碑，1885，林氏宗祠，城门村，闽侯县。

《为诏而率宫田碑》，1830，灵济宫，青圃村，闽侯县。

其他中文与日文原始文献

白玉蟾：《海琼白真人语录》，谢显道编，1251，1307。

蔡襄：《蔡襄集》，上海：上海古籍出版社，1996。

陈淳：《北溪大全集》，SKZB。

陈襄：《古灵集》，SKZB。

陈盛韶：《问俗录》(1842)，见《蠡测汇钞·问俗录》，北京：书目文献出版社，1983。

陈世元：《金薯传习录》，1768，抄本，厦门大学图书馆。

《春秋左氏传杜氏集解》，见《四部备要》，台北：台湾"中华书局"，1966。

《大明律》(1397)，扬州：江苏广陵古籍刻印社，1990。

《大清会典事例》，1899。

戴成芬：《榕城岁时记》，1851—1874，抄本，FNU。

董诰：《全唐文》(1814)，北京：中华书局，1983。

董应举：《崇相集选录》，台北：台湾银行，1967。

杜光庭：《太上黄箓斋仪》，507。

方大琮：《铁庵房文集》，SKZB。

方勺：《泊宅编》，见《唐宋史料笔记丛刊》，北京：中华书局，1983。

《福建省例》(1873)，台北：台湾银行，1964。

《宫中档乾隆朝奏折》，台北：台北"故宫博物院"，1982。

顾炎武：《天下郡国利病书》，1811。

海外散人：《榕城纪闻》，见《清史资料》第 1 辑，北京：中华书局，1980。

林鵞峰：《華夷変態補遺》，東京：東洋文庫，1960。

贺长龄：《皇朝经世文编》，台北：世界书局，1964。

洪迈：《夷坚志》，北京：中华书局，1981。

华东军政委员会土地改革委员会：《华东农村经济资料》第 3 分册《福建省农村调查》，福州，1951。

黄榦：《勉斋集》，SKQS。

黄宗羲：《宋元学案》(1838)，台北：世界书局，1966。

华胥大夫：《南浦秋波录》，抄本，FPL。

"Letter of thanks from the rescued Chinese ship"，微缩胶片 108679，FHC。

李光地：《榕村全书》，SKQS。

林瀚：《林文安公文集》，抄本，FNU。

《林立昌遗书》，1709，抄本，FNU。

林希逸：《竹溪鬳斋十一稿续集》，SKQS。

林义东：《尚干乡史记》，抄本，P。

里人何求：《闽都别记》，福州：福建人民出版社，1987。

刘克庄：《后村大全集》，SBCK。

刘昫：《旧唐书》(945)，北京：中华书局，1975。

《明实录》，台北："中央研究院"历史语言研究所，1961—1966。

《民商事习惯调查报告录》(1943)，台北：进学书局，1969。

欧阳修、宋祁：《新唐书》(1060)，北京：中华书局，1975。

秦蕙田：《五礼通考》，1880。

《榕阴新检》，抄本，FPL。

《三教源流搜神大全》，见《绘图三教源流搜神大全》，上海：上海古籍出版社，1990。

《尚书里》，1994，P。

申时行：《大明会典》，台北：东南书报社，1963。

施鸿保：《闽杂记》(1858)，见《闽小纪·闽杂记》，福州：福建人民出版社，1985。

司马光：《资治通鉴》，北京：古籍出版社，1956。

司马迁：《史记》(公元前91)，北京：中华书局，1964。

宋濂：《元史》(1370)，北京：中华书局，1976。

孙中山：《总理全集》，台北："中央文物出版社"，1953。

《太上洞玄灵宝三元品戒功德轻重经》，CT 456。

王圻：《续文献通考》，1586，SKQS。

王象之：《舆地纪胜》(1227)，台北：文海出版社，1962。

吴海：《闻过斋记》，CSJC。

吴任臣：《十国春秋》，SKZB。

谢肇淛：《五杂俎》(1608)，台北：新兴书局，1971。

许孚远：《敬和堂集》，内阁文库版微缩胶片。

许慎：《说文解字》(121)，台北：世界书局，1960。

姚思廉：《陈书》(636)，北京：中华书局，1972。

叶春及：《惠安政书》(1573)，福州：福建人民出版社，1987。

叶向高：《苍霞草全集》，扬州：江苏广陵古籍刻印社，1994。

俞达珠编：《玉融古趣》，福州：海峡文艺出版社，1991。

俞汝楫：《礼部志稿》，SKZB。

乐史：《太平寰宇记》，台北：文海出版社，1960。

张廷玉：《明史》(1739)，北京：中华书局，1974。

张以宁：《翠屏集》，SKZB。

郑光策：《闽政领要》，1757，抄本，FPL。

郑善夫：《郑少谷集》，SKZB。

陈弼夫：《知足斋诗房阃书》，1864，抄本，FPL。

《中国民间故事集成：福建卷·福州市仓山区分卷》，福州，1990。

周亮工：《闽小纪》，见《闽小纪·闽杂记》，福州：福建人民出版社，1985。

周之夔：《弃草集》，扬州：江苏广陵古籍刻印社，1997。

朱淛：《天马山房遗稿》，SKZB。

二手和西文文献

Ahern，Emily. *The Cult of the Dead in a Chinese Village*. Stanford：Stanford University Press，1973.

Ahern，Emily. "Segmentation in Chinese Lineages：A View Through Written Genealogies." *American Ethnologist*，3.1(1976)：1-16.

Anderson，Eugene. *Essays on South China's Boat People*. Taibei：Orient Cultural Service，1972.

Aoyamo Sadao. "The Newly-Risen Bureaucrats in Fukien at the Five-Dynasty Sung Period，with Special Reference to the Genealogies. " *Memoirs of the Toyo Bunko*, 21 (1962): 1-48.

Atwell, William. "International Bullion Flows and the Chinese Economy circa 1530-1650." *Past and Present*, 95 (1982): 68-90.

Atwell, William. "Notes on Silver, Foreign Trade, and the Late Ming Economy."*Ch'ing-shih wen-t'i*, 3.8 (1977): 1-33.

Baker, Hugh. *Chinese Family and Kinship*. London: Macmillan, 1979.

Baker, Hugh. *A Chinese Lineage Village: Sheung Shui*. London: Cass, 1968.

Baptandier-Berthier, Brigitte. "The Kaiguan Ritual and the Construction of the Child's Identity."见《民间信仰与中国文化国际研讨会论文集》,"汉学研究丛刊·论著类 4",台北:汉学研究中心,1994。

Beattie, Hilary. *Land and Lineage in China: A Study of T'ung-ch'eng County. Anhwei, in the Ming and Ch'ing Dynasties*. Cambridge: Cambridge University Press, 1979.

Bell, Catherine. *Ritual: Perspectives and Dimensions*. Oxford: Oxford University Press, 1997.

Berthier, Brigitte. *La Dame-du-bord-de-l'eau*. Narterre and Paris: Société Ethnologie, 1988.

Berthier, Brigitte. See also Baptandier-Berthier.

Bielenstein, Hans. "The Chinese Colonization of Fukien until the End of T'ang. " In Søren Egerod and Else Glahn, eds. *Studia Serica Bernhard Karlgren Dedicata*. Copenhagen: Ejnar Munksgaard, 1959.

Blussé, Leonard. "The Rise of Cheng Chih-lung Alias Nico-las Iquan. " In Eduard Vermeer, ed. *Development and Decline of Fukien Province in the 17th and 18th Centuries*. Leiden: E. J. Brill, 1990.

Bourdieu, Pierre. *The Logic of Practice*. trans. R. Nice. Stanford: Stanford University Press, 1990.

Bourdieu, Pierre. *Outline of a Theory of Practice*. trans. R. Nice. Cambridge: Cambridge University Press, 1977.

Brim, John. "Village Alliance Temples in Hong Kong. " In Arthur Wolf, ed. *Religion and Ritual in Chinese Society*. Stanford: Stanford University Press, 1974.

Brook, Timothy. *The Confusions of Pleasure*. Berkeley: University of California Press, 1998.

Brook, Timothy. "Family Continuity and Cultural Hegemony: The Gentry of Ningbo, 1368-1911. "In Joseph Esherick and Mary Rankin, eds. *Chinese Local Elites and Patterns of Dominance*. Berkeley: University of California Press, 1990.

Brook, Timothy. "Funerary Ritual and the Building of Lineages in Late Imperial China. "*Harvard Journal of Asiatic Studies*, 49. 2 (1989): 465-499.

Brook, Timothy. "Must Lineages Own Land?" *Bulletin of Concerned Asian Scholars*, 20. 4 (1988): 72-79.

Brook, Timothy. *Praying for Power: Buddhism and the Formation of Gentry Society in Late-Ming China*. Cambridge: Council on East Asian Studies, Harvard University, 1993.

Brook, Timothy. "The Spatial Structure of Ming Local Administration. "*Late Imperial China*，6.1 (1985)：1-55.

Chan Wing-hoi. "Ordination Names in Hakka Genealogies： A Religious Practice and Its Decline. " In David Faure and Helen Siu，eds. *Down to Earth：The Territorial Bond in South China*. Stanford：Stanford University Press，1995.

Chang Chung-li. *The Chinese Gentry：Studies on Their Role in Nineteenth-Century China*. Seattle：University of Washington Press，1955.

张亨道：《清初の海禁政策の研究》，见《歴史における民衆と文化：酒井忠夫先生古稀祝賀記念論集》，東京：国書刊行会，1982。

陈存洗、林蔚起、林蔚文：《福建南平樟湖坂崇蛇习俗的初步考察》，载《东南文化》，1990(3)，47～51 页。

陈建才主编：《八闽掌故大全·姓氏篇》，福州：福建教育出版社，1994。

陈景盛：《福建历代人口论考》，福州：福建人民出版社，1991。

陈其南：《房与传统中国家族制度：兼论西方人类学家的中国家族研究》，原载《汉学研究》，1985(3)，127～184 页，见陈其南：《家族与社会》，台北：联经出版事业公司，1990。

陈庆武主编：《福州十邑名祠大观》，福州：福建人民出版社，2000。

陈序经：《疍民的研究》，上海：商务印书馆，1946。

陈支平：《福建族谱》，福州：福建人民出版社，1996。

陈支平：《客家源流新论》，南宁：广西教育出版社，1997。

陈支平：《清代福州郊区的乡村借贷》，见叶显恩主编：《清代区域社会经济研究》，北京：中华书局，1992。

竺沙雅章：《中國仏教社會史研究》，東京：同朋社，1982。

竺沙雅章:《宋代墳寺考》，載《東洋學報》，1979(61)，35～66 頁。

Chun，Allen. "The Lineage-Village Complex in Southeastern China: A Long Footnote in the Anthropology of Kinship."*Current Anthropology*，37. 3 (1996): 429-450.

Chow，Kai-Wing. *The Rise of Confucian Ritualism in Late Imperial China: Ethics，Classics，and Lineage Discourse*. Stanford: Stanford University Press，1994.

Clark，Hugh. *Community，Trade，and Networks: Southern Fujian from the Third to the Thirteenth Century*. Cambridge: Cambridge University Press，1991.

Clark，Hugh. "The Fu of Minnan: A Local Clan in the Late Tang and Song China." *Journal of the Economic and Social History of the Orient*，38. 1 (1995): 1-74.

Clark，Hugh. "Private Rituals and Public Priorities in Song Minnan: A Study of Fang Temples in Putian District." Paper presented at the Conference on Ritual and Community in East Asia，Montreal，1996.

Cohen，Myron. "Agnatic Kinship in South China."*Ethnology*，8. 2 (1969): 167-182.

Cohen，Myron. *House United，House Divided: The Chinese Family in Taiwan*. New York: Columbia University Press，1976.

Cohen，Myron. "Lineage Organization in North China." *Journal of Asian Studies*，49. 3 (1990): 509-534.

Crossley，Pamela. "Thinking About Ethnicity in Early Modern China."*Late Imperial China*，11 (1990): 1-34.

Dardess，John. *A Ming Society：T'ai-ho County，Kiangsi，Fourteenth to Seventeenth Centuries*. Berkeley：University of California Press，1996.

Davis，Edward. "Arms and the Tao：Hero Cult and Empire in Traditional China." 见宋代史研究会编：《宋代史研究会研究報告》第 2 集《宋代の社会と宗教》，東京：汲古書院，1983。

Dean，Kenneth. *Taoist Ritual and Popular Cults of Southeast China*. Princeton：Princeton University Press，1993.

Dean，Kenneth. "Transformations of the *She*（Altars of the Soil) in Fujian." *Cahiers d'Extrême-Asie*，10（1998）：19-75.

丁荷生（Dean，Kenneth)、郑振满编：《福建宗教碑铭汇编·兴化府分册》，福州：福建人民出版社，1995。

Doolittle, Justus. *Social Life of the Chinese；With Some Account of Their Religious，Governmental，Educational and Business Customs and Opinions，with Special but Not Exclusive Reference to Fuhchau*. Two vols. New York：Harper and Brothers，1865.

Doolittle，Justus，ed. *A Vocabulary and Hand-book of the Chinese Language*. Two vols. Fuzhou：Rozario，1872.

Dreyer，Edward. "Military Origins of Ming China." In Denis Twitchett and Frederick W Mote，eds. *Cambridge History of China*，vol. 7. Cambridge：Cambridge University Press，1988.

Duara，Prasenjit. *Culture，Power，and the State，Rural North China，1900-1942*. Stanford：Stanford University Press，1988.

Duara，Prasenjit. *Rescuing History from the Nation：Questioning Narratives of Modern China*. Chicago：University of Chicago Press, 1995.

Dudbridge, Glen. *The Legend of Miaoshan*. London: Itha-
ca, 1978.

Eberhard, Wolfram. *China's Minorities: Yesterday and To-
day*. Belmont: Wadsworth, 1982.

Eberhard, Wolfram. *Chinese Festivals*. New York: Henry
Schumann, 1953.

Eberhard, Wolfram. *The Local Cultures of South and East
China*. trans. Alide Eberhard. Leiden: E. J. Brill, 1968.

Eberhard, Wolfram. *Social Mobility in Traditional China*.
Leiden: E. J. Brill, 1962.

Ebrey, Patricia. *Confucianism and Family Rituals in Impe-
rial China, A Social History of Writing about Rites*. Princeton:
Princeton University Press, 1991.

Ebrey, Patricia. "The Early Stages in the Development of
Descent Group Organization. " In Patricia Ebrey and James Wat-
son, eds. *Kinship Organization in Late Imperial China, 1000-
1940*. Berkeley: University of California Press, 1986.

Ebrey, Patricia. "Education Through Ritual: Efforts to Formu-
late Family Ritual during the Sung Dynasty. " In William de Bary and
John Chaffee, eds. *Neo-Confucian Education: The Formative Stage*.
Berkeley: University of California Press, 1989.

Ebrey, Patricia. *The Inner Quarters: Marriage and the
Lives of Chinese Women in the Sung Period*. Berkeley: Universi-
ty of California Press, 1993.

Ebrey, Patricia. trans. *Chu Hsi's Family Rituals: A Twelfth*

Century Manual for the Performance of Cappings, Weddings, Funerals, and Ancestral Rites. Princeton: Princeton University Press, 1991.

Ebrey, Patricia, and James Watson. "Introduction." In Patricia Ebrey and James Watson, eds. Kinship Organization in Late Imperial China, 1000-1940. Berkeley: University of California Press, 1986.

Esherick, Joseph. "Cherishing Sources from Afar."Modern China, 24.2. (1998): 135-161.

Esherick, Joseph, and Mary Backus Rankin. "Introduction." In Joseph Esherick and Mary Backus Rankin, eds. Chinese Local Elites and Patterns of Dominance. Berkeley: University of California Press, 1990.

Farmer, Edward. Zhu Yuanzhang and Early Ming Legislation: The Reordering of Chinese Society Following the Era of Mongol Rule. Leiden: E. J. Brill, 1995.

Farmer, Edward. "Social Regulations of the First Ming Emperor: Orthodoxy as a Function of Authority." In Kwang-Ching Liu, ed. Orthodoxy in Late Imperial China. Honolulu: University of Hawai'i Press, 1990.

Faure, David. "The Lineage as a Cultural Invention: The Case of the Pearl River Delta."Modern China, 15.1 (1989): 4-36.

Faure, David. The Structure of Chinese Rural Society: Lineage and Village in the Eastern New Territories, Hong Kong. Cambridge: Cambridge University Press, 1986.

Faure, David. "The Tangs of Kam Tin—A Hypothesis on the Rise of a Gentry Family." In David Faure, James Hayes, and Alan Birch, eds. *From Village to City: Studies in the Traditional Roots of Hong Kong Society*. Hong Kong: Centre of Asian Studies, University of Hong Kong, 1984.

Faure, David, and Helen Siu, eds. *Down to Earth: The Territorial Bond in South China*. Stanford: Stanford University Press, 1995.

Feuchtwang, Stephan. *The Imperial Metaphor: Popular Religion in China*. London: Routledge, 1992.

Fisher, Carney T. *The Chosen One: Succession and Adoption in the Court of Ming Shizong*. Sydney: Allen & Unwin, 1990.

Freedman, Maurice. *Chinese Lineage and Society: Fukien and Kwangtung*. London: Athlone, 1966.

Freedman, Maurice. *Lineage Organization in Southeastern China*. London: Athlone, 1958.

福建省福州市地名办公室编印:《福州市地名录》,1983。

福建省闽侯县地名委员会办公室编:《闽侯县地名录》,福州,福建省地图出版社,1986。

傅衣凌:《明万历二十二年福州的抢米风潮》,原载《南开学报(哲学社会科学版)》,1982(5),见《傅衣凌治史五十年文编》,厦门:厦门大学出版社,1989。

傅衣凌:《闽清民间佃约零拾》,见《明清农村社会经济》,北京:生活·读书·新知三联书店,1961。

傅衣凌:《清代福州郊区人口的职业变迁》,见叶显恩主编:

《清代区域社会经济研究》，北京：中华书局，1992。

傅衣凌、杨国桢主编：《明清福建社会与乡村经济》，厦门：厦门大学出版社，1987。

高熔：《郭柏苍》，见中共福州市委宣传部、福州市社会科学所主编：《福州历史人物》第 4 辑，52～56 页，1990。

Gardella, Robert. "The Min-pei Tea Trade during the Late Ch'ien-Lung and Chia-ch'ing Eras: Foreign Commerce and the Mid-Ch'ing Fukien Highlands." In Eduard Vermeer, ed. *Development and Decline of Fukien Province in the 17th and 18th Centuries*. Leiden: E. J. Brill, 1990.

Gladney, Dru. *Ethnic Identity in China: The Making of a Muslim Minority Nationality*. Fort Worth: Harcourt Brace, 1998.

Goodrich, Carrington, and Caoying Fang, eds. *Dictionary of Ming Biography*. New York: Columbia University Press, 1976.

Gu Jiegang. *The Autobiography of a Chinese Historian*. trans. Arthur Hummel. 1931. Reprint, Taibei: Chengwen, 1966.

Hansen, Valerie. *Changing Gods in Medieval China, 1127-1276*. Princeton: Princeton University Press, 1990.

Hansson, Anders. *Chinese Outcasts: Discrimination and Emancipation in Late Imperial China*. Leiden: E. J. Brill, 1996.

Harrell, Stevan. "When a Ghost Becomes a God." In Arthur Wolf, ed. *Religion and Ritual in Chinese Society*, Stanford: Stanford University Press, 1914.

林田芳雄：《華南社会文化史の研究》，京都：京都女子大学，1993。

Hayes，James. *The Hong Kong Region*，*1850-1911*：*Institutions and Leadership in Town and Countryside*. Hamden：Archon，1977.

Hazelton，Keith. "Patrilines and the Development of Localized Lineages：The Wu of Hsiu-ning City，Hui-chou，to 1528." In Patricia Ebrey and James Watson，eds. *Kinship Organization in Late Imperial China*，*1000-1940*. Berkeley：University of California Press，1986.

Heijdra，Martin. "The Socio-economic Development of Rural China during the Ming." In Denis Twitchett and Frederick More，eds. *Cambridge History of China*，vol. 8. Cambridge：Cambridge University Press，1998.

Hevia，James. *Cherishing Guests from Afar*. Durham：Duke University Press，1995.

Ho Ping-ti. *The Ladder of Success in Imperial China*：*Aspects of Social Mobility*，*1368-1911*. New York：Columbia University Press，1962.

Hobsbawm，Eric. "Introduction：Inventing Traditions." In Eric Hobsbawm and Terence Ranger，eds. *The Invention of Tradition*. Cambridge：Cambridge University Press，1983.

Hsiao Kung-chuan. *Rural China*：*Imperial Control in the Nineteenth Century*. Seattle：University of Washington Press，1960.

黄敏枝：《福建路的寺田——以福州为中心》，载《思与言》，1978，16(4)，311～340页。

Huang，Philip. *Civil Justice in China*：*Representation and*

Practice in the Qing. Stanford: Stanford University Press, 1996.

Huang, Ray. *Taxation and Governmental Finance in Six-teenth-Century Ming China*. Cambridge: Cambridge University Press, 1974.

Hucker, Charles. *The Censorial System of Ming China*. Stanford: Stanford University Press, 1966.

Hucker, Charles. *A Dictionary of Official Titles in Imperial China*. Stanford: Stanford University Press, 1985.

Hymes, Robert. "Marriage, Descent Groups, and the Localist Strategy in Sung and Yuan Fuchou." In Patricia Ebrey and James Watson, eds. *Kinship Organization in Late Imperial China, 1000-1940*. Berkeley: University of California Press, 1986.

井上徹:《宗族の形成とその構造:明清時代の珠江デルタを対象として》,载《史林》,1989,72(5),84~122頁。

Johnson, David. "Communication, Class and Consciousness in Late Imperial China." In David Johnson, Andrew Nathan, and Evelyn Rawski, eds. *Popular Culture in Late Imperial China*. Berkeley: University of California Press, 1985.

金井徳幸:《宋代の村社と宗族——休寧県と白水県における二例》,见《歴史における民衆と文化:酒井忠夫先生古稀祝賀記念論集》,東京:国書刊行会,1982。

金井徳幸:《南宋における社稷壇と社廟について——鬼の信仰を中心として》,见酒井忠夫、福井文雅編:《台湾の宗教と中国文化》,東京:風響社,1992。

金井徳幸:《社神と道教》,见《道教の展開》,東京:平河出版社,1983。

金井德幸：《宋代浙西の村社と土神——宋代郷村社会の宗教構造》，见宋代史研究会編：《宋代史研究会研究報告》第 1 集《宋代の社会と文化》，東京：汲古書院，1983。

金井德幸：《宋代の村社と社神》，載《東洋史研究》，1979(38)，61～87 頁。

片岡芝子：《福建の一田両主制について》，載《歴史學研究》，1964(294)，42～49 頁。

片山剛：《清代広東省珠江デルタの図甲制について——税糧・戸籍・同族》，见《東洋學報》，1982，63(3-4)，1～34 頁。

片山剛：《清末広東省珠江デルタの図甲表とそれをめぐる諸問題——税糧・戸籍・同族》，见《史學雑誌》，1982，91(4)，42～81 頁。

Katz，Paul. *Demon Hordes and Burning Boats：The Cult of Marshal Wen in Late Imperial Chekiang*. Albany：State University of New York Press，1995.

Katz，Paul. "Demons or Deities—The *Wangye* of Taiwan." *Asian Folklore Studies*，46.2 (1987)：197-215.

Katz，Paul. "Temple Cults and the Creation of Hsin-chuang Local Society." 见汤熙勇编：《中国海洋发展史论文集》第 7 辑，台北："中央研究院"中山人文社会科学研究所，1999。

小島毅：《正祠と淫祠：福建の地方志における記述と論理》，載《東洋文化研究所紀要》，1991(113)，87～213 頁。

栗林宣夫：《里甲制の研究》，東京：文理書院，1971。

栗林宣夫：《清代福州地方における集落と氏族》，載《立正史學》，1975(39)，21～37 頁。

劳格文(Lagerwey，John)主编："客家传统社会丛书"，香港：

国际客家学会；海外华人研究中心；法国远东学院，1995—2001。

Lamley，Harry. "Lineage and Surname Feuds in Southern Fukien and Eastern Kwangtung under the Ch'ing." In Kwang-Ching Liu，ed. *Orthodoxy in Late Imperial China*. Honolulu：University of Hawai'i Press，1990.

Legge，James. *The Chinese Classics*. Oxford：Oxford University Press，1865-1895. Reprint，Hong Kong：Hong Kong University Press，1960.

Leong Sow-theng. *Migration and Ethnicity in Chinese History：Hakkas，Pengmin，and Their Neighbors*，ed. Tim Wright. Stanford：Stanford University Press，1997.

李如龙、梁玉璋、邹光椿等编：《福州方言词典》，福州：福建人民出版社，1994。

李亦园：《章回小说〈平闽十八洞〉的民族学研究》，载《"中央研究院"民族学研究所集刊》，1993(76)，1～20页。

梁庚尧：《南宋的农村经济》，台北：联经出版事业公司，1984。

林美容：《由祭祀圈来看草屯镇的地方组织》，载《"中央研究院"民族学研究所集刊》，1986(62)，53～114页。

林仁川：《福建对外贸易与海关史》，厦门：鹭江出版社，1991。

林仁川：《明末清初私人海上贸易》，上海：华东师范大学出版社，1987。

林伟东：《记闽侯县珍贵的四种乡镇乡土志》，载《福建地方志通讯》，1985(4)，62～63页。

林耀华：《义序宗族的研究》，硕士学位论文，燕京大学，1935。

Liu，Hui-Chen Wang. *The Traditional Chinese Clan Rules*. Monographs of Association for Asian Studies，vol. 7. New York：J. J. Austin，1959.

刘树勋主编：《闽学源流》，福州：福建教育出版社，1993。

刘志伟：《在国家与社会之间：明清广东里甲赋役制度研究》，广州：中山大学出版社，1997。

罗香林：《百越源流与文化》，台北："国立编译馆"，1955。

牧野巽：《牧野巽著作集》第 5 卷《中国の移住伝説. 広東原住民族考》，東京：御茶の水書房，1985。

牧野巽：《近世中国宗族研究》，東京：日光書院，1949。

Mao Zedong. "Report of an Investigation into the Peasant Movement in Hunan." In *Selected Writings of Mao Tse-Tung*，vol. 1. Beijing：Foreign Languages，1961.

Mao Zedong. *Report from Xunwu*. trans. Roger Thompson. Stanford：Stanford University Press，1990.

Meskill. Johanna. "The Chinese Genealogy as a Research Source." In Maurice Freedman，ed. *Family and Kinship in Chinese Society*. Stanford：Stanford University Press，1970.

Meskill, Johanna. *A Chinese Pioneer Family：The Line of Wu-feng，Taiwan，1792-1895*. Princeton：Princeton University Press，1979.

三木聡：《明末の福建における保甲制》，載《東洋學報》，1979(61)，67～107 頁。

森正夫：《围绕"乡族"问题——在厦门大学共同研究会上的讨论报告》，成之平译，载《中国社会经济史研究》，1986(2)，1～

8 页。

Mote，Frederick．"The Rise of the Ming Dynasty，1330-1367."In Denis Twitchett and Frederick W. Mote，eds. *Cambridge History of China*，vol 7. Cambridge：Cambridge University Press，1988.

Murray，Stephen，and Keelung Hong．"American Anthropologists Looking Through Taiwanese Culture." *Dialectical Anthropology*，16.3-4（1991）：273-299.

中村喬：《中国の年中行事》，東京：平凡社，1988。

中村喬：《中国歳時史の研究》，京都：朋友書店，1993。

Naquin，Susan. "The Annual Festivals of Peking." 见《民间信仰与中国文化国际研讨会论文集》，"汉学研究丛刊·论著类 4"，台北：汉学研究中心，1994。

Naquin，Susan. "Two Descent Groups in North China：The Wangs of Yung-p'ing Prefecture，1500-1800." In Patricia Ebrey and James Watson，eds. *Kinship Organization in Late Imperial China*，*1000-1940*. Berkeley：University of California Press，1986.

Ng Chin-keong. *Trade and Society*：*The Amoy Network on the China Coast*，*1683-1735*. Singapore：Singapore University Press，1983.

Nishijima Sadao. "The Formation of the Early Chinese Cotton Industry." In Linda Grove and Christian Daniels，eds. *State and Society in China*：*Japanese Perspectives on Ming-Qing Social and Economic History*. Tokyo：University of Tokyo Press，1984.

野上英一：《福州考》，台北：福州东瀛学校，1937。

Ortner, Sherry. "Theory in Anthropology since the Sixties." *Comparative Studies in Society and History*, 26.1 (1984): 126-165.

Overmyer, Daniel. "Attitudes Toward Popular Religion in Ritual Texts of the Chinese State: *The Collected Statutes of the Great Ming*." *Cahiers d'Extrême-Asie*, 5 (1989-1990): 191-221.

Overmyer, Daniel. "On the Foundations of Chinese Culture in Late Traditional Times: Comments on Fang Xuejia, *Meizhou Heyuan diqu de cunluo wenhua*." Paper presented at the International Conference on Hakka Society, Hong Kong, 1998.

Pasternak, Burton. *Kinship and Community in Two Chinese Villages*. Stanford: Stanford University Press, 1972.

Pasternak, Burton. "On the Causes and Consequences of Uxorilocal Marriage in China." In Susan Hanley and Arthur Wolf, eds. *Family and Population in Fast Asian History*. Stanford: Stanford University Press, 1985.

Pasternak, Burton. "The Role of the Frontier in Chinese Lineage Development." *Journal of Asian Studies*, 28.3 (1969): 551-561.

Porter, Jack. "Land and Lineage in Traditional China." In Maurice Freedman, ed. *Family and Kinship in Chinese Society*. Stanford: Stanford University Press, 1970.

Potter, Jack, and Sulamith Heins Potter. *China's Peasants: The Anthropology of a Revolution*. Cambridge: Cambridge University Press, 1990.

Rawski, Evelyn. *Agricultural Change and the Peasant Economy of South China*. Cambridge: Harvard University Press,

1972.

Rawski, Evelyn. "Economic and Social Foundations of Late Imperial Culture. " In David Johnson, Andrew Nathan, and Evelyn Rawski, eds. *Popular Culture in Late Imperial China*. Berkeley: University of California Press, 1985.

Rowe, William. "Ancestral Rites and Political Authority in Late Imperial China. " *Modern China*, 24. 4 (1998): 378-407.

Rowe, William. "Approaches to Modern Chinese Social History. " In Oliver Zunz, ed. *Reliving the Past: The Worlds of Social History*. Chapel Hill: University of North Carolina Press, 1985.

Rowe, William. "Success Stories: Lineage and Elite Status in Hanyang County, Hubei, ca. 1368-1949. " In Joseph Esherick and Mary Rankin, eds. *Chinese Local Elites and Patterns of Dominance*. Berkeley: University of California Press, 1990.

Ruf, Gregory. *Cadres and Kin: Making a Socialist Village in West China, 1921-1991*. Stanford: Stanford University Press, 1998.

Ruskola, Teemu. "Conceptualizing Corporations and Kinship: Comparative Law and Development Theory in a Chinese Perspective. " *Stanford Law Review*, 52. 6 (2000): 1599-1729.

Sangren, Steven. *History and Magical Power in a Chinese Community*. Stanford: Stanford University Press, 1987.

Sangren, Steven. "Traditional Chinese Corporations: Beyond Kinship. " *Journal of Asian Studies*, 43. 3 (1984): 391-415.

Schafer, Edward. *The Empire of Min*. Rutland: Charles

Tuttle，1954.

Schipper，Kristofer. "Neighbourhood Cult Associations in Traditional Taiwan." In William Skinner, ed. *The City in Late Imperial China*. Stanford: Stanford University Press, 1977.

Schwartz, Benjamin. *The World of Thought in Ancient China*. Cambridge: Harvard University Press, 1985.

Shiba Yoshinobu. *Commerce and Society in Sung China*. trans. Mark Elvin. Michigan Abstracts of Chinese and Japanese Works on Chinese History, vol. 2. Ann Arbor: University of Michigan Press, 1970.

Siu, Helen. "Recycling Rituals: Politics and Popular Culture in Contemporary Rural China." In Perry Link, Richard Madsen, Paul Pickowicz, eds. *Unofficial China: Popular Culture and Thought in the People's Republic*. Boulder: Westview, 1989.

Siu, Helen, and Liu Zhiwei. "Lineage, Market, Pirate, and Dan: Ethnicity in the Pearl River Delta of South China." Paper presented at the Conference on Ethnicity and the China Frontier: Changing Discourse and Consciousness, Hanover, 1996.

Skinner, G. William. "Marketing and Social Structure in Rural China." *Journal of Asian Studies*, 24. 1-3 (1964): 3-43, 195-228, 363-399.

Skinner, G. William. "Presidential Address: The Structure of Chinese History." *Journal of Asian Studies*, 44. 2 (1985): 271-292.

So, Kwan-wai. *Japanese Piracy in Ming China during the Sixteenth Century*. East Lansing: Michigan State University

Press，1975.

Strand，David. "Community，Society，and History in Sun Yat-sen's Sanmin zhuyi. " In Theodore Huters，R. Bin Wong，and Pauline Yu，eds. *Culture and State in Chinese History*：*Conventions，Accommodations and Critiques*. Stanford：Stanford University Press，1977.

Strauch，Judith. "Community and Kinship in Southeastern China：The View from the Multilineage Villages of Hong Kong. " *Journal of Asian Studies*，43.1（1983）：21-50.

Struve，Lynn. *The Southern Ming*. New Haven：Yale University Press，1984.

Szonyi，Michael. "The Illusion of Standardizing the Gods：The Cult of the Five Emperors in Late Imperial China. " *Journal of Asian Studies*，56.1(1997)：113-135.

Szonyi，Michael. "Local Cult，*Lijia*，and Lineage：Religious and Social Organization in Ming and Qing Fujian. " *Journal of Chinese Religions*，28（2000）：93-125.

Szonyi，Michael. "Village Rituals in Fuzhou in the Late Imperial and Republican Periods. " D. Phil thesis，University of Oxford，1995.

多賀秋五郎：《中國宗譜の研究》，東京：日本學術振興會，1981。

唐文基主编：《福建古代经济史》，福州：福建教育出版社，1995。

Taylor，Romeyn. "Official Altars，Temples and Shrines

Mandated for All Counties in Ming and Qing." *T'oung Pao*, 81. 1-3 (1997): 93-125.

Taylor, Romeyn. "Official and Popular Religion and the Political Organization of Chinese Society in the Ming." In Kwang-Ching Liu, ed. *Orthodoxy in Late Imperial China*. Honolulu: University of Hawai'i Press, 1990.

Teiser, Stephen. *The Ghost Festival in Medieval China*. Princeton: Princeton University Press, 1988.

ter Haar, Barend. "The Genesis and Spread of Temple Cults in Fukien." In Eduard Vermeer, ed. *Development and Decline of Fukien Province in the 17th and 18th Centuries*. Leiden: E. J. Brill, 1990.

ter Haar, Barend. "Local Society and the Organization of Cults in Early Modern China: A Preliminary Study." *Studies in Central and Eastern Asian Religions*. 8 (1995): 1-43.

T'ien Ju-K'ang. "The Decadence of Buddhist Temples in Fuchien in Late Ming and Early Ch'ing." In Eduard Vermeer, ed. *Development and Decline of Fukien Province in 17th and 18th Centuries*. Leiden: E. J. Brill, 1990.

Twitchett, Denis. "The Fan Clan's Charitable Estate, 1050-1760." In David Nivison and Arthur Wright, eds. *Confucianism in Action*. Stanford: Stanford University Press, 1959.

Twitchett, Denis, and Frederick W. Mote, eds. *Cambridge History of China*, vol. 8. Cambridge: Cambridge University Press, 1988.

van der Loon, Piet. "Les origines rituelles du theatre chinois. " *Journal Asiatique*, 265 (1977): 141-168.

van Gennep, Arnold. *The Rites of Passage*. trans. M. B. Vizedom and G. L. Cafee. London: Routledge and Kegan Paul, 1960.

Vermeer, Eduard. "The Decline of Hsing-hua Prefecture in the Early Ch'ing. " In Eduard Vermeer, ed. *Development and Decline of Fukien Province in the 17th and 18th Centuries*. Leiden: E. J. Brill, 1990.

和田博德:《里甲制と里社壇? ——郷厲壇：明代の郷村支配と祭祀》，见《西と東と：前嶋信次先生追悼論文集》，東京：汲古書院，1985。

Wakefield, David. *Fenjia: Household Division and Inheritance in Qing and Republican China*. Honolulu: University of Hawai'i Press, 1999.

Wakeman, Frederic. "Introduction: The Evolution of Local Control in Late Imperial China. " In Frederic Wakeman and Carolyn Grant, eds. *Conflict and Control in Late Imperial China*. Berkeley: University of California Press, 1975.

Waltner, Ann. *Getting an Heir: Adoption and Construction of Kinship in Late Imperial China*. Honolulu: University of Hawai'i Press, 1990.

Wang Mingming. "Place, Administration, and Territorial Cults in Late Imperial China: A Case Study from South Fujian. " *Late Imperial China*. 16. 1 (1998): 33-78.

Wang Yeh-Chien. "Food Supply in Eighteenth-Century Fukien. " *Late Imperial China*, 7. 2 (1986): 80-117.

王振忠:《近 600 年来自然灾害与福州社会》，福州：福建人民出版社，1996。

Watson, James. "Agnates and Outsiders: Adoption in a Chinese Lineage." *Man*, 10. 2 (1975): 293-306.

Watson, James. "Anthropological Overview: The Development of Chinese Descent Groups." In Patricia Ebrey and James Watson, eds. *Kinship Organization in Late Imperial China, 1000-1940*. Berkeley: University of California Press, 1986.

Watson, James. "Chinese Kinship Reconsidered: Anthropological Perspectives on Historical Research." *China Quarterly*, 92 (1982): 586-622.

Watson, James. "Standardizing the Gods: The Promotion of T'ien Hou ('Empress of Heaven') Along the South China Coast, 960-1960."In David Johnson, Andrew Nathan, and Evelyn Rawski, eds. *Popular Culture in Late Imperial China*. Berkeley: University of California Press, 1985.

Watson, James. "The Structure of Chinese Funerary Rites: Elementary Forms, Ritual Sequence, and the Primacy of Performance." In James Watson and Evelyn Rawski, eds. *Death Ritual in Late Imperial and Modern China*. Berkeley: University of California Press, 1988.

Watson, Rubie. "The Creation of a Chinese Lineage: The Teng of Ha Tsuen, 1669-1751." *Modern Asian Studies*, 16. 1 (1982): 69-100.

Watson, Rubie. *Inequality Among Brothers: Class and Kinship in South China*. Cambridge: Cambridge University Press, 1985.

魏应麒编著：《福建三神考》（1929），台北：东方文化供应社，1970。

Wiens，Herold. *China's March Toward the Tropics*. Hamden：Shoe String，1954.

Wolf，Arthur. "The Origins and Explanations of Variation in the Chinese Kinship System." In *Anthropological Studies of the Taiwan Area：Accomplishments and Prospects*. Taibei：Taiwan University，1989.

Wolf，Arthur，and Chieh-shan Huang. *Marriage and Adoption in China，1845-1945*. Stanford：Stanford University Press，1980.

Wolf，Margery. *Women and the Family in Rural Taiwan*. Stanford：Stanford University Press，1972.

吴春明、林果：《闽越国都城考古研究》，厦门：厦门大学出版社，1998。

谢国桢：《清初东南沿海前街考》，见《明清之际党社运动考》，台北：台湾"商务印书馆"，1967。

徐晓望：《福建民间信仰源流》，福州：福建教育出版社，1993。

徐晓望：《民国史》，台北：五南图书出版公司，1997。

徐扬杰：《宋明以来的封建家族制度述论》，载《中国社会科学》，1980(4)，99～122 页。

Yang，C. K. *Chinese Communist Society：The Family and the Village*. Cambridge：Technology Press，M. l. T.，1969.

杨国桢：《明清福建土地私人所有权内在结构的研究》，见傅衣凌、杨国桢主编：《明清福建社会与乡村经济》，厦门：厦门大学出版社，1987。

杨国桢：《明清土地契约文书研究》，北京：人民出版社，1988。

叶明生编著：《福建省龙岩市东肖镇闾山教广济坛科仪本》，"中国传统科仪本汇编"，台北：新文丰出版公司，1996。

叶明生：《闽西上杭高腔傀儡与夫人戏》，"民俗曲艺丛书"，台北：施合郑民俗文化基金会，1995。

Ye Xian'en. "Notes on the Territorial Connections of the Dan." In David Faure and Helen Siu，eds. *Down to Earth*：*The Territorial Bond in South China*. Stanford：Stanford University Press，1995.

于志嘉：《试论族谱中所见的明代军户》，载《"中央研究院"历史语言研究所集刊》，第 57 本第 4 分，1986，635～668 页。

郑力鹏：《福州城市发展史研究》，博士学位论文，华南理工大学，1991。

郑振满：《明清福建家族组织与社会变迁》，长沙：湖南教育出版社，1992。

郑振满：《明清福建沿海农田水利制度与乡族组织》，载《中国社会经济史研究》，1987(4)，38～45 页。

郑振满：《莆田江口平原的神庙祭典与社区历史》，见《寺庙与民间文化研讨会论文集》，台北：汉学研究中心，1995。

郑振满：《神庙祭典与社区发展模式——莆田江口平原的例证》，载《史林》，1995(1)，33～47 页。

《中国少数民族社会历史调查资料丛刊》福建省编辑组编：《畲族社会历史调查》，福州：福建人民出版社，1986。

朱维幹：《福建史稿》，福州：福建教育出版社，1985—1986。

庄家孜：《福州的典当、代当和估衣庄》，见中国人民政治协商会议福建省福州市委员会文史资料工作委员会编：《福州文史资料选辑》第 8 辑，1989，35～45 页。

庄英展：《林圯埔：一个台湾市镇的社会经济发展史》，台北："中央研究院"民族学研究所，1997。

Zito, Angela. *Of Body and Brush: Grand Sacrifice as Text/Performance in Eighteenth-Century China*. Chicago: University of Chicago Press，1997.

左云鹏：《祠堂族长族权的形成及其作用试说》，载《历史研究》，1964(5-6)，97～116 页。

Zurndorfer, Harriet. *Change and Continuity in Chinese Local History: The Development of Hui-Chou Prefecture，800 to 1800*. Leiden：E. J. Brill，1989.

Zurndorfer, Harriet. "Learning, Lineages, and Locality in Late Imperial China." *Journal of the Economic and Social History of the Orient*，35. 2-3（1991）：109-144，209-238.

北京市版权局著作权合同登记号：图字 01-2021-7376

Practicing Kinship：Lineage and Descent in Late Imperial China，by Michael Szonyi，published in English by Stanford University Press.
Copyright © 2002 by the Board of Trustees of the Leland Stanford Junior University. All rights reserved. This translation is published by arrangement with Stanford University Press，www. sup. org.

图书在版编目（CIP）数据

实践中的宗族/（加）宋怡明著；王果译. —北京：
北京师范大学出版社，2020. 10
（天下译丛/罗志田主编）
ISBN 978-7-303-26329-5

Ⅰ. ①实… Ⅱ. ①宋… ②王… Ⅲ. ①宗族－研究－
中国－明清时代 Ⅳ. ①K820. 9

中国版本图书馆 CIP 数据核字（2020）第 171568 号

营 销 中 心 电 话　010-58808006
北京师范大学出版社谭徐锋工作室微信公众号　新史学 1902

SHIJIAN ZHONG DE ZONGZU
出版发行：北京师范大学出版社 www. bnupg. com
　　　　　北京市西城区新街口外大街 12-3 号
　　　　　邮政编码：100088
印　　刷：北京盛通印刷股份有限公司
经　　销：全国新华书店
开　　本：880 mm ×1230 mm　1/32
印　　张：9.25
字　　数：240 千字
审 图 号：GS（2021）8586 号
版　　次：2022 年 7 月第 1 版
印　　次：2022 年 7 月第 1 次印刷
定　　价：79.00 元

策划编辑：谭徐锋　　　　　　责任编辑：曹欣欣
美术编辑：王齐云　　　　　　装帧设计：周伟伟
责任校对：段立超　　　　　　责任印制：赵　龙